第28期中央普通话进修班合影

国家语委咨询委员会委员、原国家语委常务副主任陈章太出席开班式并讲话

教育部副部长、国家语委主任李卫红出席结业式并讲话

第 28 期中央普通话进修班结业式

班长代表学员向李卫红副部长赠送第 28 期中央普通话进修班毕业纪念册

西藏学员向名誉班主任李卫红献哈达

学员在结业式上领取结业证书

教育部教师工作司司长许涛出席结业式并讲话

教育部语言文字管理司司长姚喜双出席结业式并讲话

分组讨论第一组

分组讨论第二组

分组讨论第三组

分组讨论第四组

01

02

03

04

05

06

07

08

09

10

11

12

13

14

15

16

17

18

19

20

21

22

01－甘肃 陈 燕
02－甘肃 窦建琴
03－甘肃 樊霞会
04－甘肃 谷亚萍
05－甘肃 马小萍
06－甘肃 于 燕
07－广西 韦 芳
08－广西 奉红英
09－广西 何 燕
10－广西 梁 力
11－广西 李 睿
12－广西 乔 燕
13－广西 韦彩练
14－广西 韦柳玲
15－贵州 苟 雨
16－贵州 潘向学
17－贵州 韩洪雷
18－贵州 蒋 薇
19－贵州 李正丽
20－贵州 陈载联
21－贵州 韦帮翠
22－贵州 刘星星

23

24

25

26

27

28

29

30

31

32

33

34

35
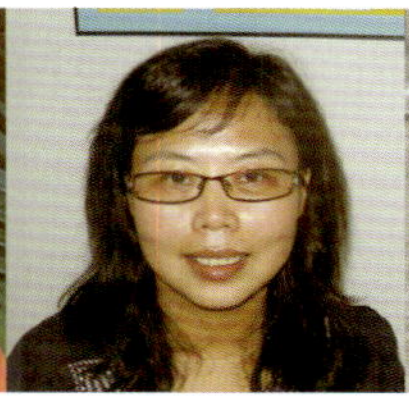
36

37

38

39

40

41

42

43
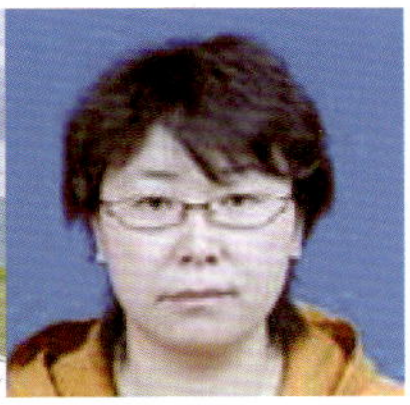
44

23 - 贵州 王 丽
24 - 海南 刘 婧
25 - 海南 刘胜利
26 - 海南 谭 静
27 - 海南 朱 茹
28 - 内蒙古 毛润民
29 - 内蒙古 孙傲飈
30 - 内蒙古 袁丽媛
31 - 内蒙古 卢志娟
32 - 内蒙古 舒心心
33 - 内蒙古 王津京
34 - 内蒙古 杨立杰
35 - 内蒙古 张继红
36 - 内蒙古 英 君
37 - 青海 王兰芳
38 - 青海 蔡宗贵
39 - 青海 仁措吉
40 - 青海 耿英春
41 - 青海 雷逢春
42 - 青海 纳玉兰
43 - 青海 乔 婕
44 - 青海 赵 君

45

46

47

48

49

50

51

52

53

54

55

56

57

58

59

60

61

62

63

64

65

66

45－四川　黄立佳
46－四川　米晓梅
47－四川　张兴明
48－四川　朱　丽
49－四川　陈　利
50－四川　唐明钊
51－四川　王韦皓
52－四川　许丹雅
53－四川　杨绍林
54－四川　袁雪梅
55－西藏　巴　桑
56－西藏　陈冬梅
57－西藏　李江艳
58－西藏　宋晓婧
59－西藏　索南永登
60－西藏　周银芳
61－西藏　泽旺曲珍
62－新疆　李志忠
63－新疆　宋晓蓉
64－新疆　张　萍
65－新疆　齐雪艳
66－新疆　迟　敏

编　委　会

目　录

围绕中心　服务大局　建设高水平专业化的推普工作队伍
——在第28期中央普通话进修班结业典礼上的讲话
……………………………………………………………李卫红（1）

教学方略研究

韵母分类再调整及训练方式革新……………………………… 王韦皓（9）
论凉山彝族学生普通话语音学习的难点及解决方法 ……杨绍林　山述兰（20）
走进新课程，提高藏族学生汉语口语水平……………………… 雷逢春（29）
浅谈如何提高内蒙古农村牧区中小学汉语文教师普通话水平 ……王津京（34）
广西富川瑶族自治县普通话水平现状及教学策略……………… 奉红英（42）
甘肃少数民族双语教学中普通话教学方法浅析………………… 窦建琴（51）
任务型教学在青海藏区汉语口语教学中的适用性……………… 耿英春（56）
浅谈迪庆藏区职业中专学校普通话教学………………………… 和建春（61）
甘肃民族地区普通话缺陷音解析………………………………… 马小萍（67）
纳西族学生学习普通话舌尖前音和舌尖后音教学实践………… 徐宝莉（72）

现代语言研究

兰州话中的语言接触痕迹………………………………………… 于　燕（85）
凯里方言现状浅析 ……………………………………………… 李正丽（92）

云南省宾川县汉语方言影响力与普通话推广现状分析………… 朱　波（102）
内蒙古西部方言的盘升调及其在普通话中的声学表现………… 毛润民（113）

现状调查研究

滇西边境多民族地区中小学普通话教学现状及对策……………… 段泗英（129）
内蒙古农村牧区民族中小学汉语文教师
普通话水平及相关情况调查 ……………………………………… 王津京（137）
康方言区双语教育生态环境初探 ………………………………… 唐明钊（144）
四川省民族地区居民普通话学习和使用态度调查…… 米晓梅　刘　凯（157）
凉山彝族自治州双语教师普通话现状调查与培训研究
……………………………………………………………… 许丹雅　袁雪梅（171）
以推普为目标的 MHK（三级）口试训练策略探析 ……………… 宋晓蓉（190）
东乡族自治县双语教学现状调查与研究…………………………… 樊霞会（206）
浅议楚雄州边远山区学校民族学生普通话学习的困难
……………………………………………………………… 张泽建　李银梅（213）
蒙古族青年的语言态度与语言使用状况研究………… 英　君　董晶晶（224）
北川羌族自治县双语使用现状调查与研究………………………… 张兴明（233）
西藏双语教学现状及对策研究……………………………………… 陈冬梅（242）
天龙屯堡景区普通话推广及方言保护现状调查分析……………… 苟　雨（248）
海南民族地区高等院校普通话教学现状及对策…………………… 刘　婧（261）
新疆少数民族幼儿教师汉语口语使用情况调查研究……………… 张　萍（267）

第 28 期中央普通话进修班学员承担民族地区双语教师
培训授课工作情况统计总表………………………………………………（273）

编后语………………………………………………………………………（282）

围绕中心　服务大局
建设高水平专业化的推普工作队伍

——在第 28 期中央普通话进修班结业典礼上的讲话

教育部副部长、国家语委主任　李卫红

（2014 年 5 月 23 日）

各位学员，同志们：

在大家的共同努力下，今天，第 28 期中央普通话进修班圆满结业了。这也标志着，在新中国语言文字工作历史上，具有重要地位和作用的中央普通话进修班，在时隔 15 年后成功恢复举办（第 27 期中央普通话进修班 1999 年举办）。

刚才，班主任、授课专家和学员代表，从不同角度分别作了发言，谈得都很好。我也真切地感受到了，大家溢于言表的兴奋、激动和期盼。我的心情和大家一样，而且作为名誉班主任，我感到十分欣慰和自豪！

在此，我代表教育部和国家语委，并提议我们一起，对中央普通话进修班的成功复办表示热烈的祝贺；对有关司局、事业单位和各位专家的精心筹划组织、大力支持帮助表示真诚的感谢；向来自全国各少数民族地区双语教育一线的全体学员表示崇高的敬意和亲切的慰问！

借此机会，我谈三点意见。

一、坚持把大力推广和普及国家通用语言文字，摆在语言文字事业发展的核心地位

首先，这是语言文字工作围绕中心、服务大局的必然要求。我国幅员辽

阔，人口众多，拥有多民族、多语言、多方言、多文种，推广和普及国家通用语言文字，是增进民族间地区间的交往、促进经济文化等各项事业发展的必要条件。党中央、国务院历来高度重视国家通用语言文字推广工作，新中国成立60多年来，采取了一系列措施，在全国范围内推广国家通用语言文字，取得了历史性的巨大成就，为维护国家统一和民族团结、促进经济发展和文化繁荣、提高教育质量和科技水平、提升全民族科学文化素质，发挥了不可替代的重要作用。党的十八大提出了“两个一百年”的奋斗目标，十八大之后党中央又提出实现中华民族伟大复兴的中国梦。语言文字工作要围绕中心、服务大局，准确把握时代要求，坚持把促进经济发展、保障和改善民生、推动文化强国建设作为推进语言文字事业发展的根本方向，坚持把大力推广和普及国家通用语言文字摆在语言文字事业发展的核心地位，凝心聚力，奋发进取，积极作为，让“书同文、语同音”的梦在我们这个伟大时代实现！提高国民语言能力、提升个人综合素质、为各族群众实现自己的梦助力！增强国家语言实力、保障国家文化安全、构建和谐语言生活，为实现十八大确定的奋斗目标和中国梦助推！

其次，这是贯彻落实党的语言文字政策和国家法律法规的必然要求。推广和普及国家通用语言文字，是新中国成立以来党和国家长期坚持的基本语言政策之一。上世纪50年代，中央确定了语言文字工作的三大任务，即简化汉字、推广普通话、制定和推行《汉语拼音方案》。1956年，国务院发布《关于推广普通话的指示》，随即又成立了中央推广普通话工作委员会。改革开放以后，中央提出了“促进语言文字的规范化、标准化”的工作目标，核心任务是“三大任务”加“汉语和汉字的信息化”。1982年，我国宪法规定“国家推广全国通用的普通话”。1998年，国务院批准每年9月份的第三周为全国推广普通话宣传周。进入新世纪，国家通用语言文字推广工作进入法制化轨道，2000年10月颁布的《国家通用语言文字法》，进一步明确了普通话和规范汉字作为国家通用语言文字的法定地位。党的十八大和十七届六中全会，对“推广和规范使用国家通用语言文字”做出了战略部署和要求。2013年，国务院公布《通用规范汉字表》。由此可以看到，党和国家关于推广国家通用语言文字的政策是长期的、稳定的、清晰的，历史和实践的检验证明，推广国家通用语言文字的政策是正确的，符合我国的基本国情，应切实加以落实和贯彻。

第三，这是全面落实《国家中长期语言文字事业改革和发展规划纲要

（2012—2020 年）》（以下简称《语言文字规划纲要》）的必要要求。教育部、国家语委于 2012 年印发的《语言文字规划纲要》，是 21 世纪我国第一个中长期语言文字事业改革和发展规划，是今后一个时期指导全国语言文字工作改革和发展的纲领性文件。《语言文字规划纲要》围绕贯彻落实党和国家的语言文字政策和战略部署要求，科学研判和准确把握全球化、信息化等时代背景下语言文字工作的阶段性特征，提出了到 2020 年我国语言文字事业改革和发展的指导思想、目标任务、重点工作和创新保障。《语言文字规划纲要》“总体目标”首先提出“到 2020 年，普通话在全国范围内基本普及，汉字社会应用的规范化程度进一步提高，汉语拼音更好地发挥作用”。《语言文字规划纲要》“主要任务”的第一条就是“大力推广和普及国家通用语言文字”。《语言文字规划纲要》“重点工作”的第一项是“推广普及”、第四项是“能力提升”。完成《语言文字规划纲要》部署的各项重点工作、推进《语言文字规划纲要》各项主要任务的落实、实现《语言文字规划纲要》提出的各项奋斗目标，要求我们必须坚持把推广和普及国家通用语言文字摆在语言文字事业发展的核心地位，切实抓紧抓实抓出成效。

二、建设高水平、专业化的人才队伍，为推广国家通用语言文字提供重要的保障和支撑

上世纪末开展的“中国语言文字使用情况调查”（范围涉及除港澳台外的全国 31 个省、自治区和直辖市以及新疆生产建设兵团）数据显示，1999 年我国能用普通话进行交际的人口比例为 53.06%。另据教育部语言文字应用研究所 2010 年对河北、江苏、广西三省区的抽样调查，掌握普通话的人口约占本省区总人口的 72.2%、70.7% 和 80.44%。从数据对比我们可以看出，进入新世纪的头 10 年里，我国的普通话普及程度有了较大幅度提升，这一方面充分体现了广大推普工作者辛勤工作的成果，另一方面也反映出各族群众对普及国家通用语言文字有着强烈需求。

在看到成绩的同时，我们也应清醒地发现不足。通过对 2010 年的调查录音进行分析，虽然三省区 2010 年的普通话普及程度均在 70% 以上，但真正能达到普通话水平测试标准（三级乙等以上）的人群尚不到 30%。可以认为，

推普工作进入新的发展阶段，需要准确把握其阶段性特点规律。今后一段时期，要把“提高普及质量”摆上更加重要的位置，推普工作应步入“提高普及程度”与“提高普及质量”并重的发展阶段，这是其一。其二，要全面加强学校语言文字工作。这是国家通用语言文字推广工作最重要的基础。学校语言文字工作做扎实了，完全可以让学生通过九年义务教育，比较熟练地掌握国家通用语言文字。学校语言文字工作要与学生的德育、智育、美育紧密结合，与教师的教育教学能力提升有机结合，同时要进一步发挥学校对社会的辐射推进作用。其三，要把推进农村和少数民族地区国家通用语言文字推广普及作为突出重点。这是推动城乡统筹发展、加快少数民族事业发展的重要的民生工程。要围绕农村和少数民族地区的客观实际，大力加强国家通用语言文字师资培训，提升“教”的水平；大力加强国家通用语言文字学习资源建设，满足“学”的需求；要加强宣传，营造良好推普环境，使学习国家通用语言文字成为人人自愿自觉的行为。

我们要更加注重提高普通话普及质量，全面加强学校语言文字工作。推进农村和少数民族地区国家通用语言文字推广普及，最根本的、最重要的、也是最迫切的，就是培养造就一支高水平、专业化的人才队伍。恢复举办中央普通话进修班，是贯彻落实《语言文字规划纲要》的重要举措，顺应了时代要求和基层群众所思、所盼、所求。要抓住这个根本，培养一批能在基层生根、开花、结果的“种子”，造就一批基础良好、各有所长、层次分布的高水平、专业化人才，打造一支语言文字工作的尖兵、铁军、生力军，为促进国家通用语言文字推广工作又好又快发展提供重要的保障和支撑。

值得我们高度关注、认真学习的是，习近平总书记上月底在新疆考察时，专门指出：少数民族孩子双语教育要抓好，学好汉语不仅将来找工作方便，更重要的是能为促进民族团结多做贡献。总书记还勉励汉语教师说：你们使命光荣，一定要把工作做好。可以说，我们复办后的第一期班以培养民族地区双语教学骨干师资为专题，是贯彻落实习近平同志重要指示的具体举措，是教育部党组合理配置教育资源，重点向农村、边远、贫困、民族地区倾斜要求的体现，也是国家语委开展党的群众路线教育实践活动，转变工作作风，面向基层、做好服务的一次具体实践。

三、不断总结、创新、发展，把中央普通话进修班办成语言文字工作重要的人才培养基地

中央普通话进修班的前身，是1956年创办的“普通话语音研究班”，第一期班主任由著名语言学家、时任教育部副部长叶圣陶先生担任。“普通话语音研究班”先后举办了11期，1980年更名为“中央普通话进修班”继续举办。至1999年，“中央普通话进修班”已先后举办了27期。40多年里，这个班先后为我国推广普通话事业培养了3000多名优秀的研究者、教学者和管理者。著名语言学家吕叔湘、罗常培、徐世荣、吴宗济、丁声树、李荣等都曾在这里授课，陈章太、许宝华等语言学家都曾在这里学习。至今，还有许多从这个班走出去的学员，在各级语言文字工作部门、普通话教育教学和科研岗位上，发挥着骨干作用。中央普通话进修班是新中国蓬勃开展普通话推广工作的产物，也是我国推普工作的历史见证者和重要推动者，除为全国培养了大批推普骨干人才外，其在普通话教学课程设计、教材建设、教学法等方面，也为全国普通话教育的创新和发展发挥了引领示范作用。可以说，中央普通话进修班对全国推普工作起到了“工作母机”的不可替代的重要作用。

教育部、国家语委对复办中央普通话进修班十分重视，语用司指导并划拨专款，国家语委普通话和文字应用培训测试中心精心设计课程。这次不仅安排了传统的语言学、应用语言学方面的课程，还增加了国家语言政策、民族地区双语教学和民族语言调查的相关内容，教育部相关部门的主要领导、学界有广泛影响的专家积极承担讲课任务。整个班在继承的基础上有所创新，体现了“围绕中心，服务大局”的工作理念和补短板、促公平的思路，受到了来自民族自治地区和少数民族较多的省同志们的欢迎。

“强调理论与实践相结合，注重宏观视野与微观研究的平衡关系，兼顾推普事业长远发展和个人专业素质提高”，是中央普通话进修班的办学宗旨。我们要秉承这一办学宗旨，认真总结中央普通话进修班的成功经验，围绕贯彻落实《语言文字规划纲要》，把握推普工作的阶段性特点规律，在继承中创新，在创新中发展。要充分依靠广大专家，充分运用现代技术，科学设计办学体系，科学设置教学课程，加强成果收集整理和推广运用。要坚持培养专业化人才与建设优质学习资源相结合，推进集中培训与远程学习相结合，统筹兼顾普

通话教学骨干、双语教育师资、专门研究人才和管理干部的培养。要把中央普通话进修班办成凝聚高水平专家的平台，培养专业化队伍的平台，引领课程建设和学科发展的平台，办成语言文字工作重要的人才培养基地。

我希望语用司、教师司和国家语委培训测试中心，进一步加强统筹规划和协调配合，加强资源整合，加大支持力度，建议把中央普通话进修班纳入“国培计划”，把这一重要的语言文字人才培养基地长期办下去、办得越来越好，要把这支队伍培养好、组织好、管理好、凝聚好、爱护好，更要注重发挥好他们的作用，为他们创造施展才华的平台。也希望中央普通话进修班的学员们，善学善思，学以致用，勤于实践，有所作为，在全国各地普通话教育教学、教材建设、科学研究中发挥“种子”作用，在语言文字工作服务全局、服务基层、服务群众中做出无愧于时代的更大贡献！

谢谢大家！

教学方略研究

导语：

我国古代伟大的教育家孔子曾经有一句名言“不愤不启，不悱不发”。这是绵延数千年的教学方法精粹，就是放在当今社会，也同样具有十分重要的现实意义。谈到教学方法，大致可以从两个层次着眼：一个是比较宏观的教学流派、教学方略、教学原则等；另一个则是比较微观的课堂教学步骤、学习指导、训练过程等。相对而言，前者一般更具普适性，而后者由于必定彰显执教者和学习者的具体特征，因此，先天就存在着难以原样复制的困难。这样看来，透过不同地域、不同施教者与受教者的具体情况，发现、捕捉教育教学活动中的共性因素和普遍因素，可能对于跨学校、跨地域之间的相互借鉴与吸收，作用将会更加突出。这个板块的论文，正是从比较共性的问题着眼，涉及了普通话教学中的许多基本要素，因此，它们对普通话教学领域的经验共享、合力推进，无疑具有不可替代的作用和意义。

韵母分类再调整及训练方式革新

王韦皓
（西南石油大学　四川电影电视学院）

摘　要　通过对韵母的重新分类，我们以 ɑ 音为核心统摄 14 个韵母，以 e 音为核心统摄 15 个韵母，以 i 和 u 音为核心统摄 10 个韵母，39 个韵母在新的审视标准下重新确定归属。这次分类不再以韵母结构组成特征、发音形态特点为分类标准，而是以实际发音的原型条件及其变体分布、发音的主体音色及其音值比重、发音的核心统驭及其发散关联为分类标准，注重分类与实际发音的同质和近似聚合关系，体现实际发音训练的难度分化、梯度区别。这种分类及训练方式设计、训练材料组织、训练进度安排、训练效果比对等在方言区和部分民族地区普通话学习者的实践运用中得到了初步验证，对普通话有一定基础，语音训练想有较大提升的对象，效果更为明显。

关键词　韵母　元音　分类　训练

一、对音节和韵母部分的传统认知

根据汉语音韵学的传统分析方法，把一个汉语音节（字音）分成“声”“韵”两大构成部分，同时还要加上一个贯穿整个音节的“调”（声调）。“声”是一个汉语音节开头的部分，是带出字音响亮部分的起始的发音（起音部分、发声部分），“韵”是汉语音节“声”后面的收音部分，“调（声调）”是具有明显别义作用的整个音节的音高变化形式。如下：

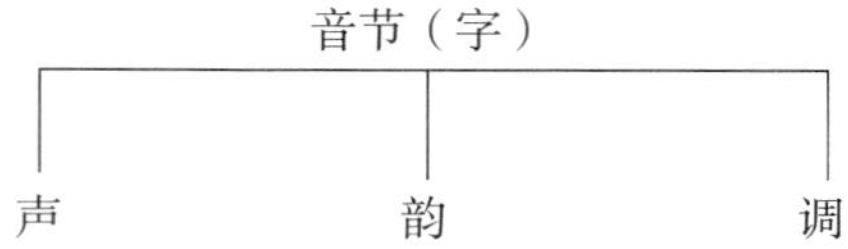

这种分析，是对一个音节内部构成的成分单元的划分，以及各成分彼此间关系的分化认识。根据相同的分析方式，我们还可以将“韵”这一部分，进一步分解，如下：

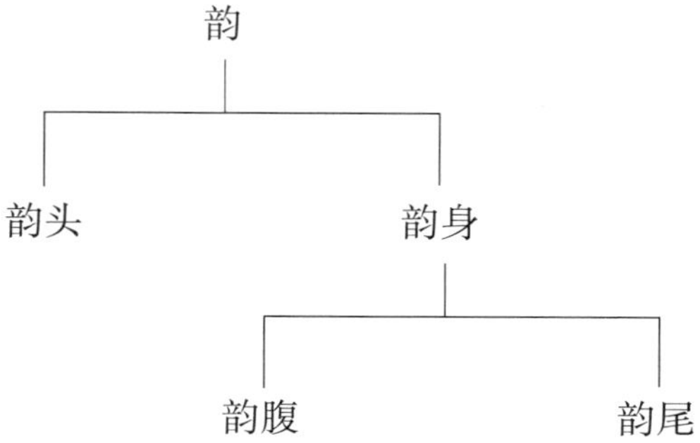

韵头（介音）是音节中“韵”这一部分发音的起始，开口度小，发音轻且短。后面接续的是“韵”发音完成的部分——韵身，其主体是“韵腹”，开口度大，发音长而亮。结束部分是“韵尾”，开口度小，发音弱且收。

这些分析，是音节内部结构和组成关系，以及发音形态表征的进一步分解，对于我们认知汉语音节，尤其是整个音节的发音主体“韵”这一部分的结构特性和发音特点有很大的帮助，但对于汉语音节发音最为重要的一个部分的教学研究和基础训练，包括对方言性语音的纠正、民族地区语音对比教学、规范语音发音准确性及稳定性能力的提升等方面的帮助就助力较少。我们需要更多借鉴西方现代语音学的分析和认知，析解音节发音的根本属性，把握发音的本质特点。

二、对音节和韵母部分的语音学认知

从现代语音学的角度来看，代表汉语音节起音部分的“声母”与辅音关系密切，都具有辅音性质（包括零声母），它们在发音时声带或振动或不振动，气流通过咽头和口腔时一定受到某个部位的阻碍，一般由通用记音的辅音音素来充当声母，所以我们定义声母是一个汉语音节起头的辅音。

代表汉语音节收音部分的“韵母”与元音关系密切，它们在发音时气流通过声门振动声带后，在口腔里基本不受阻碍，受唇舌腭等调节配合而形成响亮的音。可以由一个元音音素充当（简称单韵母），如“啊（a）、播（o）、泽（e）、移（i）、古（u）、旭（ü）”等；也可以由两个或三个元音音素组合充当（简称复韵母），如“掰（ai）、陪（ei）、岛（ao）、透（ou）、怪（uai）、鬼（uei）、聊（iao）、妞（iou）”等；还可以是元音（或元音音素组合）加被“元音化”了的辅音韵尾（-n、-ng；有准元音、次元音之说）来构成（简称鼻韵母），如“干（an）、肯（en）、秦（in）、训（ün）、边（ian）、江（iang）、短（uan）、撞（uang）、玄（üan）、囧（iong）”等。可以说，韵母的主体及其整体构成是元音性质的，所以这里定义韵母是一个汉语音节中声母之后的元音或以元音为主体的音素组合。

结合传统认识和现代语音学分析，人们对汉语普通话 39 个韵母的构成有了如下分类：

<table>
<tr><td rowspan="3">单元音韵母</td><td colspan="2">舌面元音</td><td></td><td>a、o、e、ê、i、u、ü</td></tr>
<tr><td colspan="2" rowspan="2">特殊元音</td><td>舌尖元音</td><td>-i［ɿ］前、-i［ʅ］后</td></tr>
<tr><td>卷舌元音</td><td>er</td></tr>
<tr><td rowspan="5">复合音韵母</td><td rowspan="3">复合元音（复韵母）</td><td rowspan="2">二合</td><td>前响（韵腹＋韵尾）</td><td>ai、ei、ao、ou</td></tr>
<tr><td>后响（韵头＋韵腹）</td><td>ia、ie、ua、uo、üe</td></tr>
<tr><td>三合</td><td>中响（韵头＋韵腹＋韵尾）</td><td>uai、uei、iao、iou</td></tr>
<tr><td colspan="2" rowspan="2">复合鼻尾音（鼻韵母）</td><td>带前鼻尾音 -n</td><td>an、ian、üan、uan、en、uen、in、ün</td></tr>
<tr><td>带后鼻尾音 -ng</td><td>ang、iang、uang、eng、ueng、ong、ing、iong</td></tr>
</table>

这种分类和认知，把音韵学传统和现代语音学分析结合，让人们更加清晰地认识到汉语音节结构的特点，同时把握了音节中最重要的部分“韵母”的内部成分特点和发音的本质属性，既方便分解又方便记录，既便于认识又便于记忆。

三、对韵母的其他分类方式

除结合语音学认知按韵母结构构成的韵母分类外，汉语音韵学家依据发音时口、唇的形态，将韵母分为开口、合口两类，每类又分洪音和细音。开口洪音称为开口呼，开口细音称为齐齿呼，合口洪音称为合口呼，合口细音称为撮口呼。至近代乃至现代汉语语音学则依据韵母的韵头（介音）或韵腹口形来确定“四呼”。

另一种韵母分类，是把韵母按照有、无韵尾情况，分为有尾韵和开尾韵。有尾韵继续细分为元音尾韵和辅音尾韵。

上述两种分类方案是根据韵母的组成成分，韵头（介音）和韵尾的异同来分类，具有较明显的系统价值，有利于对于音系规则的描写。

“十三辙”与元代《中原音韵》一脉相承，基本上能反映普通话的语音情况，亦可看作是一种韵母的分类方式。但它是依据近现代北京语音音系归纳建立起来的北方说唱文学用以押韵的广泛流行的韵部，属于北音曲韵。

四、对韵母认知分类和训练方式的调整

一直以来，以常见的韵母分类方式为基础进行的韵母理论梳理和练习排布，从根本上讲，还没有脱离内部结构关系和组合特点分解认知的套路，认识和记忆上的清晰明确，并没有带来练习和纠正上的有效和准确。就普通话学习和辨正来看，对方言区对象、民族地区对象、已有较好基础意图提升发音准确度和稳定性的对象而言，这些分类和由分类带来的练习方式的设计、练习材料的组织、练习进度的安排、语音对比辨正的调整、语音听辨评判标准的规范等诸多问题都存在较为机械化、模式化及缺乏针对性、有效性，少有准确度、稳定性等问题。

接下来，我们参考音位学相应分类，借鉴认知语言学原型范畴理论，结合实际发音正音学习练习的经验，对韵母重新进行分类，强调以 a、e、i、u 四个音为核心，进行感受、对比、听辨、强化等学习训练，涵括指导其余 35 个韵母的学习和练习。

（一）以开口 a 音为核心的韵母分类和基础训练

1. 以 a 音为核心的韵母分类和训练的重要性

除去带有方言色彩，相对土俗的语音结构，如："bia、biang、nia、fiao、rua"等，在汉语普通话 400 个基本无调音节中，与 a 音韵母有关的音节数，总共有 165 个，占到基本无调音节总数的 41%。这 165 个音节都以 a 音原型或同属 a 音原型范畴的相应变体为音节的响度中心，a 音成员是其"韵核"的核心成员，承担主要音色。

普通话 39 个韵母中，以 a 音成员为核心的有 14 个，占韵母总数的 36%，这也是个不小的数字和比例，充分显示了以 a 音成员为核心的韵母的重要性。在此，将韵母重新分类，训练时需集中强化与 a 音韵母有关的音节。具体分类如下：

原型	变体	出现条件	韵母示例（14 个）
a	前低 a［a］	在 i 和 n 之前充当韵腹	ai、uai、an、uan
	前次低 a［æ］	在 i、ü 和 n 之间充当韵腹	ian、üan
	央低 a［A］	独立运用或后面无韵尾	a（ba、zha）、ia、ua
	后低 a［ɑ］	在 u 和 ng 之前充当韵腹	ao、iao、ang、iang、uang

2. 以 a 音为核心的韵母分类和训练的有效性

音节和韵母的传统结构分类没能充分体现 a 音在所有音节中的基础性作用，教学训练上虽然也注重 a 音，但没有将其突出到一个基础核心的地位。在学习练习普通话、纠正方言和民族语言对普通话的迁移影响的过程中，a 音及其变体音发音的各种条件的掌握情况、相应口腔开度和舌位的调整状况、神经及肌肉的适应调节状态等都对发音的成功、正确、有效、稳定起到极为重要的作用。

很多人讲的普通话，听起来总感觉有方言色彩，除了声调和语调的问题外，还有一个很重要的原因是，他们以 ɑ 音为核心的音节发音不准确，主要是 ɑ 音失准，相应的舌位和口腔开度以及整体的发音状态有问题。纠正时，如果及时调整并规范 ɑ 音的发音，去除方言性痕迹的同时，响亮度和准确性都会有较大的提升。

相对容易掌握并稳定下来的是 ɑ 音的原型，央 ɑ 的发音。央 ɑ（舌面、央、中、不圆唇元音）发音时，口腔大开，舌位央低，舌自然平放，舌尖靠近下齿背，舌面中部偏后微微隆起，双唇自然展开；同时，声带颤动，打开后声腔，软腭上升抬起，关闭鼻腔通路。它独立运用充当韵母，或在复合韵母 iɑ、uɑ 中充当核心成员。

在央 ɑ 的基础上，舌位前移，舌尖抵靠下齿背，舌面前部稍稍隆起，就是前 ɑ 的发音，它不独立运用，在复合韵母 ɑi、uɑi、ɑn、uɑn 中充当核心成员。

属于 ɑ 音原型范畴的变体［æ］音，是在前 ɑ 发音基础上，舌位上移，口腔在开和半开状态之间。它不独立运用，在复合韵母 iɑn、üɑn 中充当核心成员。

在央 ɑ 的基础上，舌位后移，舌面后部稍稍隆起，就是后 ɑ 的发音，它不独立运用，在复合韵母 ɑo、iɑo、ɑng、iɑng、uɑng 中充当核心成员。

不同 ɑ 音发音存在对比差异，但音色近似，音值、发音条件和综合状态等都具有家族相似性，其中以央 ɑ 为其核心成员和原型代表，因为它独立运用且组合能力很强，其余 ɑ 音在条件分布的基础上类聚汇同。教学和训练时，把握核心成员和变体形式的异同特点及出现条件，对比辨正，强化异中有同、同中有异的整体感受，可以在很大程度上提高发音者学习训练的稳定性和有效性。

训练中注意元音韵尾 -i、-u（o）的发音是舌位、口腔状态等发音条件的趋向，而不是达到。辅音韵尾 -n、-ng 的发音是达到，但没有辅音发音的持阻和除阻阶段。

（二）以开口 e 音为核心的韵母分类和提升训练

1. 以 e 音为核心的韵母分类和训练的重要性

除去带有方言色彩，相对土俗的语音结构，如“cei、nun”等，在汉语普通话 400 个基本无调音节中，与 e 音韵母有关的音节数总共有 155 个，占到基本无调音节总数的 39%。这 155 个音节都以 e 音原型或同属 e 音原型范畴的相应变体为音节的响度中心,e 音成员是其“韵核”的核心成员，承担主要音色。

普通话 39 个韵母中，以 e 音为核心的韵母有 15 个，占韵母总数的 38%。在此，将剩余韵母重新分类，训练时需集中强化与 e 音韵母有关的音节。具体分类如下：

原型	变体	出现条件	韵母示例（15 个）
e	前中 e(ê[ɛ])	i、ü 后面或偶尔独立运用	ie、üe、ê
	央中 e[ə]	舌位偏前靠上充当韵腹	ei、uei、en、uen
		舌位居中独立运用	er
		舌位偏后靠上充当韵腹	ou、iou、eng、ueng
	后半高 e［ɤ］	独立使用或充当韵腹	e（e、de、ne、ge、zhe、ze）
	圆 e（o[o]）	独立使用的后半高 e 圆唇充当韵腹或偶尔独立运用	o、uo（o、bo、po、mo、fo、zuo）

2. 以 e 音为核心的韵母分类和训练的有效性

在普通话教学和训练的实际过程中，e 音的学习和练习是一个难点，它的发音舌位和状态相比 ɑ 音更难于掌握。学习者受方言或民族语言以及个人发音习惯的影响，舌位和口腔状态的调整容易变化，尤其涉及央 e 的发音，更难于一步到位，些许发音条件的变化，就会出现很多过渡音的干扰。因而以 e 音为核心韵母的学习和练习，包括对比感受、听辨区分，要在 ɑ 音的基础训练后进行。尤其是央 e 变化而来的韵母较多，一旦把握住这个核心，将极大提高其他相关韵母的学习掌握速度，准确到位程度也会大大提升，故而称之为“提升”训练。

一般说到的 e 音即为 e 音的原型——后 e（舌面、后、半高、不圆唇元音），发音时口腔半闭，舌位后半高，舌后缩，舌面后部隆起，舌面两边微卷，舌面中部稍凹；声带颤动，嘴角向两边展开，软腭上抬，关闭鼻腔通路。

它独立运用，或和大多数声母相拼构成音节。

在后 e 的基础上，其他条件不变，上下唇自然隆圆，就把展唇的后 e 变成了圆唇的后 o，它偶尔独立运用自成音节，读作“哦、喔”等，一般充当韵腹且多和声母 b、p、m、f 相拼，读作“播、婆、抹、佛”等。另外，与韵头 u 结合，在 o 音基础上，发音时口稍开，充当韵腹就形成了 uo 音。有人认为 uo 韵中口稍开的韵腹 o 已有后 e 的［ɤ］音音色。

在后 e 的基础上，舌位前移居中，口腔在半开半闭之间，舌位不高不低不前不后，就形成了央 e 的发音（舌面央、中、不圆唇元音）。它不独立运用，可以在卷舌的同时形成卷舌韵母 er 自成音节，读作“儿、耳、贰”。更多的情况下是舌位调整后在其他复合韵母中充当核心成员。在央 e 基础上，舌位偏前靠上构成“ei、uei、en、uen”等韵母的核心；在央 e 基础上，舌位偏后靠上构成“ou、iou、eng、ueng”等韵母的核心。

属于 e 音原型范畴的变体 ê 音（舌面前、中、不圆唇元音），一般不独立运用（做叹词，读作“欸、诶”）。发音时口腔在半开半闭之间，舌位前中，舌尖轻触下齿背（不能离远后收），舌面前部隆起，嘴角向两边展开，声带颤动，软腭上抬，关闭鼻腔通路。以它为核心构成韵母“ie、üe”。我们未将 ê 音归入 ɑ 音范畴，是综合考虑 ê 音实际音值及发音训练时与央 e 的发音近似性，兼及拼音书写形态等问题。

宽窄复韵母、宽窄鼻韵母相混或发音缺陷，往往是没有把握好以央 e 为核心构成的韵母发音时舌位、开口度、口腔状态等发音条件的调整，甚至出现 e 音原型及变体和 ɑ 音原型及变体边界不清、发音含混的情况。

不同 e 音发音时存在一定的对比差异，但音色近似，音值、发音条件和综合状态等都具有家族相似性，其中以后 e 为其核心成员和原型代表，因为它独立运用且组合能力很强，相对央 e 更容易从拼合的音节中分离析解出来，其余 e 音也基本呈现条件分布的特点，它们类聚集合，形成了 e 音为核心的韵母分类。教学和训练时，需要把握这个核心成员及其变体形式的异同特点和出现条件，对比辨正，仔细体会异中有同、同中有异的整体感受、状态调整带来的“类同”与“微殊”。

在以 ɑ 音为核心的基础训练掌握的前提下，进行以 e 音为核心的提升训练，能够在保证开口度的基础上，提高韵母发音的准确性和稳定性，进一步去除方言性语音痕迹的遗存，感受不同民族语言之间的区别。

训练中同样需要注意元音韵尾和辅音韵尾发音的区别。

（三）以闭口高元音 i、u 为核心的韵母分类和扩展训练

在汉语普通话中，闭口高元音有“i、u、ü”3 个，在此，我们认为“ü”音是“i”音圆唇后的变体。它们每个都可以独立运用自成音节，也都可以充当韵腹，构成韵母的核心。另外，它们还在复合韵母的开头出现，充当韵头（介音），是音节响亮部分的开头，发音口形有一定区分度，造就了韵母“四呼”分类的基础。

“i、u”还会出现在元音韵尾收音的音节末尾，发音条件是靠近、趋向“i、u”而非真正意义上全部到位。虽然发音较为含混，但也关系到韵母和音节发音的完整性、饱满度。

普通话 39 个韵母中，以 i、u 音原型及其变体为韵母核心的韵母总共有 10 个，占韵母总数的 26%，具体分类如下：

原型	变体	出现条件	韵母示例（10 个）
i	舌尖前 -i［ɿ］	在 z、c、s 后面	zi、ci、si
	舌尖后 -i［ʅ］	在 zh、ch、sh 后面	zhi、chi、shi、ri
	前次高 i［I］	在 a 和 e 后充当韵尾	ai、ei、uai、uei
	前高 i［i］	独立运用或充当韵头、韵腹	i、in、ing（i、pi、lin、jing）
	圆 i（ü［y］）	独立运用或充当韵头、韵腹	ü、ün、iong
u	后高 u［u］	独立运用或充当韵头、韵腹	u（u、bu、zu；ua、uan、ueng）
	后次高 u［ʊ］	充当韵尾	-u（ou、iou、ao、iao）
	后松 u［U］	独立充当韵腹	ong（o → u）

舌尖前、后元音涉及整体认读问题，也不易单独练习，所以不再单独训练。

i 音的原型是经常独立使用或充当韵腹的 i 音（舌面前、高、不圆唇元音），发音时口腔开度很小，舌位前高，双唇呈扁平型，嘴角向两边展开，舌尖轻触下齿背，舌面前部隆起。独立运用不进入复合韵母时，声带颤动，软腭上抬，关闭鼻腔通路。i 音可在“in、ing”等复合韵母中充当核心成员。

ü 是在 i 音发音的基础上，双唇撮圆，略向前凸，中部留一扁圆小孔，发音时下唇贴齿向内向上收撮。简单来看就是 i 音的圆唇形式。ü 音可独立运用或在复合韵母“ün、iong”充当核心成员。

u 音的原型是经常独立使用或充当韵腹的 u 音（舌面后、高、不圆唇元音），发音时口腔开度小，舌位后高，双唇收缩拢圆，稍向前凸，中间留一小孔，上唇人中处贴合上齿稍用力向下，舌后缩，舌面后部高度隆起。独立运用不进入复合韵母时，声带颤动，软腭上抬，关闭鼻腔通路。进入复合韵母与后鼻辅音韵尾结合时，唇形稍开，舌位稍低，由“松 u”起音，充当“ong”音的核心。

有一定基础的练习者，在开口元音练习基本掌握后，闭口元音“i、u”的练习就显得比较重要，因为不少汉语音节韵母的开头和结尾都会有“i、u”音及其变体的出现，涉及韵母起音准确，收音到位的问题，也影响韵母发音结构的完整和圆润饱满，故称为基础和提升后的“扩展”调整训练。

五、余论

各种语言的元音音位系统归纳各不相同，但 ɑ、i、u 三个极限元音几乎所有语言都有，有学者结合舌位图称之为“元音三角”。以此为基础，其他元音的生成演变有了分布变化的空间，听辨识别有了分散聚合的原型。普通话中再加一个“元音三角”中后部的 e 音，它们的生理区别条件明显，生成组合能力突出，都可以独立运用，也恰恰是韵母不可或缺的发音主体，是音节发音的响度中心，是发音和听辨识别时显化特征和突出信息的负载者。

在跨通道语义启动范式的实验中，一个文字目标词在一个听觉启动刺激的尾音之前呈现——就在启动词要变得清楚之前（例如，如果启动词是 lock 或者 logs，目标词将在 /la/ 结束时呈现）。汉语普通话音节听辨和学习过程中，语义激活时超音段信息——声调的作用很大，但是音段信息里声母和韵母的作用也非常重要，尤其是韵母的核心成员的清晰识别和排异区别作用不可小视，这其中以 a 音、e 音为核心构成的韵母占韵母总数的 80%，所以对以这两个音为核心韵母的感受、对比、分辨和训练很重要，往往也能实现以点驭面，以部分统摄整体的效果。

普通话韵母的学习训练相比声母显得复杂困难，除了发音条件复杂外，不同方言、民族语言中元音数目和分布格局的不同经常带来各种负迁移影响。基于基础强化和能力提升的普通话语音学习训练，一种适宜的韵母分类方式和此种分类引导下的训练排布就显得尤为重要。以 a、e、i、u 四个音为核心为原型的韵母分类和训练组织，显示出一定的效度、信度。相关认知和设计仍需在实践中不断检验调整，也需要实验语音学的进一步论证。

参考文献

[1] 罗常培，王均．普通语音学纲要（修订本）[M]. 北京：商务印书馆，2002.

[2] 宋欣桥．普通话语音训练教程 [M]. 北京：商务印书馆，2004.

[3] 唐浩．听觉条件下汉语声母、韵母、声调在语义激活中的作用及时间进程 [D]. 大连：辽宁师范大学，2012.

[4] 王韫佳，王理嘉．语音学教程（增订版）[M]. 北京：北京大学出版社，2013.

[5] 徐世荣．普通话语音常识 [M]. 北京：语文出版社，1999.

[6] 薛凤生．北京音系解析 [M]. 北京：北京语言学院出版社，1986.

[7] 赵艳芳．认知语言学概论 [M]. 上海：上海外语教育出版社，2001.

[8] 朱晓农．说元音 [J]. 语言科学，2008（9）.

作者简介

王韦皓，男，河北高阳人，副教授。研究方向：普通话语音、播音发声、汉语词汇与语法。

论凉山彝族学生普通话语音学习的难点及解决方法

杨绍林　山述兰
（西华大学）

摘　要　本文对比分析凉山彝语和普通话语音系统的异同，梳理彝族学生普通话语音学习中声母、韵母、声调的难点，以普通话韵母学习为例提出解决普通话语音学习难点的对策，以期对凉山州彝族学生的普通话教学有一定借鉴意义。

关键词　彝族　普通话　语音　难点

彝族，一个在我国具有悠久历史和深厚文化底蕴的少数民族，主要聚集于我国西南地区，包括云贵川三省和广西壮族自治区西北部。彝语属汉藏语系藏缅语族彝语支，内部分歧比较复杂，彝语分为东部、南部、北部、中部、西部、东南部方言六大类。四川省凉山彝族自治州（以下简称凉山州）的彝语属于北部方言，有“圣作、所地、依诺、田坝”四个土语区。本文主要针对凉山彝族学生普通话语音学习的难点进行探析，寻求问题的解决方法。

一、彝语与普通话语音系统的异同

彝语和汉语同属汉藏语系，汉语属汉藏语系汉语族汉语支，彝语属汉藏语系藏缅语族彝语支，其语言亲属关系比较密切，加之彝族和汉族交往的历史从未间断，彝汉双语互有影响。但是，作为自成体系的两种语言，彝汉双语在语音、词汇、语法等方面都具有很大的差别，其相异成分远远大于相同成分。下面，我们着重比较两种语言在语音上的差异。

普通话是以北京话为基础方言，以北京语音为标准音；而凉山彝语是以圣作话为基础方言，以凉山州喜德县语音为标准音。与普通话语音系统相比，凉山彝族语音的特点是声母多韵母少，声调数与普通话一致。从声、韵、调三方面考量，发现凉山彝语与普通话最大的区别在韵母上，这也是其语音学习的难点。

（一）声母方面

普通话有辅音声母21个，凉山彝语有辅音声母43个。从声母的发音部位上看，彝语和汉语的差异不大，都有双唇音、舌尖前音、舌尖中音、舌尖后音、舌根音、舌面音六个大类，只是彝语多一个喉音。从声母的发音方法上看，两种语言的区别比较大，彝语声母不仅有送气音与不送气音的区别、清音与浊音的对立，还有口腔音与鼻腔音的对立、清化鼻音与浊鼻音的对立、清边音与浊边音的对立、清擦音与浊擦音的对立。普通话仅有送气与不送气、清音与浊音的对立，而且普通话的浊音声母仅有四个。

在彝语语音系统中，虽然能够找到在发音部位和发音方法上与汉语21个辅音声母相同的辅音声母，但是，由于受声母后面呼读元音 o［o］、e［ɯ］、i［i］、-i［ɿ］的影响，其实际发音与普通话的声母发音有细微区别。因此，教师一定要掌握两种语言声母发音的细微区别，做好准确的比对发音，让学生从反复对比中准确把握汉语声母的实际发音，在发普通话声母音时，尽量不受彝语声母的影响。

表1　汉语和彝语声母比较

汉语声母	彝语声母
b［p］、p［p^h］、m［m］、f［f］ d［t］、t［t^h］、n［n］、l［1］ g［k］、k［k^h］、h［x］ j［tɕ］、q［tɕ^h］、x［ɕ］ zh［tʂ］、ch［tʂ^h］、sh［ʂ］、r［ʐ］ z［ts］、c［ts^h］、s［s］	b［p］、p［p^h］、bb［b］、nb［mb］、hm［m$_0$］、m［m］、 f［f］、v［v］、d［t］、t［t^h］、dd［d］、nd［nd］、hn［n$_0$］、 n［n］、hl［ɬ］、l［1］、g［k］、k［k^h］、gg［g］、 mg［ŋg］、hx［h］、ng［ŋ］、h［x］、w［ɣ］、z［ts］、 c［ts^h］、zz［dz］、nz［ndz］、s［s］、ss［z］、zh［tʂ］、 ch［tʂ^h］、rr［dʐ］、nr［ndʐ］、sh［ʂ］、r［ʐ］、j［tɕ］、 q［tɕ^h］、jj［dʑ］、nj［ndʑ］, ny［ȵ］、x［ɕ］、y［ʑ］

（二）韵母方面

在韵母方面，普通话有 39 个，凉山彝族标准语的韵母只有 10 个，且均为单元音韵母。由于普通话韵母数量大大多于彝语韵母，类型和结构比彝语韵母复杂得多，因此，彝族学生在学习韵母时很容易造成发音错误或者缺陷。所以，教师必须高度重视韵母的教学和训练。

表 2　汉语和彝语韵母比较

<table>
<tr><th>汉语韵母</th><th>彝语韵母</th></tr>
<tr><td>单元音韵母：ɑ [a]、o [o]、e [ɤ]、i [i]、u [u]、ü [y]、ê [e]、er [ɚ]、-i [ɿ]、-i [ʅ]</td><td rowspan="3">i [i]、ie [e]、ɑ [a]、uo [ɔ]、o [o]、e [ɯ]、u [u]、ur [u̠]、y [ɿ]、yr [ɿ̠]</td></tr>
<tr><td>复元音韵母：ɑi [ai]、ei [ei]、ɑo [au]、ou [ou]、iɑ [ia]、ie [i ɛ]、uɑ [ua]、uo [uo]、üe [y ɛ]、iɑo [iau]、iou [iou]、uɑi [uai]、uei [uei]</td></tr>
<tr><td>鼻韵母：ɑn [an]、iɑn [ian]、uɑn [uan]、üɑn [yan]、en [ə n]、in [n]、uen [u ə n]、ün [yn]、ɑng [a]、iɑng [iaŋ]、uɑng [aŋ]、eng [ə ŋ]、ing [iŋ]、ueng [ə ŋ]、ong [uŋ]、iong [yŋ]</td></tr>
</table>

（三）声调方面

作为有声调的语言，汉语和彝语分别都分为四个调类，但它们各自的名称和调值不相同。汉语普通话声调为：阴平（55 度）、阳平（35 度）、上声（214 度）、去声（51 度），凉山彝语标准语的四个声调多为平调，其调值分别为：高平调（55 度）、次高平调（44 度）、中平调（33 度）、低降调（21 度）。因此，对彝族学生来说，普通话声调几乎是一个全新的系统。

综上所述，彝语和汉语的语音差异很大，在彝族聚居区各层次教育教学活动中，教师经常遇到学生将两种语言的声、韵、调混淆的现象。

（四）凉山彝族学生学习普通话语音系统的难度等级

普拉克特（Practor1967）提出的二语学习的难度等级（hierarchy of difficulty）认为：目的语和母语相同的成分，对二语学习者来说不困难，其难度等级为零级；母语中有而目的语中没有的语言项目，学习者在学习目的语时避免使用就行，因此，在二语学习中遇到的困难只属于第二级；目的语中的某个项目在母语中虽然也存在，但该项目的形式、分布和使用等在两种语言中有差异，学习者得把它当作新的项目重新学习，其难度等级为三级；目的语中的某个语言项目，在学习者的母语中无对应项，学习者在学习这个全新的项目时会产生阻碍性干扰，其难度等级为四级。根据我们在对凉山彝族学生的普通话语音教学中的观察，普拉克特提出的难度等级在凉山彝族学生的普通话语音学习中有同样的体现。

在凉山彝语的 43 个辅音声母中，有 21 个辅音声母的发音部位和发音方法与汉语普通话中的 21 个辅音声母相同，另外 22 个辅音声母为普通话所无，彝族学生在学习普通话中的辅音声母时只需把母语中相应的声母的发音习惯迁移到汉语学习中，同时避免把普通话所无的辅音声母带入普通话中就行，因此，彝族学生学习普通话的辅音声母比较容易。凉山彝语和汉语普通话都有四个声调，但是除了音值为 55 的声调，其他 3 个声调的调值都不相同，所以虽然彝族学生在学习汉语声调时不用像那些来自无声调语言国家的学生那样，得花费相当的时间来建立起声调的概念，但是他们得像学习新知识一样学习普通话的阳平、上声和去声，所以，声调的学习对彝族学生来说相对困难。普通话中有 29 个韵母是凉山彝语所没有的，彝族学生学习这些韵母非常困难，可以说，普通话的韵母是彝族学生普通话语音学习中的最难点。

有鉴于此，本文专门探讨凉山彝族学生普通话韵母学习中的难点，以及教师怎样帮助学生解决这些难点。

二、凉山彝族学生普通话韵母学习的难点

从上文彝汉语韵母表中我们可以看到，凉山彝语只有单韵母，没有复韵母；彝语的单韵母同汉语普通话的单韵母数量相同，都是 10 个，其中有 6 个单韵母的口型和舌位都相同，即普通话的 ɑ [a]、o [o]、ê [E]、i [i]、u [u]、-i [ɿ] 与彝语的 ɑ [a]、o [o]、ie [E]、i [i]、u [u]、y [ɿ] 分别对应。普通话的其余 4 个单韵母则是彝语中所没有的，即 e、ü、er、-i（后）。

根据普拉克特的“难度等级”，目的语中的某个语言项目，在学习者的母语中无对应项，学习者在学习这个全新的项目时难度很大。事实亦是如此，凉山彝族学生学习普通话韵母的难点主要集中在彝语中所没有的那些单韵母和复韵母上。他们在学习中主要存在以下问题：

（1）丢失元音韵尾 i、u（o），把复韵母单音化或者把三合元音韵母读作二合元音韵母。例如，把“白菜”［pai^{35} ts^{h}ai^{51}］读成［pa^{35} ts^{h}a^{51}］，把“巧妙”［tɕ^{h}iau^{214} miau^{51}］读成［tɕ^{h}ia^{214} mia^{51}］。

（2）丢失前鼻韵尾 -n，有时丢失了韵尾后会把主要元音鼻化，听感上貌似有一点鼻音色彩。例如，把“参观”［ts^{h}an^{55} kuan^{55}］读成［ts^{h} ã^{55} ku ã^{55}］。

（3）丢失后鼻韵尾 -ng，有时丢失了韵尾后会把主要元音鼻化，听感上貌似有一点鼻音色彩。例如，把“帮忙”［paŋ^{55} maŋ^{35}］读成［p ã^{55} m ã^{35}］。

（4）单元音韵母央化。例如，把“可乐”［k^{h} ɤ^{214} l ɤ^{51}］读成［k^{h} ə^{214} l ə^{51}］。

（5）撮口呼韵母齐齿化。例如，把“聚会”［tɕy^{51} xuei^{51}］读成［tɕi^{51} xuei^{51}］。

（6）不能读准舌尖后音的声母 zh、ch、sh、r 与舌尖后不圆唇的韵母 -i 拼合的音节。例如，把“知”［tʂ ʅ 55］读成［ts ɿ］、把“痴”［tʂh ʅ 55］读成［tsh ɿ］、把“师”［ʂ ʅ 55］读成［s ɿ］、把“日”［ʐʅ 55］读成［z ɿ］等。

三、凉山彝族学生普通话韵母学习问题产生的原因

（一）把母语中韵母的发音习惯迁移到普通话的韵母系统中

在学习普通话韵母系统的时候，凉山彝族学生常常用彝语中相近的音去发彝语中没有的那些韵母，从而使得发音出了问题。比如，凉山彝语中没有韵母 ü，但是有与之发音部位相同的 i，所以常见彝族学生把普通话的 ü 及以之为韵头的其他韵母齐齿化为 i。

（二）彝语注音符号书写方式的影响

凉山彝语只有 10 个单韵母，但是，［E］［ɔ］［u̯］和［ɿ］等 4 个单韵母的注音符号却分别是用两个拉丁字母 ie、uo、ur 和 yr 来表示的。这导致彝族学生常常把普通话的后响元音韵母 ie 和 uo 发作彝语的［E］和［ɔ］。

（三）目的语韵母的某些发音习惯尚未完全内化

经过教师的讲授，学生们都知道了普通话韵母的发音知识，但是由于这些知识还没有内化为新的发音习惯，所以，他们在发音时也会出现问题。他们在发音时，往往注意到把最响音发出来，结果忘记其后的韵尾。又如，丢失鼻韵

尾 -n 和 -ng，有时使主要元音鼻化，也是学生关于普通话韵母的发音习惯尚未完全内化的表现。丢失鼻韵尾，有时又使主要元音鼻化，说明学生知道鼻韵母的发音带有鼻音色彩，但是又没掌握其发音要点，所以发出了使主要元音鼻化的音出来。

四、凉山彝族学生普通话语音教学的对策

（一）理论与实践相结合

要掌握一门语言，必要的理论学习是不可少的，尤其是教师，除了必须掌握普通话和凉山彝语的语音系统知识之外，还要掌握普通语音学的基本理论，这样才能高屋建瓴，用理论指导语音学习和语音教学实践，并且理论与实践相结合，把正确的语音知识、发音原理贯穿到发音实践活动中，取得意想不到的效果。

教师要能够从普通语音学的角度，掌握元音、辅音的分类标准和分类方法，元音、辅音的发音部位和发音方法，这样才能把普通话和凉山彝语的语音放到人类语音系统之中进行对比和分析，真正做到用理论来指导实践。

（二）听力训练与口语训练相结合

语音是在听与说之间逐步提升的，这就要求我们加强听力训练，如反复对比两种语音韵母的发音，让学生仔细听辨，从而把握它们。此外，还要重视口语训练，课堂上多加强师生、生生之间的交流，让学生多说普通话。课外，教师要多安排口语训练内容。近几年在凉山州的双语教师普通话培训班上，与课堂教学内容密切相关的课外训练既有实际情景，又有真实需求，学员很有兴趣，实践证明是一种很好的学习方法。

每个人的发音习惯不同，前期学习汉语方言的种类不同、深度不同，都会影响其普通话的学习，必须把集中学习和分散训练有机结合起来。例如，我们在双语教师普通话培训班上，每天晚上都安排了小组辅导、个别辅导，因材施教，针对性强，效果很理想。

（三）普通话音素、音节教学与汉字教学相结合

在进行普通话语音教学的时候，教师带领学生进行汉语单字的音素（声母、韵母）以及声调的单项训练，这对于学生打好普通话的语音基础是很有必

要的。在对母语为汉语者的教学中，普通话的某些韵母，比如舌尖前 -i 和舌尖后 -i 等，由于单独发音比较困难，都没有进行单独教学，而是与相应的声母拼合为音节进行整体教学的，因此，对彝族学生的教学中，教这两个韵母时也可直接放在音节中进行教学。

对于二语学习者而言，要真正掌握目的语的语音系统需要长期的练习，因此，语音的教学应该贯穿整个二语教学的始终。四川彝区的全日制民族中小学汉语文教学大纲对学生学习汉语的要求随着学习阶段在字词数量上是相应提升的。因此，在对彝族中小学生进行汉字词教学的同时，教师也应该将语音训练与汉字学习有机地结合在一起，以利于巩固和扩大普通话包括韵母在内的音素教学和音节教学的成果，使学生形成关于普通话语音的发音习惯。

（四）突破普通话韵母学习的难点

1. 掌握普通话韵母的结构分类

可以分为单韵母、复韵母和鼻韵母三大类以及更多的小类，在教学中根据教学内容分类指导。

在教授单韵母时，要引导彝族学生认识到，虽然彝汉双语都各有 10 个单韵母，但是口型和舌位相同的只有 6 个，即普通话的 ɑ[a]、o[o]、ê[e]、i[i]、u[u]、-i[ɿ]与彝语的 ɑ[a]、o[o]、ie[e]、i[i]、u[u]、y[ɿ]分别对应。普通话的其余 4 个单韵母是彝语中没有的，即 e、ü、er、-i（后），需要专门学习。

普通话有 13 个复韵母，其中二合元音韵母 9 个，三合元音韵母 4 个。彝语没有复元音韵母，虽然 ie、uo、ur、yr 四个韵母都分别用两个拉丁字母表示，但它们都是单元音韵母。因此，彝语发音中没有从甲元音的发音状况快速向乙元音发音状况过渡的现象，教学中一定要重视复元音韵母的对比教学，强调普通话复元音韵母的发音方法，也就是元音的快速过渡发音方法训练。不仅要在两个元音之间过渡，还要快速在三个元音之间过渡，同时要区别前响韵母、后响韵母和中响韵母，这对彝族学生来说是有相当的难度的。

普通话有鼻尾音韵母 16 个，其中前鼻尾音韵母 8 个，后鼻尾音韵母 8 个。彝语所有音节都是开音节，没有闭音节，更没有鼻尾音韵母。对彝族学生进行教学时，一定要讲清普通话韵尾的发音方法，是唯闭音，韵尾 -n、-ng 都不发音，这是学过彝语拼音的学生最容易出错的地方。因此，教师要强调前后鼻音韵尾的区别，通过反复示范、反复训练让学生掌握，避免一开始就出现把两种韵尾混淆的现象。

2. 掌握开口呼、齐齿呼、合口呼和撮口呼四类韵母

着重教会学生发撮口呼韵母，彝语里没有 ü 韵母，教师应该强调 ü 韵母的发音口型，用相同舌位的 i 韵母来引导发 ü 韵母，使形成撮口的发音习惯，并推而广之发准所有的撮口呼韵母。

3. 掌握普通话韵母的韵尾发音

从韵尾的角度把握普通话韵母，分为开尾韵母、元音韵尾韵母、前鼻韵母和后鼻韵母四类。

开尾韵母 15 个：ɑ、o、e、ê、i、u、ü、er、-i（前）、-i（后）、iɑ、ie、uɑ、uo、üe。

元音韵尾韵母 8 个：ɑi、ei、ɑo、ou、iɑo、iou、uɑi、uei。

前鼻韵母 8 个：ɑn、iɑn、uɑn、üɑn、en、in、uen、ün。

后鼻韵母 8 个：ɑng、iɑng、uɑng、eng、ing、ueng、ong、iong。

教师需要强调元音韵尾的发音要领，其音值含混，只表示舌位滑动的方向，这类韵母的发音口型和舌位从一个元音向另一个元音自然过渡，既要有明显的动程，又要注意韵头、韵腹、韵尾不是均衡用力，且时长和清晰度都有区别。

4. 掌握普通话韵母的韵头发音

以下韵母是有不同的韵头的：

韵头为 i 的韵母 6 个：iɑ、ie、iɑo、iou、iɑn、iɑng。

韵头为 u 的韵母 8 个：uɑ、uo、uɑi、uei、uɑn、uen、uɑng、ueng。

韵头为 ü 的韵母 3 个：üe、üɑn、iong。

彝语韵母没有韵头，因此教师要强调韵头的发音要领，充当韵头的都是高元音，发音轻而短，只表示韵母的发音起点，既不要发得太实，也不能完全没有。

综上所述，彝族学生学习普通话的确有相当的难度。教师不能想着一蹴而就、一气呵成，更不能指望一劳永逸，要有耐心，要多想办法。首先要解决学生和家长的认识问题，让他们认识到学习普通话的意义和重要性，在尊重彝族学生学习和说母语的权利的同时，鼓励他们学习国家通用语言——普通话；其次，要多鼓励学生、帮助学生克服畏难情绪，充分调动学生的学习积极性；最

后，教师要改变教学观念，创新教学模式和教学方法，掌握语言教学理论，并运用到语音教学和语言教学之中。

参考文献

[1]沙马打各，陈阿支．彝汉双语语音对比教学[J]. 西昌学院学报，2008（1）.

[2]沈良杰．彝族学生学习普通话时易出现的语音错误及其纠正方法[J]. 西昌师范高等专科学校学报，2002（4）.

[3]沈云凤．现代凉山彝语[M]. 成都：四川民族出版社，1990.

[4]乌尼乌且，王秀英．现代彝语[M]. 成都：四川民族出版社，2002.

[5]赵金铭．简化对外汉语音系教学的可能与依据[J]. 语言教学与研究，1985（3）.

[6]张富翠，取比尔莲．论凉山彝语对普通话习得的负迁移[J]. 四川大学学报，2010（5）.

作者简介

杨绍林，女，四川彭州人，教授。研究方向：现代汉语、四川方言、普通话水平测试。

山述兰，女，四川彭州人，讲师。研究方向：现代汉语、四川方言、对外汉语。

走进新课程，提高藏族学生汉语口语水平

雷逢春
（青海师范大学）

摘　要　藏族学生的汉语口语表达能力较弱，及时构建新的课程理念，提高教师业务素质，积极改革传统教学方式，是提高藏族学生的汉语口语水平的有效途径。

关键词　藏族学生　口语水平　汉语　课程标准

随着市场经济的发展，越来越多的藏族学生走出牧区，走向开放城市。熟练地掌握汉语有助于他们尽快地融入社会，更好地实现自身价值。从近几年青海省民族院校的普通话测试情况来看，学生的普通话水平不容乐观。笔者认为只有及时构建新的课程理念，提高教师业务素质，积极改革传统教学方式，才能有效提高藏族学生的汉语口语水平。

一、构建新的汉语课程理念，重视藏族学生汉语口语能力的培养

纵观青海藏族地区的汉语教学，受升学考试、母语教育、少数民族地区语言环境、文化氛围等因素的影响，历来重“读写”，轻“听说”。教师上课侧重书面知识的传授，忽视口语交际能力的培养。多年学下来，学生学成了“哑巴汉语”。从近几年民族院校的普通话测试情况来看，藏族学生普通话测试时语音系统性错误多，调值把握不准，语音面貌较差。“读单音节字”和“说话”测试失分多。“说话”测试时许多学生都是在背提前准备好的稿子，声调错误

多，方言音重。

叶圣陶说语文是口语和书面语的总称："口头为语，书面为文，文本于语，不可偏指，故合言之。"民族中小学汉语课程标准明确指出："汉语课程的主要任务是培养学生的汉语应用能力，使学生基本学会运用普通话和规范汉字进行交流沟通。"对藏族学生来讲，汉语是第二语言，汉语文既包括书面语言，也包括口头语言。汉语文教学的目的是要教学生能说会写。

听说读写是紧密关联的整体，"听说"是"读写"的基础，是汉语能力的重要组成部分。我们要转变传统母语教育"重语轻文"的观念，遵循第二语言教学的规律，构建言语教学的理念，把学生口语表达能力的培养纳入汉语教学中，以培养藏族学生汉语运用能力为总目标。

二、提高教师业务水平，以科研促教学

（一）提高老师的普通话水平

民族院校的许多汉语教师是正规中文专业毕业，自认为凭自己的汉语知识，教藏族学生绰绰有余。于是，有些字发音不对、调值不准也不在意。青海方言中前后鼻音不分，一些前鼻音字又读成后鼻音，如"正、青、平"等最常见的字，读成"zhèn、qīn、pín"，"云、军、裙"等字，读成"yóng、jiōng、qióng"。许多轻声字读的是原调，有些老师教学中按自己的口语习惯发音，前后鼻音不分，轻声不辨，在学校学生听到的不是规范的普通话。教师的普通话规范程度直接影响了学生汉语发音的准确性。

因此，汉语教师必须提高自己的普通话水平，规范自己的发音，给学生创造一个规范的语言环境，用优美、标准的普通话感染学生，影响学生。

（二）提高教师的专业水平

民族中小学汉语课程标准指出："汉语课程应适应和满足社会进步与学生自身发展的需要，深化改革，与时俱进，着力培养学生掌握和运用国家通用语言文字的能力，为培养民汉兼通的少数民族人才发挥奠基作用。"要达到这一目标，汉语教师必须提高自己的业务水平，加强语音学、语言学、语法学等知识的学习，了解学生母语的发音、语法等规律。站在更高的理论层次上，分析所在地的方言与普通话的异同，了解学生母语与汉语在语音、语汇构成、语

法规律、文化传统等方面的差异，把握藏族学生汉语学习中存在的问题，因材施教。

（三）积极进行教学研究，以科研促教学

民族学校的汉语教师要具备一定的科研能力，积极开展教研活动，以科研促进教学改革的发展。

比起普通语文课程改革，民族院校的汉语文新课程改革起步较晚，新课标还在学习、推广中。民族学校的老师不能故步自封，要走出去，学习别的国家、别的地区先进的第二语言教学经验，在新课标背景下研究民族学校的汉语教学，有的放矢地针对藏族学生的实际情况设计汉语教学，驾驭汉语教学，以有效提高藏族学生的汉语口语交际能力，为培养民汉兼通的少数民族人才做出贡献。

三、合理开发教材资源，强化听说训练

新课程提倡全面提高民族学生的汉语素养，第二语言教学的目标就是要教学生能说会写。民族学校的汉语教材多以书面语为主，反映各民族文化和学生生活的内容少，仅靠课堂教学、书本知识学习，无法满足学生日常口语交际需要。

现行教材弹性大，拓展性强。教师可以合理开发教材资源，增加一些反映现实社会的、符合学生生活实际的、口语性强的阅读资料。鼓励学生也参与进来，充分开发教材资源，以教材为中心，拓宽教学内容，弥补教材之不足。如讲到莫泊桑的《绳子的故事》，我让学生找来阿克顿巴的故事介绍给大家，并对比理解《绳子的故事》。讲裴多菲的《我愿意是急流》，我找来舒婷的《致橡树》和仓央嘉措的一些诗歌，让学生有感情地朗读。一些文质兼美的篇目要求学生背诵，并说出自己的理解。由于和学生生活有关，学生自己也参与了拓展资料的寻找工作，积极性很高。日积月累，学生词汇量在不断增加，构句能力、汉语思维能力不断加强，口语水平也相应得到了提高。

四、优化汉语教学，提高藏族学生汉语口语表达能力

受应试教育影响，我省民族院校的汉语教学仍然是以教师讲授、提问，学生被动听讲、被动回答问题为主，学生口语交际能力的培养是薄弱环节。我们应遵循汉语作为第二语言的规律，正确把握汉语教育的特点，优化汉语教学模式，精讲多练，把学习的主动权还给学生，引导学生学会用汉语表达和交流。

（一）优化教学内容

首先，加强语音训练。第二语言教学中语音学习是基础，也是难点，贯穿整个教学的始终。应从声母、韵母的发音，调值的把握，轻声、儿化的读法，音节的拼写等最基本的语音知识教学开始，知识学习与技能训练相结合，让学生学会准确地拼读汉语音节。课堂上反复听读，模仿朗读，找出自己的语音错误，克服藏语的影响，掌握正确读音，培养语感，提高口语表达技能。学生朗读课文时，从音准、语调等方面提出明确要求，进行严格的读音训练。

其次，扩大语汇储备。藏族学生有一定的母语基础，思维活跃，见解比较新颖，表述的内容有条理性。但是由于掌握的汉语词汇量不足，很难用恰当的词语表达自己想说的意思，造成口语表达能力弱。平时要督促学生积累汉语语汇，如多做用指定词语写文段、同一个意思用不同的词语表达等练习。坚持听写词语、仿写段落的训练。要求学生广泛阅读报纸杂志，坚持摘抄名人名言，背诵精彩篇目，以储备充足的知识信息和词汇量，为提高民族学生汉语口语水平打下良好的基础。

（二）优化教学方法

1. 课堂上注意创设恰当的交际情境，充分发挥学生学习主体的作用，让每个学生都有说话的机会。如坚持课前 3 分钟上讲台说话训练，开始降低要求，不限话题，让学生课余准备好，肯定评价为主。以后逐步提高标准，要求语音、语句正确。最终达到用汉语思维，确保叙述流畅的目的。

多用对话、讨论、辩论等交际式的教学方式，以两人小组、四五人小组的形式合作完成口语训练任务，使每位学生都能得到提高。利用图片、卡片等实物道具，激发学生的交际欲望。如我上季羡林的《二月兰》时拿来了一束紫白相间的二月兰，让学生先描述二月兰的色、形、味以及对二月兰的感觉、想法，再引导学生讨论理解文章中“二月兰”一切顺其自然，逆境中也能生长怒

放、沉默不语、笑对春风的品质，体会季先生逆境中笑对人间冷暖、顽强奋斗的品格，让学生谈对文章的理解，学生积极性很高。

2. 借助多种形式的汉语课外实践活动，拓宽学习的渠道。对藏族学生来讲汉语是第二语言，学生普遍存在发音不标准，以藏语语序组织汉语句子，说出的话生硬、别扭等问题。仅仅靠每周几小时的课堂教学时间解决不了这些问题，语言来源于生活，还要运用于生活。

我们可以定期开展普通话演讲、诗歌朗诵、讲故事、小品表演等比赛。以每日新闻、每日一说的形式，督促学生学习汉语。通过形式多样的课外语言实践活动，让学生在生活中学习活生生的汉语。

藏族孩子能歌善舞，我们结合学生自身优势定期举办成语故事表演比赛，藏族学生抢着参加，他们自己编写剧本，自己排练，反复背台词，主动找老师指导，情节上还有自己的拓展，没能参加演出的同学也积极出谋划策。同学们在参与比赛的过程中，既发展了思维能力，又提高了汉语口语水平。

总之，只要教师积极走进新课程，走到学生中间，努力提高自身业务素质，改革传统的汉语教学方式，藏族学生的汉语口语水平一定能得到长足的发展。

参考文献

［1］罗常培，王均．普通语音学纲要 [M]. 北京：商务印书馆，2010.

［2］王理嘉，林焘．语音学教程 [M]. 北京：北京大学出版社，2009.

［3］宋欣桥．普通话语音训练教程 [M]. 北京：商务印书馆，2011.

［4］宋德全．对外汉语词汇及词汇教学研究 [M]. 北京：商务印书馆，2012.

［5］美国温特贝尔特大学认知与技术小组．美国课程与教学案例透视：贾斯珀系列 [M]. 上海：华东师范大学出版社，2002.

［6］教育部师范教育司．教师专业化的理论与实践 [M]. 北京：人民教育出版社，2003.

［7］约翰 · D. 布兰思福特，等．人是如何学习的——大脑、心理、经验及学校 [M]. 上海：华东师范大学出版社，2002.

［8］北京大学中文系现代汉语教研室．现代汉语（增订本）[M]. 北京：商务印书馆，2012.

作者简介

雷逢春，女，山西人，教授。研究方向：语文教学法。

浅谈如何提高内蒙古农村牧区中小学汉语文教师普通话水平

王津京
（内蒙古师范大学）

摘　要　人们常说“学好普通话，走遍全天下”，可见说好普通话的意义重大。但对于母语为蒙古语的汉语文教师来说，说一口流利的普通话有一定的困难。由于汉语和蒙古语分属于不同的语系，语音面貌相差很大。对于自幼以蒙古语为母语的人来说，学习普通话时其母语对普通话语音学习有一定的干扰。本文以为期一个月的中小学汉语文教师普通话水平调查为依据，论述了汉语文教师的普通话水平及学习现状，从声母、韵母和声调三个方面探讨了蒙古语对普通话语音产生的干扰，并试图找出解决问题的方法。另外，本文还论述了如何在内蒙古农村牧区营造普通话交流环境，以尽快提高中小学汉语文教师的普通话水平。

关键词　内蒙古　农村牧区　中小学　汉语文教师　普通话水平

内蒙古农村牧区民族中小学蒙汉双语教育是基础教育的重要组成部分。它为我国社会主义建设事业培养了大批蒙汉兼通的人才。蒙汉双语教育即是对少数民族学生进行母语文化课教育的同时，加学第二语言课——汉语课。汉语文教师是实施双语教育的重要力量。调查得知，民族中小学汉语文教师中有74.37%为少数民族教师，少数民族教师又以蒙古族为主体（占73.32%），其中母语为蒙古语的教师占总数的70.58%。因此，蒙古族教师是从事汉语文教学的最主要力量。汉语文教师普通话合格率达到95.17%，这是可喜现象。同时，这些教师的普通话水平需要进一步提高也是事实，因此有必要深入研究提高汉语文教师普通话水平的有效途径和方法。

一、汉语文教师普通话水平及学习现状

接受调查的汉语文教师普通话水平达到了国家规定的占95.17%。多数教师的普通话水平等级集中在一级乙等、二级甲等和二级乙等三个等级，这三个等级人数占总人数的79.41%。二级甲等人数最多，占总人数的58.61%；一级甲等人数较少；三级甲等以下的教师占总数的4.83%，其母语全部为蒙古语，学习汉语的时间也相对较短。

已经和尚未达到国家普通话水平规定要求的教师都在努力学习普通话，争取有更大的提高。由于汉语文教师绝大多数人母语不是汉语，同时所学的普通话又带有浓重的汉语方音，加上他们所在学校条件有限，他们提高普通话水平面临许多困难。

二、提高汉语文教师普通话水平的重要性

对教育工作者而言，语言是重要的职业劳动工具。作为汉语文教师，普通话是职业语言，说好普通话是每位教师的职责，因为教师自身的汉语和普通话水平直接影响着学生的语言能力。多数汉语文教师虽然认识到了学习普通话的重要性，但是他们的母语和汉语方言对学习造成很多干扰，并且缺乏科学的指导方法及训练方法，对如何学习普通话认识模糊，学习带有一定的盲目性。在国家大力推广普通话的背景下，汉语文教师需要提高普通话学习效率，更好地为教学服务，因此需要理论和实践的指导。本文旨在为学习普通话的汉语文教师提供一些学习思路和方法，用于指导学习实践，帮助他们学好普通话。由于民族中小学汉语文教师的母语绝大多数为蒙古语，本文主要研究母语为蒙古语的教师如何提高普通话水平。

三、影响汉语文教师普通话学习的因素及克服方法

（一）教师的母语对普通话学习的干扰及消除方法

蒙古语和汉语分属不同语系，语音面貌相差很大。从小一直讲蒙古语的汉语文教师，学习普通话时一定会受到母语干扰。

1. 母语辅音对普通话声母学习的干扰及消除方法

蒙古语辅音有基本辅音和借词辅音两类，分别用于母语和外来词。基本辅音中有［ʧ］、［ʧʰ］、［ʃʰ］，而没有 j、q、x 和 zh、ch、sh。蒙古语辅音［ʧ］、［ʧʰ］、［ʃʰ］为舌叶音，其发音部位处于普通话舌面音 j、q、x 和舌尖后音 zh、ch、sh 之间，［ʧ］、［ʧʰ］、［ʃʰ］和普通话的 j、q、x 都能与舌面元音［i］相拼；普通话的舌尖后音 zh、ch、sh 又与舌尖、后、高元音 -i［ʅ］相拼，因此母语为蒙古语的学生容易用舌叶音［ʧ］、［ʧʰ］、［ʃʰ］代替普通话的舌面音 j、q、x 和舌尖后音 zh、ch、sh 两组音，发出的音接近普通话的 j、q、x。例如，把“知（zhī）道”、“吃（chī）饭”、“电视（shì）”读得类似于“知（jī）道”、“吃（qī）饭”、“电视（xì）”，从而把普通话中许多不同声母的字读得辅音相同，即蒙古语辅音读法。

蒙古语基本辅音中有 s，借词辅音中没有 z、c。母语为蒙古语的教师把 z、c 声母的音节读为 s 声母的音节较为普遍，出现了 z、c、s 不分的现象。例如把“凿（záo）”与“槽（cáo）”都读为“sáo”。

蒙古语辅音中无普通话中的 f 音，母语为蒙古语的教师易于把 f 音读为 b 音、p 音或 h 音，如把“辅（fǔ）导”、“飞（fēi）机”、“衣服（fu）”读为“辅（bǔ）导”、“飞（pēi）机”、“衣服（hu）”。

以上列举的是常见例子，蒙古语辅音对普通话辅音学习的干扰不止这些。排除这些干扰并有效训练普通话声母的方法是：对两种语言的辅音认真对比，找出相互混淆的辅音各自的发音部位和发音方法，通过多次反复对比练习，掌握普通话声母的标准发音。例如蒙古语辅音［ʧ］和普通话辅音 j 区别只在发音部位。前者为舌叶音，后者为舌面音。也可以通过记住常用字和形声字声旁类推法掌握发音。

2. 母语元音对普通话韵母学习的干扰及排除方法

蒙古语的单元音和复元音与普通话单元音韵母和复元音韵母大致相当。因

此母语为蒙古语的教师学习普通话韵母的难度较小。容易出错的是 ü 元音，蒙古语中没有 ü 元音，有 i 元音，读音时容易把 ü 读为 i，例如把“均（jūn）匀（yún）”读为“金（jīn）银（yín）”。

3. 母语对普通话声调学习的影响及声调训练方法

蒙古语属于阿尔泰语系，是没有声调的语言；汉语属于汉藏语系，是典型的有声调语言，声调成为一种重要的区别特征。母语为蒙古语的教师，自幼习惯于讲没有声调的母语，学习普通话时，最难掌握的是声调。普通话声调为非音质音位，不是独立的实体，和声母、韵母“三位一体”，发音时必须依附于韵母，主要通过大脑的语言机制控制声带，凭语感发音，因此读准声调难度较大。汉语文教师读声调的缺陷，没有固定的规律可循，一般除阴平和去声外，其他两个声调都经常读错。另外，蒙古语重音对普通话声调有很大干扰。蒙古语词第一个音节要重读，母语为蒙古语的教师容易把普通话音节都读成［55］调和［51］调。

训练声调的有效方法为：一是按照五度标记法反复训练调值，可按四声顺序或四声逆序法反复朗读。如“ā、á、ǎ、à”或“à、ǎ、á、ā”，“ōng、óng、ǒng、òng”或“òng、ǒng、óng、ōng”等。二是认真总结自己的发音缺陷，弄清哪几个调值经常读错，原因何在，是因为不知道调值，还是因为知道而读不准。不论是哪种情况，都需要勤动手，勤动口，查字典或请教别人，多听多练。三是读准变调，掌握规律。在读准单音节声调的基础上掌握上声、去声、“一”和“不”等的变调规律，并认真训练轻声。

4. 母语语言环境对教师普通话学习的影响及如何营造普通话交流环境

汉语文教师在学校讲授汉语，而其他教师授课时使用蒙古语。调查发现，由于学生初学汉语或汉语水平不高，汉语文教师还不能全部采用汉语授课，必要时仍用母语翻译或解释。同样，汉语文教师在课外辅导学生，与同事、家庭及社会成员交流时也使用蒙古语。因此，汉语文教师缺少普通话交流的语言环境。有人称语音学是“口耳之学”，训练好语音必须借助于良好的交流环境，多说多听。听是人们认识声音的唯一有效渠道，是学好语言的重要前提和基础。听的最终目的是为了说，因此营造好听说环境后，当以听为辅，以说为主。可是身处蒙古语环境中的汉语文教师，是缺少这种听说环境的。

汉语文教师怎样才能营造一个良好的普通话交流环境呢？

第一，强化听说训练意识。这是积极营造听说环境的动力。许多人学习普通话（甚至所有的语言）时，总是忽视听说训练，尤其是忽视听力训练。因此，要在意识上高度重视听说训练，时时提醒自己。

第二，克服羞怯心理，大胆说汉语。在听说观念上要彻底解放，大胆去说，不要一讲汉语就觉得不好意思，甚至背着“不热爱母语”的沉重包袱。不要像有些人那样，把是否讲民族语言作为衡量“民族感情”的重要尺度，语言只是服务于交际需要的一种工具，不能把是否使用民族语言与是否具有民族感情画等号。尤其是汉语文教师，工作职责是教授汉语，汉语已经客观地成为自己的劳动工具，还有什么理由不敢讲汉语呢？学好汉语，说好普通话，是搞好汉语文教学的需要，也是双语教育事业的需要。

第三，时刻把握说的机会。课堂、课外辅导学生尽可能使用汉语；与同事、家庭和社会成员交流时多使用汉语，并取得他们的理解；在自由发言、讨论、会议等场合多争取用普通话交流的机会等。

第四，不能和别人说，就自己对自己说。当没有交流对象时，学会“自我交流”，可以说日常口语，可以选择适合普通话训练的各种文字材料，大声朗读或朗诵，掌握朗读、朗诵技巧，注意停连、重音、句调、语速等基本表达手段。

第五，努力营造听普通话的环境。为了听到标准普通话，需要营造自己的听音环境。这容易做到。可以通过电视、广播、电影、网络或专门的普通话学习声像资料和录音资料等训练听力，必要时可以跟着说，并同步纠正自己的不规范发音。还要注意审听自己的语音，应该是审听自己的录音（因为边说边听不容易认清自己的语音面貌），认真查找问题。

第六，努力营造课堂、课外、家庭和社会普通话交流环境。师生、同事、家庭和社会成员之间互相正音，彼此纠错，在边交流边正音的环境中提高普通话水平。

（二）汉语方言对汉语文教师普通话学习的干扰及消除方法

汉语文教师学习普通话时总要受到当地汉语方言的影响。就内蒙古来说，有的方言与普通话差别很大，如果一个人学到的是“方言普通话”，毕竟还要花费很大的力气去纠正方音，训练普通话。汉语文教师多数如此。因此，他们学习普通话时必须同步纠正方音。具体要做到：纠正方音中声母、韵母和声调等发音缺陷，刻苦训练标准音。为此需要认真严格地将方音与普通话标准音对照，逐一找出发音相异点，寻找对应类推规律，按标准音训练。声母如：兴安盟有的地区方言不区分声母 z、c、s 与 zh、ch、sh，即没有翘舌音。纠正方法是记住常用汉字，利用形声字声旁类推规律掌握标准音。韵母如：内蒙古方言中只有 e 韵母，没有 o 韵母，把本应该读为“bo、po、mo、fo”的读为“be、pe、me、fe”，辨正时记住双唇和唇齿音声母不能与“e”相拼，只与“o”相拼，并且两者的发音区别只在于唇是否拢圆。声调如：呼和浩特汉语方言有 4 个调值，即阴平［32］、上声［53］、去声［435］、入声［43］，这与普通话调值相差较大，需要找出对应规律一一纠正。

四、汉语文教师提高普通话水平的其他途径和方法

（一）了解普通话水平测试规则，根据相关要求训练普通话

许多教师直到测试时都不了解普通话测试的程序及要求，因而也不明确努力方向。普通话水平测试（汉语拼音缩写为 PSC）是国家为加快共同语普及进程，提高全社会普通话水平而设置的一种语言测试制度。主要为语音测试，考试采用口语测试、同步录音、再次审音等方式进行。测试内容包括声母、韵母、声调、轻声、儿化、变调、语流音变以及句调、朗读等，在语音测试时同步考查词汇和语法等语言知识，即考查口头运用汉语的整体情况。普通话水平测试成绩共分三级六等：一级甲等、一级乙等；二级甲等、二级乙等；三级甲等、三级乙等。

了解测试详情后，即应该按要求加强普通话水平训练，修正过去不合理的训练方法，在说好的基础上全面提高听说读写能力，使语音、词汇、语法等语言知识都得到切实掌握。

（二）测试前接受普通话培训，以提高普通话水平测试成绩

调查显示，培训是提高普通话水平的直接有效途径。汉语文教师参加普通话水平测试之前一定要认真参加培训。培训的主要意义有三：一是熟悉测试程序和规则。有的教师因为不懂考试规则，测试时自己的普通话水平没有得到充分展示，不该失去的分失去了；又由于不懂考场规则，问这问那，既降低了测试效率，又影响了考试的严肃性。通过培训，可以完全避免以上问题出现。二

是按测试标准接受标准音培训。培训时应该认真听培训主讲教师的示范发音，严格模仿，课上和课下反复训练。经过认真培训，会收到事半功倍的效果。三是在培训中了解普通话测试知识范围和较为具体的内容，接受测试时会胸有成竹。

（三）全面学习与普通话有关的理论知识，多角度提高普通话水平

许多汉语文教师学的不是汉语言文学专业，语言基本理论知识薄弱，影响了普通话学习。毕竟，学习普通话不仅仅是模仿准确发音这样简单，即便是仅仅模仿发音，也需要有一定的语音学理论知识。为此，汉语文教师需加强语言基本理论知识学习。要精通普通话语音理论，了解方言理论，尤其是能结合理论辨识自己的方音；要熟练掌握并运用《汉语拼音方案》，能够用国际音标精确记录普通话语音和方音；要十分熟悉小学汉语拼音教材体系和中等、高等师范院校汉语拼音教材体系，并运用好汉语拼音为普通话学习和教学服务；要熟悉普通话词汇和语法理论，将普通话词汇和语法与方言词汇和语法对照；要通过读写等训练全面学习掌握规范的现代汉语；要在条件允许的情况下学习语言学理论，加深对母语、汉语甚至外语的认识，进行母语和汉语的比较学习；要密切关注国家颁布的有关法规和文献，熟悉现代汉语规范化工作进程及已经取得的成果，例如字表、词表；要开展普通话教学和学习研究，将取得的成果运用于实践。学习时要特别注意以实际问题带动学习，在听、说、读、写中一遇到困难马上寻求解决办法，或查阅工具书，或请教专业人士，点滴积累，逐步丰富普通话知识。为此手头需必备《新华字典》《现代汉语词典》《蒙汉词典》等工具书。

（四）学校和社会共同关注普通话，积极营造有利于普通话学习和推广的环境

提高汉语文教师的普通话水平是一项全社会的事业，仅靠教师个人努力还不够。相关部门应给予必要投入，给学校提供语言教学设备，购置语言教材和教学软件等，建立健全网络，提供培训、进修机会及其他条件。社会和学校应该高度重视双语教学工作，为汉语文教师提供普通话学习和提高的各种方便条件，共同营造良好的普通话学习和推广环境。

结语

综上所述，内蒙古农村牧区民族中小学汉语文教师是双语教育的一支重要力量。他们的母语绝大多数为蒙古语，所教授的汉语是第二语言。这使得他们既有在教学中不可替代的优势（可以用母语和学生交流，答疑解惑），又有进一步提高汉语水平、提高普通话水平的必要。提高普通话水平关键在于个人努力，需要持之以恒地训练；同时，全社会也有不可推卸的责任，因为汉语文教师所从事的是为民族和国家培养蒙汉兼通的少数民族人才的神圣职业。相信汉语文教师在正确的学习理论的指导下，勤奋学习，勇于实践，普通话水平一定会有很大提高。

参考文献

[1] 哈森．现代汉语 [M]. 呼和浩特：内蒙古大学出版社，2004.
[2] 丁文楼．中国少数民族双语教学研究与实践 [M]. 北京：民族出版社，2002.
[3] 黄伯荣，廖序东．现代汉语 [M]. 北京：高等教育出版社，2003.
[4] 嘎日迪．现代蒙古语 [M]. 呼和浩特：内蒙古教育出版社，2001.
[5] 那森柏，哈斯额尔敦．现代蒙古语 [M]. 呼和浩特：内蒙古教育出版社，2001.

作者简介

王津京，女，蒙古族，辽宁朝阳人，讲师。研究方向：现代汉语语法学、汉语言文字学。

广西富川瑶族自治县普通话水平现状及教学策略

奉红英
（富川瑶族自治县莲山镇初中）

摘　要　富川瑶族自治县位于广西东北边缘，是一个以瑶族和汉族为多数的民族杂居区。当地的民族语言比较丰富且各有特点，受此影响，各民族在讲普通话时存在一定的难度。因此，在富川的普通话教学中，应该对比各方言与普通话之间的差异，然后进行难点突破，从而有效提升当地的普通话水平。

关键词　富川方言　普通话　现状　策略

富川瑶族自治县，地处广西东北边缘，自明初就是以瑶、汉族为多数的民族杂居区。1983 年成立瑶族自治县，目前全县人口 30 万，其中瑶族人口 14 万多——按居住地形之别，有高山瑶和平地瑶之分。而县内的“民家人”“梧州人”“客家人”则统称为汉族。另外，富川还有少数的壮、苗、侗、回、彝等民族人口。各民族方言各异，普通话水平也参差不齐。

一、富川的主要民族语言简介

富川境内通行的语言有汉语、瑶语。当地汉语方言，按自称分，有富阳话、民家话、七八九都话、梧州话等；当地瑶语方言自称“勉话”。由于各民族长期杂居，汉语方言中的富阳话已成为富川境内各民族人民社会交际的主要语言。操汉语和瑶语方言的瑶、汉同胞，大多能听懂或使用富阳话进行语言交流。

（一）汉语方言

富阳话，俗称官话，属于西南官话中的方言，是历代官府在富川境内执事和进行文化教育使用的主要语言，也是人们进行社会交际和集市贸易的统一语言。在日常生活中使用富阳话的瑶、汉群众有 4 万多人。

民家话，又称百姓话，属于汉语方言，是县内汉族（俗称民家人）聚居区的日常用语。全县操民家话的有 4 万多人。

七八九都话，俗称土话，与民家话相近，属汉语方言。这种土话自元末明初一直在县境瑶、汉杂居的平原地区通行。“都”是明初前县内的区划名称，六百多年来，居住在七都、八都、九都区域的瑶、汉群众称七八九都话为“土话”，七八九都话分别成为这些区域内的主要实际语言。现有 12 万多瑶、汉群众讲这些方言。

梧州话，也是汉语方言，是县境内“梧州人”和部分平地瑶族聚居村落的主要交际语言。操梧州话的瑶、汉群众有 7 万多人。

客家话，是县内“客家人”在本区域内的日常用语，县境内操客家话的有 4000 多人。

（二）瑶语方言

富川境内瑶话，属于苗瑶语族瑶语支，是瑶族盘瑶支系的瑶话，自称“勉语”。通讲瑶话的过山瑶同胞有 7000 多人。

瑶族没有自己的文字，通用汉文。

二、富川普通话水平现状概况

全县普通话水平参差不齐：学校师生的普通话水平较其他部门、其他人员的要高；相同部门、相同人群，县城的较高，乡镇、农村的普遍较低。这是富川普通话水平的总体现状。

一直以来，县内讲普通话的人群大多以县城中小学师生为主，而且基本上是课堂教学用语。乡镇一级的中小学使用普通话教学就不那么普遍了，尤其是村级小学的大部分教师以及乡镇中小学的 50 岁左右的教师，在课堂上会出现穿插或全用本地方言的现象。实施义务教育之后，全县所有的中小学校、幼儿园都被要求以普通话为基本教学语言。在2000年前后，按照上级统一要求，县教育局和县教师进修学校组织、选派县里的四个省测员，对县内所有在岗教师进行了普通话水平测试的短期培训，并进行了3次全县规模的测试和补测试，85 %的教师达到规定等级，其余教师的普通话水平也都能达到65分。此后又统一规定教师资格证的获得条件之一就是普通话水平测试成绩最低要求是80分。近五年，全县所有小学均下发了普通话训练教材并在县城小学和乡镇中心小学开设普通话课。同时，县内所有幼儿园包括私立幼儿园都要求使用普通话进行教学。渐渐地，普通话成了富川中小学和幼儿园的课堂语言和校园的主要语言。

然而，在其他场合、其他部门，人们则很少使用普通话。富川当地群众习惯使用本民族语言、本地通用语进行交流，只有极少数南下干部、支边干部讲普通话。近十年来，随着越来越多的外来人口和外地工作人员的进入，普通话才逐渐在公共场合中使用起来。2013年下半年，随着富川国家三类城市语言文字验收评估工作的开展，县语委对党政机关公务员、学校、新闻媒体和公共服务行业进行了普通话水平测试的培训和测试，达到评估指标并顺利完成评估任务。在党政机关公务员带头，学校师生努力，新闻媒体和宣传部门引领，以及公共服务行业的窗口示范下，普通话的使用范围广了，使用频率高了，全县人民讲普通话的水平和能力也提高了不少。

三、因人施教促成效

普通话是指以北京语音为标准音，以北方话为基础方言，以典范的现代白话文著作为语法规范的现代汉民族共同语。语音是语言的物质外壳，词汇是语言的建筑材料，语法则是组词成句的规则，缺少其中的任何一个要素都不可以。普通话的任何一个要素如果发生了变异，都不能算是标准的普通话。因此，要想学好普通话，必须兼顾好普通话的语音、词汇和语法这三要素。

目前，富川的普通话教学在普通话语音规范和正音方面的工作做得比较多也比较好，但是对词汇和语法方面的问题关注较少，存在的问题也较为严重和突出。富川各方言的语音、词汇、语法与普通话的很相似，尤其是全县通用的富阳话的语音与普通话的更是相近，很容易就实现了方言与普通话之间的转换。这些似乎都很有利于学好普通话。其实不然，从某种意义上说，越是比较接近的语音、语法差异就越不容易被察觉，如果把这种比较接近普通话的乡音、语法误认为普通话的语音、语法，或者把方言语句直接转化为普通话，那就很难真正学好标准、地道的普通话。这也就是为什么富川人一讲普通话就能被听出来是富川人的主要原因。

有鉴于此，富川的普通话教学需要采用语言对比分析的方法，根据各民族语言的特点，从语音、词汇、语法方面与普通话进行比较，即比较汉语方言（或民族语言）与普通话的异同，从而找出它们之间的对应规律，因势利导，最大限度地发挥母语中某些因素的正迁移作用，尽可能排除或减少负迁移的干扰。然后，有的放矢地进行有针对性的学习和纠正，由此逐步掌握规范的普通话语音、词汇和语法。唯有这样，才能有效提升普通话水平，取得事半功倍的成效。

（一）语音方面

1. 声母方面存在的主要问题

（1）没有翘舌音，包括声母 r

这是最普遍的语音现象之一。在本地所有方言中都没有翘舌音，读成普通话后，人们会把翘舌音 zh、ch、sh 读成相应的平舌音 z、c、s，把 r 读成像 i 的读音。如下表所示：

正音	之	吃	诗	绕	让	润	肉
误读	姿	疵	思	药	样	运	又

（2）混淆 f 与 h

分辨不清这两个声母字的人们，并不是发不好这两个音，也不是所有的 f、h 声母字都分不清，而是常常把它们弄混，尤其是讲民家话者。如下表所示：

正音	会	花	湖	灰	换	方	范
误读	费	发	服	飞	饭	慌	幻

（3）将 j、q 读成 g、k

例如，“加强 jiaqiang” 会被说成 “giakiang”，“机器 jiqi” 会被说成 “giki”。

（4）在普通话的零声母字前加上辅音 ng

这个语音错误比较突出，人们常常把“爱 ai”念成“ngai”，把“恩 en”读成“ngen”，“我 wo”读成“ngo”，等等。

2. 韵母方面存在的主要问题

（1）没有卷舌韵母 er

这个卷舌韵母也是富川方言里缺少的。读成普通话后，人们会把 er 发成平舌音 e，如把“儿”读成“额”，“二”读成“饿”。

（2）没有后鼻音 eng、ing

这在南方方言区也是个普遍现象。人们会把这两个后鼻音一律读成相应的前鼻音。如下表所示：

正音	崩	英	明	平	蒸	幸	晴	京
误读	奔	音	民	贫	真	信	芹	金

（3）ou、ao 不分

这里所说的“不分”指的是本地讲梧州话者，他们的语言里没有 ou 韵母。受方言影响，在读成普通话后，他们往往会把 ou 读成 ao，受连带关系，还会把 iu 读成 iao，如下表所示：

正音	藕	楼	头	谋	油
误读	袄	劳	逃	毛	窑

（4）an 与 ang

把 an 读成 ang，读错这类音的是讲七八九都话者，他们的语言里没有前鼻音 an，只有后鼻音 ang，所以，他们会把含有“an”音的字一律读成“ang”的字音。如下表所示：

正音	案	谈	兰	丹	看
误读	盎	唐	郎	当	抗

（5）in 与 ian，un 与 üan

在发 ian 和 üan 这两个复元音韵母时，滑动过程要完整，韵腹 a 要读得饱满。但是，富川讲七八九都话的人们，发不好这两个音，发不出韵腹 a。如下表所示：

正音	岩	田	莲	绵	年	元	全	旋
误读	银	亭	莲	民	您	云	群	寻

（6）把 e 读成 uo

人们会把 g、k、h 与 e 相拼时的 e 读成 uo，如下表所示：

正音	歌	郭	贺
误读	郭	阔	获

（7）丢失合口呼韵母的韵头 u

富川人常把普通话合口呼韵母 uei、uen 的韵头 u 丢失，例如“对”读成“dèi”，“笋”读成“sěn”，“推”读成“tēi”，“轮”读成“lén”。

（8）丢失合口呼韵母 uo 的尾韵母 o

在七八九都话中，没有 uo 这个复韵母，只有单韵母 u，读成普通话后，他们会把 uo 中的 o 丢掉，只拼到 u，如下表所示：

正音	搓	多	果	阔	落	挪	缩	拖	左	磨
误读	粗	嘟	古	酷	路	奴	苏	秃	组	木

（二）词汇方面

富川主要的方言里有一些独特的方言词汇，与普通话词汇是有差异的，主要有以下几个方面：

1. 义同形异的词语

这里的义同形异指的是表达同样的意思，方言用甲词，普通话用乙词。如下表所示：

普通话	洗澡	小孩儿	渴
富川方言	洗凉	小娃仔	口干

此外，富川方言中还有一部分词语和普通话语素相同，但语序相反。如下表所示：

普通话	夜宵	热闹	公鸡
富川方言	宵夜	闹热	鸡公

2. 形同义异的词语

同样一个字词，普通话和富川方言里都有，但是意义却不尽相同。例如，普通话中，臀部以下，踝关节以上为腿，踝关节以下为脚。而在富川方言里统统称为“脚”；普通话里，肩膀以下，腕关节以上为臂，腕关节以下为手，但在富川方言里却统称为“手”。普通话中，“杀”既可与表人名词搭配，也可与表动物名词搭配，但富川方言中还另有用法，如“杀西瓜”“杀柚子”。“肥”字，在富川方言里，无论人或动物都可以说“肥”，例如说“肥猪”，也可以说“他太肥了”，但是在普通话里，表人名词与“胖”搭配，“肥”则与表动物名词搭配。

3. 方言与普通话没有对应的词语

富川方言里，有的词汇在普通话中无法找到对应的词语。例如，“这个人很 sā”是指人爱漂亮、爱打扮之意；“luǒ 水”是指人、物或某个地方很脏、很邋遢、很寒酸；“做得 mō”是指干活干得慢。

（三）语法方面

因为受到自身母语（本地、本民族语言）表达习惯的影响，富川人一说成普通话就自觉或不自觉地套用母语词汇或带有母语的语法成分，致使所说的普通话带上了较为浓重的方言色彩，显得不完全合乎普通话的规范要求。例如，

“单车（自行车）、爷头（太阳）、蚂拐（青蛙）、鼻孔（鼻子）、吃晌午（吃午餐）”等就是最具富川特色的方言。富川方言里习惯用“几”表示程度或范围，将“多好”说成“几好”。重叠词的使用与普通话也有差异，如会将“盖子”说成“盖盖”。量词和名词的搭配也跟普通话不同，如“条”字就可以和很多名词搭配使用，人们会说“一条蚊子”“一条虫”“一条牛”“一条鸡”“一条狗”等。另外，人们会把“一辆汽车”说成“一架汽车”，“一根针”说成“一口针”，“批评一通”说成“讲一轮”，等等。富川方言里用“没”字而不是用“不”字表示否定意思，所以常常会说“没是这样的”“没可以这样的”“没知道”。富川方言里还会使用“开”字来表示“已经完成或已经过去”之意，如“他走了”会被说成“他走开”，“灯已经关了”则被说成“灯已经关开”。富川方言会把普通话中的“动＋补＋宾”句式说成“动＋宾＋补”句式，最常见的就是把“我先走”说成“我走先”，“先吃饭”说成“吃饭先”，等等。

以上这些就是在富川普通话教学实践中发现的比较集中、普遍且突出的问题。当然，除此之外，还有语音的调值、词语的轻重音格式、儿化和轻声方面等问题，也需要下功夫去学习、纠正和进行强化训练，在这里就不一一赘述了。

做好上述普通话教学工作主要是靠学校，靠普通话教师和语文教师。学校是普通话教学的主阵地，普通话教师和语文教师的普通话水平会直接影响学生学习普通话的质量，尤其是汉语拼音启蒙老师和低年级语文老师，他们对学生今后的普通话发展的影响更是直接和深远——众所周知，学习语言的最佳时期在少儿时代。这就给语文教师提出了更高的普通话要求——老师们不仅要具备丰富的语言知识及较高的辨音、正音能力，自己还要能说一口标准流利的普通话，最好能达到二甲甚至是一乙的普通话等级。教师们还应该开展形式多样的普通话学习应用活动，如朗诵会、故事会、辩论会、演讲赛等，寓普通话学习于娱乐之中，激发学生学习普通话的兴趣和热情，从而巩固和增强学习普通话的学习效果。

此外，因为富川地处方言区，没有标准普通话的学习和使用环境，所以学习者要自觉寻找有利的学习应用语境。比如，可以通过收看收听央视、中央人民广播电台等权威电视台、电台的普通话播音等方式来学习，并跟着模仿。让自己在潜移默化中受到标准、规范的普通话的感染和熏陶，从而使自己的普通话趋于标准。

总之，对于像富川这样的少数民族方言区来说，提高普通话水平绝非易事，学习者需要针对自己存在的问题进行分析和改进，并进行持之以恒地操练、积累和应用，才能真正学好、说好普通话。

参考文献

[1] 卞成林 . 普通话培训与测试 [M]. 南宁：广西教育出版社，2009.
[2] 宋欣桥 . 普通话水平测试员使用手册 [M]. 北京：商务印书馆，2000.
[3] 宋欣桥 . 普通话语音训练教程 [M]. 北京：商务印书馆，2004.
[4] 刘照雄 . 普通话水平测试大纲 [M]. 长春：吉林人民出版社，1994.
[5]《富川瑶族自治县概况》编写组 . 富川瑶族自治县概况 [M]. 北京：民族出版社，2008.
[6] 郑广作 . 普通话水平测试研究（第一集）[M]. 南宁：广西教育出版社，2003.

作者简介

奉红英，女，广西富川人，中学一级教师。研究方向：语文教学论。

甘肃少数民族双语教学中普通话教学方法浅析

窦建琴
（兰州市第二十二中学）

摘　要　甘肃是多民族省份之一，少数民族语种多、文种多、使用人口多、地域分布广，双语教学难度很大。我们在学习普通话时，要以本民族语言为媒介，注意比较民族语言和普通话的区别，快速有效地达到学习目的，创设校内校外良好的语言学习环境，开展多种多样的双语活动，促进和提高学生学习普通话的兴趣，培养本民族的双语教师，促进双语教学可持续发展。

关键词　双语教学　基本情况　教学方法

一、新时代下双语工作的重要意义

语言是人类重要的交际工具和思维工具，1982 年颁布的《中华人民共和国宪法》明确规定了国家推广全国通用普通话的方针。随着全球化进程的不断加快和现代技术的不断发展，统一的语言文字对社会发展、国家建设和民族团结具有重要意义。同时，语言也是人类文化最为重要的组成部分和载体，具有民族身份认同、情感依存的作用。中国是统一的多民族、多语言的国家，目前仍在使用的少数民族语言大约有 130 种，现行的少数民族文字约 30 种。这些语言文字凝聚着中华民族的历史发展进程，是我们弥足珍贵的文化遗产。因此，教育部和国家语委在《国家中长期语言文字事业改革和发展规划纲要（2012—2020 年）》中提出了在大力推广和规范使用国家通用语言文字的同时，要科学保护各民族语言文字。时代要求少数民族地区的工作者必须是接受过双语教育，既精通本民族语言文字又通晓汉语文的人才，这样在实际工作中就可以减少语言分歧带来的沟通障碍，保证国家政令的畅通，加强国家统一和民族团结。

二、甘肃省民族语言文字的基本情况及双语教学的突出矛盾

甘肃是少数民族聚居的省份，主要有回族、藏族、东乡族、裕固族等 16 个民族，少数民族人口达到 241 万多，占全省总人口的 9.26%。境内有甘南藏族和临夏回族两个自治州以及 21 个少数民族县（市）。有些民族既有本民族的语言，还有本民族的文字，如：藏族、蒙古族、哈萨克族；还有些民族只有本民族语言却无本民族的文字，如：东乡族、裕固族、保安族。因此就构成了甘肃省民族语言文字工作特有的特点：少数民族语种多，文种多，使用人口多，地域分布广。

根据教育部网站最新发布的数据，目前我国不能用普通话交流的人群有 30%，也就是说有 4 亿多人不能使用普通话交流，这部分人集中在边远地区、民族地区和农村。长期以来，由于地处边远、经济落后，人们在推广普通话方面思想观念保守陈旧，特别是在边远贫困的少数民族地区，方言、民族语言夹杂，语言环境十分复杂。

另外，在民族地区学校推广普通话，由于受条件限制，一些民族地区学习普通话的硬件设施很差、师资力量缺乏，严重影响了普通话的推广，非常不利于各民族的交流和沟通。确实，身处偏远民族地区，在民族学校的课堂里、校园中，师生大多数使用的是本地区自己的语言，虽然自上个世纪 90 年代起学校都要求师生讲普通话、写规范字，但是整个区域大的语言交流环境还是以民族语言为主。一旦师生走出本地区，跟外界交流起来就会很困难。因此，在少数民族地区推广普通话迫在眉睫。但现在现实情况是在民族地区学校推广普通话有一定困难。民族地区学校主要的课程文字是本民族的语言，学生从小到大在人际交往、学习中使用的是本民族语言，我在实际走访中了解到部分从民族地区走出的孩子，从未接触过汉语，这无疑为推广普通话带来很大的困难。

三、少数民族地区双语教学方法

（一）以本民族语言为媒介，注意比较民族语言和普通话的区别，快速有效地达到学习目的

语言的学习并不是单纯地模仿，大多数教师在教学中往往会以媒体语言为标准，让自己或者学生去模仿播音员的发音，从而掌握普通话的正确读音。殊不知这种方法却硬生生地割裂了不同语言之间的联系，既要学生学习一种新的语言，又要他们摒弃本民族语言的影响，这是不可能的。推广普通话并不是消除各民族地区的语言，而是让他们在掌握本民族语言的基础上学习普通话。在少数民族学生学习普通话的过程中，应该以本民族语言为媒介，在普通话和少数民族语言之间架设起一座桥梁，使学生感性地了解本民族语言和普通话在语音、词汇、语法等方面的区别，从而达到学习普通话的目的。少数民族学生学习普通话，不必一定从学习汉语拼音入手，可以从民族环境入手，教学生学习本民族语言，让他们会读，会写，具备一定的思维能力，再用他们初步具有的民族语言学习普通话。在教学中必须遵循由浅入深的教学规律，可以通过汉语单个词语的学习，对汉语拼音有整体的认识，进而掌握更多的汉语词汇，学会普通话。比如甘肃东乡族，是一个只有语言没有文字的民族，内部交流时习惯用东乡语。由于长期生活在母语环境中，大部分东乡族群众不通汉语，很多孩子是在开始上学时才接触汉语的。对长期生活在单一东乡语言环境中、习惯用本族语思维的东乡族孩子来说，学习并接受全国统编的汉语教材，难度可想而知。这种现象导致临夏回族自治州东乡族自治县的教育水平一直很低。2002年9月，东乡县开设了借助本民族语言学习汉语文的双语教学实验班。实验班的双语学习分为两个阶段：第一阶段，学前班阶段，采用自编教材，主要教授学生们掌握东乡语记音符号，而汉语教学则侧重加强口语锻炼以及汉语理解能力的培养；第二阶段，一二年级阶段，开始使用国家教育部颁发的义务教育课本，只是实验班的教材都用相应的东乡语记音符号作了解释。在这两个阶段的双语教学中，汉语教学内容随着年级逐渐增多，一二年级完成汉语识字任务，三年级起开始和其他学生一样正式使用现行教材。实验班的成绩充分证明了本民族语言可以成为少数民族学生学习普通话的媒介和桥梁。

（二）创设校内校外良好的语言学习环境

语言环境对学生的语言面貌有着潜移默化的影响，它的作用不可忽视。当学校和家庭相互配合时，可以更快地提高学生的语言面貌，营造一种良好的语言学习环境。相反，落后封闭的环境则会制约学生对语言的学习。比如甘肃的少数民族居住区大多在高原、山地，受落后封闭的自然环境、当地少数民族群众保守的思想观念、薄弱的经济基础以及宗教的影响，这些地区少数民族受教育程度较低，尤其是妇女的文盲率高达90%，甚至在城市生活的部分少数民族妇女，只会听汉语，不会识写汉字。在这种环境中成长起来的少数民族学生，他们的第一语言是本民族语言，他们之间的交流也习惯使用本民族语言，这种现象非常不利于他们学习普通话，也制约了他们的汉语听说读写能力的发展。因此，创设良好的语言学习环境迫在眉睫。可以从学校实际出发，开展各种各样的活动，在老师的指导下，让学生通过多种方式，积极投入到语言的学习中，形成良好的语言学习环境。

（三）开展多种多样的双语活动，促进和提高学生学习普通话的兴趣

1. 积极调动学生参与校园文化建设，培养学生学习普通话的能力。校园文化建设可以由教师和学生共同创造，共同完成。充分利用校园的有利环境，促进学生的全面发展。比如可以开展学习园地、班级语录、我的座右铭、校歌校徽、演讲比赛、汉语角等活动，加强学生语言训练和实践活动，提高学生的语言学习兴趣，使他们感受语言学习的快乐和成功。

2. 课堂上采取多种训练方式，以说带读写。教师可以针对教学材料的不同，采取多种训练方式，比如课前三分钟演讲和朗读训练。充分利用学生的表现欲，每节课安排一名学生进行课前三分钟演讲，然后由学生和教师进行点评；进行多种形式的朗读训练，如听读、个别朗读、个人或小组轮读、领读、分角色读等，充分调动学生朗读的积极性。

3. 充分利用多媒体教学，为学生创造良好的语言学习环境。少数民族学生学习语言的环境通常比较单一，而多媒体教学恰恰可以打破这一局限，为学生创造一个生动形象的动态学习环境，通过小窗口，把书本中无法展示的内容展现在他们面前，有效利用多途径的教学手段，激发学生的学习热情。

4. 培养本民族的双语教师，依托本地教师，推广普通话，促进双语教学可持续发展。在教学中，教师是学生学习和模仿的对象，他的语言面貌会影响学生的语言面貌。在语言学习中，第一印象相当重要，错误的语言知识以后改正起来相当困难，除非学习者本人意识到了错误并努力加以改正。

由于地区自然条件和经济条件的限制，少数民族地区双语教学的师资力量异常薄弱。即使对外招聘教师，也很难留住他们，而且这些教师未必能熟练地运用民族语言进行教学，因此双语教学的中坚力量应该是民族教师，有必要对他们进行集中或专项培训，提高其语言面貌，促进双语教学的可持续发展。比如从 2008 年开始，甘肃省进行了每年一期或两期的国培计划，每期 100 人，集中对少数民族地区的小学教师进行培训，以提升他们运用普通话和民族语言的能力，提高双语教师队伍素质，加快民族地区普通话的普及，促进当地汉语教学质量的提高。

虽然少数民族地区的双语教学取得了可喜的成绩，但依然还存在着双语教学的教材非常缺乏、教师教学经验和能力缺乏等多方面的困难，因此双语教学依然任重道远。

参考文献

［1］卞成林．普通话培训与测试 [M]. 南宁：广西教育出版社，2009.
［2］宋欣桥．普通话水平测试员使用手册 [M]. 北京：商务印书馆，2000.
［3］宋欣桥．普通话语音训练教程 [M]. 北京：商务印书馆，2004.
［4］刘照雄．普通话水平测试大纲 [M]. 长春：吉林人民出版社，1994.

作者简介

窦建琴，女，甘肃天水人，中学高级教师。研究方向：中学语文教学。

任务型教学在青海藏区汉语口语教学中的适用性

耿英春
（青海师范大学）

摘　要　任务型语言教学是以任务为基础的语言教学途径，是近年来在语言教学界盛行的教学法。它是建立在第二语言习得研究基础上的一种具有重要影响的语言教学模式，该模式体现了交际法的思想，是交际法的最新发展。目前由于缺乏科学的教学理论来指导教学，藏区汉语口语教学存在“耗时低效”的问题。本文针对青海藏区汉语口语教学中存在的问题，初步探讨了任务型教学在青海藏区汉语口语教学中的适用性。

关键词　任务型教学　青海藏区　汉语教学　适用性

任务型教学是建立在第二语言习得研究基础上的一种具有重要影响的语言教学模式，它兴起于 20 世纪 80 年代末，于 90 年代在理论上逐步成熟起来，并引起了语言教学界的关注。该模式体现了交际法的思想，是交际法的最新发展，它以具体的任务为学习动力和动机，以完成任务的过程为学习过程，以展示任务成果的方式来体现教学的成就。

汉语口语课是培养学生在实际生活中运用汉语进行口头交际能力的一门单项技能训练课。具体来说，就是要训练学生运用汉语的语音、词汇、语法以及各种功能项目表达自己的要求和想法，突出“说”这一技能训练，要教给学生在什么场合对什么对象说什么，怎么说。缺乏科学的教学理论来指导教学，造成了藏区汉语口语教学“耗时低效”的现状。基于这一认识，笔者认为，我们应积极学习研究并运用任务型理论，将其广泛应用于青海藏区的汉语口语教学实践中，大力推动藏区汉语课堂教学的改革。在汉语口语教学中引入任务型教学模式，其适用性主要表现在以下三个方面。

一、有利于培养学生的语言交际能力

吕必松先生曾指出："第二语言汉语教学的基本目的是培养学生目的语的语言能力和语言交际能力。"藏区的汉语口语教学作为一种常规教育和全民教育，其目标是培养了解、掌握、精通汉语的少数民族人才，以提高民族素质，推动社会的进步。藏区的汉语口语教学长期忽视学生交际能力的培养，毫不顾及第二语言教学的特点。这种教学误区使藏区学生在中、小学学了近十年汉语，到了大学阶段仍然说不出简单的完整的句子，更不用说用汉语进行得体交际了。

任务型教学认为汉语教学的最终目的就是培养学生运用汉语进行交际的能力，汉语教学就是要促进语言知识向语言能力转化的过程。为了实现"培养学习者用目的语进行交际的能力"这一目标，要求创设贴近现实的真实交际活动，积极实施"领会、复现、表达"交际性原则三步走策略，引导学生较为科学地设定功能、意念项目，有效衔接语言的结构与功能，而这些正是藏区汉语口语教学发展中亟待解决的问题。

二、有利于课堂的师生角色定位

课堂上"以学生为中心"被誉为现代教育的一次革命。在强调学习中心向学生转移的今天，如果缺乏对教师角色的科学认识，学生的主体性发挥将无从谈起。青海藏区的汉语口语教学长期沿袭满堂灌、注入式等课堂教学模式。在教学过程中，教师处在中心地位，学生则处于被动、服从的地位。这样的角色分配弊病在于只有教师才是传递知识的权威者，也是整个课堂的主宰者，而学生的主要任务则是倾听、理解、记忆老师所讲授的书本知识。学生的思维和活动都跟着老师转，毫无自主性可言。更令人担忧的是，藏区学生多来自偏远的农牧区，由于主客观的因素，相当一部分学生不愿意改变惯有的学习模式。他们认为教师的职责就是"传道、授业、解惑"，而学生就是"跟着学"，他们已习惯于被动听讲、死记硬背等方式。学习积极性和自觉性的欠缺使一部分学生对自主学习持不理解甚至反对的态度，这在很大程度上影响着汉语口语的学习效果。

任务型教学要求教师积极主动地转变教学观念，调整教学方式和行为，把学习的主动权还给学生。在教学中，教师要把教学重心转移到学生的学这方面来，真正建立以学生为中心的课堂教学。一方面要充分认识到学生是学习的主人，学生个人的发展才是教学的核心；另一方面也要让学生意识到自己才是学习的发起者和责任人，对学习负有主要责任，从而转变自己的角色定位。在任务型教学课堂中，学生不再是被动的听众、观众和接受者，而是主动的探究者、表演者、合作者和评论者。所以，要真正使学生学会一种语言，一定要改变教师和学生在课堂中的角色分配。当然，以学生为主体并不意味着教师无所作为，任务型教学法要求教师依据课程的总体目标并结合教学内容，设计贴近学生实际的任务和教学活动。在汉语学习过程中，课堂教学以教师精心组织的语言交际活动为中心，发挥学生自主学习精神，启发学生通过思考、调查、讨论、交流和合作等方式，在和谐、愉悦的气氛中完成学习任务。

任务型语言教学理论的核心是“以学习者为核心”和“以人为本”，课堂活动的设计和组织都是以学生为中心的，能很好地克服语言学习者的焦虑感和挫败感。任务的分解在一定程度上缓解了学生的焦虑感，激发了学生积极探索的兴趣。

三、有利于输入和输出在互动中融合

二语习得离不开语言输入。但是，关于语言输入在二语习得中所发挥的作用，不同的理论框架有不同的观点。无论哪一种观点，都不否认输入对于语言习得的重要作用。但我们还是应该认识到，输入和输出是相辅相成的，输入是前提，输出是目的。目前在藏区汉语口语教学中，普遍存在一种重输入轻输出的不对称现象。由于受传统观念的影响，教师的教学理念落后，教法单一，盲目地把输入放在第一位而把输出放在第二位，造成单纯的教师语言输入模式，忽视了学生的能动性，很难使学生产生输出的动力。生活在母语环境中的藏族学生，虽然在小学阶段已经开始接触汉语，但基本上只是在课堂上那短暂的几十分钟里，几十分钟以外他们很少接触到使用汉语的环境，更不用说自己去实践这种语言了。而我们的汉语口语教学又不遵循语言学习的发展规律，这就难免使学生产生较大的心理压力，很难体验到学习汉语的愉快，导致学习效果不理想。笔者在汉语教学实践中发现绝大多数藏族学生在汉语学习中具有胆怯心理，在课堂上不敢发言，朗读不敢大声，甚至不敢回答老师提出的问题。有许多藏族学生进入大学后虽然汉语水平考试达到了高级阶段的要求，但在交流过程中还是感到力不从心，存在许多“语不达意”、把握不准的现象，这些大都是因为语用训练、实践锻炼的欠缺。因此，在汉语教学中采用以输出理论为指导的任务型教学变得尤为重要。任务型教学开辟了一种新型的语言教学思路，它主张输入和输出在互动中融合，强调输出，强调互动，在互动中产生意义协商。它尽可能多地给学生创设接近自然的教学，尽可能多地给他们提供使用这种语言的场合与环境。学生能够将课堂上学到的语言知识充分运用到生活工作实践中去，在实践中掌握语法规则与语用规则，并习惯于用汉语来解决现实生活中的具体问题。

语言学习的最终目的在于运用语言进行有效交际，信息输出的准确和流利也会影响交际活动的正常进行。因此，语言信息的输出能力是决定学习者语言交际能力的一个重要指标。学生只有面对真实的交际环境才能使学习的语言具有动态和生命力，也才能脱离教材，转向用汉语去真实地交际，从而获得汉语交际能力。因此，强化输出环节是培养藏族学生汉语言习惯、提高他们汉语交际能力的迫切需要。在汉语口语教学中只重视语言输入而轻视输出是不符合语言规律的，也不能达到语言教学的目的，应该做到输入与输出相融合。

任务型语言教学是一种语言教学途径而不是某一固定的语言教学方法，它对藏区汉语口语教学产生的影响不应该仅仅是课堂教学模式上的改变，更多的应是教学理念和教学思想的转变。把传统的以教师为主的课堂教学转换为以学生为主的课堂教学，缩短课堂教学与现实生活的距离，把课堂变为一个小型的目的语社会，学生在这一环境中自由地运用语言。在这样的理论和思想指导下，我们才可以结合汉语言的特点，真正做到“洋为中用”。我们应积极学习研究并运用任务型学习理论，灵活地选择、开发和应用，在藏区汉语教学实践中引入任务型教学模式，使学生产生更强烈的语言学习动机，从而使其提高学习兴趣，增强参与课堂教学活动的意识和课堂反应的积极性，最终提高藏族学生的汉语交际水平，使任务型教学理念真正渗透到教学过程中去。

参考文献

［1］吕必松 . 对外汉语教学研究 [M]. 北京：北京语言学院出版社，1993.
［2］程晓棠 . 任务型语言教学 [M]. 北京：高等教育出版社，2004.
［3］吴中伟，郭鹏 . 对外汉语任务型教学 [M]. 北京：北京大学出版社，2009.
［4］姜安 . 任务型语言教学对对外汉语教学的启示 [J]. 语文学刊，2009（17）.
［5］崔文娟 . 语言输出理论与任务型教学 [J]. 四川教育学院学报，2007（11）.
［6］方晓华 . 论任务型汉语教学法 [J]. 新疆双语教育，2005（1）.
［7］杨燕 . 浅谈任务型语言教学 [J]. 甘肃科技纵横，2006（3）.

作者简介

耿英春，女，副教授。研究方向：汉语教学法研究。

浅谈迪庆藏区职业中专学校普通话教学

和建春
（迪庆州教育局）

摘　要　少数民族语言与标准普通话之间在声母、韵母、声调方面都存在一定的差异。迪庆是典型的方言区，大部分学生在学习普通话时，语音方面发音不够标准，习惯用方言思维，表达不清楚。针对问题，找准难点，加强训练，少数民族地区的学生就能够逐步掌握普通话。

关键词　迪庆藏区　职业中专　普通话教学

语言文字是人类交流的工具和信息传递的载体，做好语言文字工作，使之规范化、标准化尤其重要。作为师范和导游专业为主的职业中专学校，既要面向本土社会经济发展需要培养人才，也要面向发达地区需求培养、拓展学生就业空间。职业中专生毕业后大多直接走向社会，要适应职业的、社会的需要，必须具备一定的口语表达能力。作为老师要做到耐心指导，调节学生心理状态，运用有针对性的教学方法，结合当前职业教育的特点，联系目前学生求职的实际情况，从社会人才需求角度，经常向学生宣传学习普通话的重要性，使学生从内心深处真正接纳普通话教学。职业中专学校作为国家推广普通话的重要阵地，普通话教学任重而道远。笔者作为一名边疆少数民族地区普通话的推广者，结合在职业中专学校多年的普通话教学经验，就迪庆藏区普通话教学中存在的主要问题及采用的有针对性的教学方法，谈一些粗浅认识。

一、普通话教学中存在的主要问题——思维习惯问题

中专学校普通话课程的目标之一就是通过教学使学生具备较强的口语表达能力。长期以来，我国的语文教育重“读”“写”，轻“听”“说”，导致部分学生听说能力不强，远远不能达到社会所需要的语文能力要求，能较准确流畅表达自己思想观点的学生并不多。迪庆是一个以藏族为主的多民族聚居的边疆贫困地区，全州人口有400182人，少数民族人口有326789人，占了总人口的81.66%。中专学校的生源来自州内各个乡镇，学校里的教师和学生90%以上是少数民族。许多学生从小接受母语教育，汉语言启蒙教育较晚，在日常交往中，习惯用家乡话、民族语来交流。即使懂汉语的少数民族学生，在基础教育阶段由于没有受到过良好的普通话教学训练，平常也很难说标准的普通话，因此无论是在校内还是校外他们都习惯用民族语言和地方方言交流。例如，普通话教学中话题说话这一部分，需要在规定的时间，用大量的词汇组成语句，完成一个完整的话题。大部分学生在练习时方音明显，表达混乱，特别是一些多音字的词语，例如“角色、创伤、兴奋、似的、纤维、关卡”，习惯用方言思维、方言表达，很难纠正。翘舌音的字“生、初、瘦、束、撑”等，在读单字和词语时发音基本都能到位，但是在话题说话中，按方言习惯发音，常常把翘舌音的字读作平舌音。另外由于受民族语言的影响，我州大部分藏族学生在学习过程中，很难正确读出上声（214）的调值，常常将上声和阳平混淆起来，纳西族、傈僳族和彝族的学生复韵母单音化和前后鼻韵母读成鼻化元音韵母的现象也比较突出。用普通话思维不仅仅是一种习惯，也是一种能力，要想讲好普通话，必须先学会普通话的思维方式和表达方式。

二、普通话教学中需要解决的几个问题

（一）注重思维训练，提高教学效果

1. 普通话教学中思维训练的重要性

语言与思维有着密切的联系，俗话说“会说话的人想着说，不会说话的人抢着说”，足见语言与思维密不可分。语言是人类所特有的用来表达意思、交

流思想的工具。思维是人脑对客观事物一般特征及规律性联系的间接的和概括的反映过程。语言是思维的工具，又是思维发展的客观标志。思维是在语言的基础上产生和发展的。因此，加强思维训练是促进语言表达能力的有效途径之一。思维决定语言，普通话教学中一定不能忽视思维训练。

2. 普通话教学中思维训练的方法

改变方言思维习惯，学会用普通话思维是说好普通话的关键。学普通话不能忽视受方言语法的干扰而产生语言迟缓、语调生硬或是用普通话语音说方言词的现象。训练普通话思维能力可以采取找对应词的方法，找出最典型的家乡话与普通话词语相对应的范例，通过情景模拟反复练习，逐渐缩短从普通话思维到表达的过程，养成用普通话思维的习惯，达到脱口而出的说话能力。具体方法为：

（1）找出差异，置换训练。普通话思维训练不同于专门的思维训练课，必须要把思维训练置于口语表达训练之中，将思维训练和说话训练两者结合起来。因此我们可以把重点放在培养学生的思维与语言运用上。针对学生习惯用方言交流的现象，逐步把学生的方言积累转化成学习普通话的语言财富。每一种地域方言与普通话相比，在语音上的差别是很明显的，也是比较复杂的。迪庆方言表达与普通话表达存在一定的差别，主要表现为名异实同和音异实同，用不同的名称、不同的表达方式和不同的发音来表达相同的意思。比如，普通话朗读训练《住的梦》里提到的“柿子”，在迪庆叫“刺花”；普通话中的“去哪里”“晚饭吃了吗”，迪庆方言说成“克哪点”“晚饭给有吃了”；普通话中的“瘦肉”“老师”，迪庆方言是说“嗽肉”“老思”。由于这一特点的存在，在普通话教学中，在方言与普通话之间进行词汇的置换训练就显得很有必要。所以，在教学实践中我循序渐进地对学生采用了灵活多变的方式进行方言和普通话词汇和典型句式的置换训练，要求学生按地域分成小组，每个小组罗列出本地区方言和普通话差异较大的单字、词语和短句，分类、归纳后做成表格形式，方便学生置换练习。在学生已经掌握的方言积累和教师的普通话教学中搭起桥梁和纽带，达到事半功倍的效果。学生在语言的训练过程中思维能力也相应得到了提高，对客观世界的感知认识也更加深刻。语言学的研究成果表明，每一种语言都包含独特的世界观。这就说明，在方言与普通话之间进行的这种置换训练，有效促进了普通话学习。

（2）克服障碍，营造环境，模拟训练。我们的学生大部分来自农村，人多的时候往往开不了口。他们在公开发言时害羞，脸红，不敢正视老师和同学的目光，手和脚不知该放到什么位置，甚至呼吸急促，结结巴巴说不出话来。针对少数民族学生自尊心强、自卑感重的心理，老师要利用各种先进教学设备，如电视、录像、录音等手段，将一些口语性强、有吸引力的演讲、辩论播放给学生看，使学生在观摩学习中增长见识，树立信心，大胆开口交流。老师要不断给学生普通话实践交流的机会。第一步是让学生在自己的座位上站起来作简单的表达，然后离开座位走向讲台面向全班同学表达，对每个学生的表现给予鼓励和肯定。第二步进行模拟训练，教会学生掌握训练的要领：要想把自己的思维变成话语，首先就要用词语把思维分割开，接着再按句法规则把分割开的各个成分组织起来，使之变成可以让人理解的链型词语。说出的话应该是跟大脑想的完全重合，没有完全重合就得不断更换词语或调整句子结构，直至重合为止。针对不同专业的特点，采用不同的方法进行训练。比如导游专业，找出一些景点，做成图片，叫学生做现场模拟讲解；普师专业，找一篇文章或一些成语，做课堂十分钟的讲解。通过这种循序渐进的训练，一段时间后，大多数的学生克服了口语交际中胆怯、自卑的心理障碍，做到能从容、自然、得体地站在老师和同学的面前，清楚、流畅、准确地用普通话表达。同时还可以采用分角色朗读、配乐朗读、绕口令比赛、讲笑话、讲故事、演小品等学生感兴趣的教学方法，进行训练。互听互评，对比纠正，在轻松、有趣的学习氛围中逐步提高学生学习普通话的兴趣，并鼓励学生从课堂开始说标准的普通话，然后能到校园说标准的普通话，最后能到社会上说标准的普通话。

（二）因地制宜，合理使用教材

在 2013 年我州实行普通话水平“机辅测试”以前，我州中专学校使用的普通话教材是由云南省语言文字工作委员会组织编写的《普通话培训测试指南》。该教材结合云南方言特点，从云南方言实际出发，较系统地总结了云南人学习普通话的规律，针对云南人学习普通话的重点和难点，进行了细致的分析和系统的训练指导。但由于迪庆特殊的语言环境因素，在教学中如果完全按照该教材进行教学，教学效果会不甚理想。教学中应当结合我州少数民族的语言特点，对教材进行合理安排。

1. 将声调部分定为教学重点，安排在第一章节讲授

声调是学习普通话的重点，声调的不同是形成方言语调的主要因素。我们在生活中有这样的体验，如果某人用普通话交流时，每一个字的声母、韵母发音都很标准，但声调却是自己方言的调值，我们都不会认为他在使用普通话。迪庆是以藏族为主的少数民族地区，藏族学生由于受到地方方言和民族语言的影响，在声调方面存在较大的问题。教学中，转变观念，改变策略，打破教材常规排序，先声调，后声韵，声调部分不再按照初级、中级和高级的教学要求来进行，而是将声调部分涉及的所有理论知识融合到一起，进行认真讲解，结合各县学生实际，总结不同地域学生在发音中存在的问题，说读并行。例如，我们常用“五度标记法”来标记声调，上声（降升调）的调值是214（先降后升），但我们的学生常常将上声读成211（只降不升）或2142（先降后升再降）的读音，导致测试时非常简单的上声的字由于声调不到位而被定为缺陷音或错误音。在学生掌握上声的正确发音之后，紧接着要讲授“上声变调”的内容，对声调部分加强巩固。因此，因地制宜地对教材进行重新排序，有利于学生更快、更好地学好普通话。

2. 采用类推法和比较法，加强前后鼻音的教学

由于受地方方言的影响，我州绝大部分人在使用普通话交流时，前后鼻音混合使用现象十分突出。而在我们使用的教材中，前后鼻音部分的教学练习较为简单，单靠教材要求，学生无法全面区分和掌握前后鼻音的正确读音。因此在教学中，讲授该部分内容时，可以脱离教材，根据地方特点和字词的特点，采用归纳、总结、分类和比较的教学方法来提高教学效果。例如，“成”是后鼻音，类推和归纳出跟“成”有关的字“城、诚、盛、晟、铖、宬”等都是后鼻音；“青”是后鼻音，类推和归纳出跟“青”有关的字“请、清、情、晴、氰、箐”等都是后鼻音；“真”是前鼻音，类推和归纳出跟“真”有关的字“慎、嗔、瞋、填、颠、滇”等都是前鼻音。教学中将一些有代表性的字找出来，教学生进行分类和比较。一段时间后，学生基本能区分前后鼻音，这时，再回归教材，结合教材中前后鼻音的发音方法，加强训练，效果甚佳。

（三）因材施教，关注少数民族学生学习的特殊性

迪庆是一个多民族融合共居的地方，除了主体民族藏族以外，还有傈僳、纳西等九种世居民族。不同民族的学生由于受到本民族语言的影响，学习普通

话的过程中，在发音方面表现出不同的缺陷。藏族学生存在的主要问题有：声调部分发音不到位，特别是阳平和上声发音混淆；部分前后鼻韵母读成了鼻化元音韵母，最典型为 an 韵 ang 韵不分。傈僳族学生存在的主要问题有：声母部分表现为平舌音和翘舌音不分，如瘦（shou）读成嗽（sou），生（sheng）读成僧 seng；fu 和 hu 不分，如虎（hu）读成辅（fu）；韵母部分表现为复韵母单音化，如把 ai 韵发成单元音〔æ〕；e 韵和 ai 韵不分，如“特（te）别”读成“太（tai）别”，“改革（ge）”读成“改改（gai）”。纳西族学生在声母部分平翘舌音不分的现象也存在，韵母部分复韵母单音化和前后鼻韵母读成鼻化元音韵母的现象也比较严重。为了提高教学质量，在课堂教学实施的过程中，针对不同民族学生出现的各种不同问题，首先要找准难点，找出差异，对各民族学生进行有针对性的分类辅导和强化练习。教师要做到分层教学，分层要求，让民族生根据自身存在的问题强化训练，同时还要注意不同民族学生之间相互学习、相互帮助的学习共同体的建立，让他们在民族大家庭中，感受语言表达的丰富性，强化学生的语感，努力提高他们的表达能力。

普通话是汉民族共同语，使普通话教学规范化、标准化，对于增进各民族之间的交流与沟通，对于学生的求职就业有着非常重要的作用。笔者在此只是针对迪庆少数民族地区职业中专学校在这门课程教学中出现的问题做一些浅显的分析和建议。希望通过以上方法的尝试和训练，学生学习普通话的兴趣有所增强，普通话水平测试的成绩有所提高，普通话综合表达能力有所提升。

参考文献

［1］骆小所．现代语言学理论 [M]. 昆明：云南人民出版社，1998.

［2］《迪庆藏族自治州州情教育读本》编委会．迪庆藏族自治州州情教育读本 [M]. 昆明：云南人民出版社，2012.

［3］范可育．培养用普通话思维的习惯 [J]. 语文建设，1987（6）.

［4］云南省语言文字工作委员会．普通话培训测试指南 [M]. 成都：四川大学出版社，2006.

作者简介

和建春，女，云南人，中学一级教师。研究方向：汉语言文字学。

甘肃民族地区普通话缺陷音解析

马小萍
（兰州城市学院）

摘　要　甘肃少数民族地区学员在学习普通话的过程中受地域方言和本民族语言的影响，会出现一些语音缺陷（语音正误之间的一种中间状态），这类音纠正起来远比错误音难得多。如何较为科学、系统地认定语音缺陷，在普通话培训中如何帮助少数民族地区的人克服语音缺陷，这是一个亟待解决的问题。

关键词　普通话　少数民族　语音缺陷

少数民族地区学员在学习普通话的过程中，会出现一些语音缺陷（语音正误之间的一种中间状态），这类音纠正起来远比错误音难得多。如何较为科学、系统地认定语音缺陷，在普通话培训中如何帮助少数民族地区的学员克服语音缺陷，这是一个亟待解决的问题。

学习标准的普通话，不是一朝一夕的事，因为语言学习是一个渐变的过程，要允许少数民族地区的学员在学习普通话的过程中有缺陷音的存在，缺陷音的产生说明学习者正处于由量变到质变的阶段，处于语音变化最活跃的时期，作为教师不仅要给予充分的鼓励，更重要的是教师应在理论上具备分辨语音缺陷的能力。缺陷音的产生，究其根源是因为受母语或当地方音的干扰，发音点没踩准、方法不得当造成的。纠正这类不规范的音，关键是要用发音理论这把手术刀解剖这些音，这样做可以起到事半功倍的效果，从而帮助学习者减少盲目性，少走弯路。

下面结合教学实践和普通话水平测试工作，就甘肃主要少数民族地区学生学习普通话过程中的缺陷音归纳如下。

（一）声母的主要语音缺陷

1. 由于甘肃地区大多数方言中双唇音 b，p，m 可与 e 相拼，所以主要缺陷表现为成阻的着力点没有集中在双唇中部而是向两边分散。

2. 齿唇音 f 的发音不是上齿和下唇内缘而是上唇接近下唇外缘。

3. d，t，n，l 发音时舌尖力度不够，听起来含混不清。其中 n，l 都是舌尖抵住上齿龈发的音，不同主要在于有无鼻音。n，l 这组缺陷主要表现为软腭的升降和舌头收缩放宽不自如。

4. 舌尖后音 zh，ch，sh，r 的缺陷问题是舌头卷过头接近硬腭发成喉音，或整个舌前部靠前硬腭，发出的音含混，舌尖音的色彩淡化。

5. 舌面音 j，q，x 部位没有在舌面前部和硬腭前部，而是舌尖在寻找发音部位，听起来介于 j，q，x 与 z，c，s 之间。

6. g，k，h 的主要缺陷表现为 g，k 送气时略带舌根清擦成分，气息比普通话粗重，发 h 时部位比普通话稍后。

7. 舌尖音 z，c，s 发音缺陷是舌尖介于上下齿之间，发成近乎齿间音。

（二）韵母的缺陷规律

1. 七个舌面单韵母发音缺陷是：发 i 时有擦音现象，发音部位前移，这是甘肃地区一个很普遍的缺陷音，兰州方言里无 o 音，所以发 o 时舌位和唇的圆展不到位，发 u 时上唇与下唇接触发生轻擦，气流从两边流出。发舌面元音 e 时位置太后，舌根参与发音，单发 ɑ 时发音点后移，不稳定，有舌根浊擦现象。

2. 发复韵母时，前响复韵母和后响复韵母听起来近乎单韵母，动程短，不圆润。发中响复韵母时，中响的特点不明显，由一个音向另一个音滑动的浑然一体的圆润感欠缺。例如：ɑi 在普通话里主要元音 ɑ 开口度大，由 ɑ 的低舌位向 i 的高舌位移动明显，甘肃临夏东乡人把 ɑi 发成 ê，成为一个单韵母，无动程。

3. 鼻韵母的发音缺陷是：发前鼻韵母时舌尖没有方向感，归音感较差，舌尖在嘴里摇摆不定；发后鼻音时矫枉过正，发得太后以至于元音向后鼻音滑动突然，听起来猛一碰，不自然。

（三）声调的发音缺陷

作为第二语言习得，甘肃少数民族学生学习普通话过程中声调是最大的问题，声母韵母都在口腔中可以找到相应的发音部位和发音方法，但是声调没有部位可找，声带可调整的范围又很小。甘肃甘南藏族学生和临夏东乡学生在学习普通话时的主要问题是声调之间的区分度比较低，在阳平与上声之间、阳平与阴平之间都存在混淆。声调的主要缺陷是：阴平念不高，阳平上不去，上声转弯难，去声不够长，其中上声发音缺陷最为突出。

如何纠正以上缺陷音呢？

（一）从生理机制上解决语音学习的理论和实践问题

在教学实践中我们体会到，从生理机制上纠正语音缺陷是最为直接有效的方法。比如声母 j，q，x 的语音缺陷，其实质是将舌面声母发音部位前移，不以舌面前部与硬腭前部接触，而是用舌叶贴齿龈或舌尖与齿背构成阻碍发音。要纠正这组语音缺陷，最主要的是要向学生说清楚，舌面前部隆起抵住或接近硬腭前端构成阻碍，一定不使舌尖或舌叶在发音中起作用。教师纠正这组音时，先发一组缺陷音，让舌尖参与，再发一组正确的舌面音，让学生在听感上有一种截然不同的感觉，然后再按正确的方法在口腔中支好架子，一般来说大部分学生当堂就能够纠正这组缺陷音。

受甘肃地域方言的影响，学生发前后鼻音的主要缺陷是归音不准不紧，舌头在口腔中没有方向感，形成缺陷音。有的学生在发 in 时舌尖甚至归在下齿背，这种情况可以采用对镜练习法，发前鼻音时，舌尖上抵上齿龈或硬腭前端成阻，可以在镜中看见舌头底部。发后鼻音时，舌身随舌根后缩，在镜中可以看见舌面。教师还可以用手势法纠正一些缺陷音，例如一只手稍弯曲代表上腭，另一只手代表舌头，前后移动，表示舌尖、舌面、翘舌、卷舌等音的不同部位。另外，教师还可以充分利用发音器官示意图进行讲解说明。教学实践证明，用一些直观的方法从语音的生理机制上纠正缺陷音效果明显。

（二）训练听辨能力是克服语音缺陷的有效途径

少数民族地区的学生学习普通话发音不准的另一个原因是听力的问题。因为听不准，对语音的辨析能力差，所以说得不准，因此让学员多听多辨，在听辨的基础上多多模仿，由慢到快，突破难点。例如，在每节口语课前我们都有一项“三分钟课前说话”，一个学生说，全班同学当评委。一开始同学们对错误音的分辨能力较强，对“差不多”就是普通话的缺陷音听辨能力差，或不以为然，或听出是缺陷，但不会分析，这时就需要教师的引导。甘肃地区的少数民族教师普通话培训主要以甘南、临夏、东乡为主，学生大都是一个地区来的，所以缺陷音有较强的一致性，因此教师可以引导学生听辨，对一些典型的缺陷音系列进行分析录音，并向全班播放，然后再对照一段标准音，让学生在比较中鉴别听记。因为每节课前都有“三分钟说话”，学生每天都在评价、听辨，每天都处于“警觉”状态，这样，学生不仅加强了指导实践的理论知识，更重要的是通过一系列的强化训练，大多数学生都能够很快分辨出缺陷音，并能用正确的方法来评判缺陷音。在听辨的过程中还可以进行普通话水平测试实验，对具有代表性的测试对象的测试录音带进行分析，“抓住一个麻雀解剖，带动一大片”。

（三）重视语流训练，在语流中纠正缺陷音

发好每一个字的声韵调，不等于就能说好普通话。在测试中，我们发现许多少数民族学生单字读得挑不出毛病，但放在语流中就不自然了。例如不了解儿化韵在不同韵母后的不同卷舌色彩，韵母的末尾音素不同，卷舌动作也略有不同。“花儿”末尾音素是舌面央元音 a，卷舌动作较大，舌面中部隆起；“没事儿”末尾音素是舌尖后音 -i，卷舌时舌尖轻轻卷起；“药方儿”末尾音素是鼻尾音 ng，卷舌时丢失 ng，元音鼻化。如果用一种方式处理儿化韵，那儿化韵在语流中就要大打折扣，听不出它特有的语体色彩，语流也会显得生硬而缺乏生气。有的学生把音节放在语流中时，字咬得过死，声母力度太大，以至于朗读说话时音质生硬、语调割裂。音节的训练是基础，但是更重要的是语感的培养。所以不要因为怕出现缺陷音而因噎废食，要在语音准的前提下训练学生的语流音和语言的自然流畅度，增加音节在语感中的合适度。

（四）纠正语音缺陷最重要的是声调训练

在普通话音节系统中，声调的覆盖率是100%。声调是少数民族尤其是藏族、东乡族、临夏回族学员学习普通话的关键，是普通话与汉语民族方言区别的关键，比如“爸爸”“妈妈”，各地声母、韵母基本一致，关键就是声调不同。

甘南藏族、临夏东乡族学生在学习普通话的过程中会形成特有的汉语民族方音声调。声调训练是突破语音缺陷的良方，在训练时可用调值描写法、夸张四声法、数调法、体会声带振动次数等方式进行纠正，只有这样，才有可能改掉“汉语民族方言腔”。

（五）纠正语音缺陷还要注意教学方法与训练方式的革新

语音缺陷的纠正练习多，情趣少，所以在教学方法上要有所创新，要打破传统的静态教学模式，用多种教学方法和现代化的视听设备，充分调动学生的积极性，避免用同样的方法讲授不同的内容。实践证明，以往单一的现代汉语语音教学方法已不能适应时代发展的要求，现代化教学设备的不断更新，为现代汉语语音教学提供了新的空间。会录音、会摄像、会使用语音实验室已成为现代汉语语音教师必须具备的条件，运用现代化的教学设备进行教学创新将成为现代汉语语音教学发展的趋势。

甘肃少数民族普通话培训的主要对象，目前以民族地区的教师为主。教师是推广普通话的重要力量，纠正语音缺陷，对于加强民族地区的双语教学、提升民族地区推广普通话的水平，显得尤为重要。

参考文献

［1］张淑敏，张兆勤 . 甘肃“地方普通话”特点剖析 [J]. 甘肃联合大学学报（社会科学版），2004（3）.

［2］李爱军，王霞，殷治纲 . 汉语普通话动态腭位的数据缩减方法［C］// 第六届全国现代语音学学术会议论文集（上）. 天津：天津大学出版社，2003.

［3］李咏梅 . 关于地方普通话的产生动因、价值及未来趋势的探讨 [D]. 南宁：广西大学，2012.

［4］黄伯荣 . 现代汉语 [M]. 北京：高等教育出版社，1996.

［5］宋欣桥 . 普通话语音教程 [M]. 北京：高等教育出版社，2002.

作者简介

马小萍，女，回族，甘肃天水人。研究方向：现代汉语、教师口语。

纳西族学生学习普通话舌尖前音和舌尖后音教学实践

徐宝莉
（丽江市民族中等专业学校）

摘　要　纳西族学生在学习普通话的过程中，在声韵发音方面有很多的问题。本文就丽江民族中等专业学校纳西族学生学习普通话的平翘舌音偏误进行分析，尝试用新的方式辅助教学，以提高我们的普通话教学水平，使纳西族学生更快更好地学好普通话。

关键词　纳西族　普通话　平翘舌音　教学方法

丽江民族中等专业学校是丽江市唯一一所全日制国有公办中等专业学校，2010 年 2 月被国家教育部认定为国家级重点中等职业学校。在丽江民族中等专业学校就读的学生大部分是来自丽江市一区四县的学生，少数民族占 56%，包括纳西族、白族、彝族、傈僳族、摩梭人、普米族等十三个少数民族，其中纳西族学生在少数民族学生中占了 75%。学校有护理、学前教育、电会、计算机、旅游管理等专业，学生人数在 4200 人左右。学生入学后，每个专业都会在不同的学期开设普通话课，基本上每个专业都是一周两节课。在上课的过程中，我发现纳西族学生在学习普通话的过程中做语音练习时有很多困难，特别是在学习舌尖前音与舌尖后音方面存在较为普遍的问题，纳西族学生在学习声母的过程中，存在的最大问题就是 z、c、s 和 zh、ch、sh 混淆。尽管在教学中我们用舌位来告诉学生如何区分这两组声母，但是大部分纳西族的学生在发舌尖后音的时候，会发成舌尖前音 z、c、s。对于一个普通话老师而言，纠错是非常重要的。教学的过程中只有课本上的理论“zh、ch、sh、r 是一组舌尖后音，发音时，把舌尖翘起和硬腭前端接触或接近”是不够的。因为只有让学生认识到自己发音的错误，他才能在发音的时候做到准确。于是，在教学的过程中，我不断探求方法，在为纳西族学生的舌尖前音和舌尖后音纠音方面有了一些新的思考和探索。

一、纳西族学生舌尖前音与舌尖后音混淆的原因

在校园里，尽管学生都有使用普通话的意识，但是能够准确使用标准普通话的少数民族学生还是有限的。我常常会听到以下这样的纳西族学生的普通话对话：

例 1：甲同学：“下课了，吃（cī/chī）饭去了。”

乙同学：“走（zhǒu/zǒu），去食（sí/shí）堂！”

例 2：甲同学：“这（zè/zhè）节课是（sì/shì）《数（sù/shù）学》课吗？”

乙同学：“不是（sì/shì），是（sì/shì）《生（sēn/shēng）理》课！”

例 3：甲同学：“坐（zhuò/zuò）好了，老师（sī/shī）来了！”

例 4：甲同学：“要迟（cí/chí）到了，快点跑！”

这一组舌尖前音与舌尖后音混淆使用的错误在纳西族学生当中是普遍存在的。造成这种错误的原因是多方面的，其中主要的影响有以下三点：

（一）纳西语母语的影响

我们先从纳西语和普通话的拼音方案入手，找出纳西语母语负迁移对学习普通话的影响。

纳西字母与汉语拼音的大多数声母是相同的。与汉语拼音的舌尖前音与舌尖后音两组声母对比，纳西语的声母多出 zz、ss、rh 三个音，所以纳西族学生在学习普通话的过程中，在练习发音的时候往往会出现母语负迁移的情况。

表 1　纳西语拼音文字方案、汉语拼音方案和国际音标声母对照表[①]

纳西拼音	b	p	bb	m	f	w	v	d	t	dd	n		l
汉语拼音	b	p		m	f	w		d	t		n		l
国际音标	p	p´	b	m	f	u	v	t	t´	d	n		l
纳西拼音	g	k	gg	ng	h	h	h	j	q	jj	nj	x	y
汉语拼音	g	k		ng	h			j	q			x	y
国际音标	k	k'	q	ŋ	h			tɕ	tɕ'	dʑ	dʑ'	ȵ	y
纳西拼音	z	c	zz	s	ss			zh	ch	rh	sh		r
汉语拼音	z	c		s				zh	ch		sh		r
国际音标	ts	ts'	dz	s	z			tʂ	tʂ'	dʐ	ʂ		ʐ

表 2　纳西语拼音国际音标标记声母表

	双唇音	唇齿音	齿音	卷舌音	龈腭音	软腭音
不送气清塞音	b/p/		d/t/			g/k/
送气清塞音	p/p^h/		t/t^h/			k/k^h/
鼻冠浊塞音	bb/^{n}b/		dd/^{n}d/			gg/^{n}g/
不送气清塞擦音			z/ts/	zh/ tʂ /	j/ tɕ /	
送气清塞擦音			c/ts^h/	ch/ $tʂ^h$/	q/ $tɕ^h$/	
鼻冠浊塞擦音			zz/^{n}dz/	rh/^{n} dʐ /	jj/^{n} dʑ /	
清擦音		f/f/	s/s/	sh/ ʂ/	x/ç /	h/x/
浊擦音		w/v/	ss/z/	r/ ʐ /	y/ ʑ /	v/ ɣ /
鼻音	m/m/		n/n/		ni/n^j/	ng /ŋ/
边音			l/l/			

纳西语 z、c、zz、s、ss 是齿音，zh、ch、rh、sh、r 则是卷舌音。纳西语声母 z、c、zz、s、ss、zh、ch、rh、sh、r 的本音韵母是 ee，这十个声母的本

① 纳西语拼音文字方案是由中科院少数民族语言调查队 1956 年在调查基础上制定出来的，纳西族学者和志武、和即仁等参与。1957 年报经国家语委批准，1982 年修订，1983 年修订方案经丽江纳西族自治县人民政府审核，报县人大批准，开始试行。

音成音节时，用韵母 ee，加上声调即可，因此母语为纳西语的学生在学习普通话时，不自觉地就会把发音部位弄错，导致普通话语音出现偏误。

（二）汉语方言的负迁移

丽江是一个少数民族聚居的地方，除了本民族语言，也有通用的汉语方言，都属于西南官话。在普通话中 z、c、s 的发音部位是舌尖前，发音时舌尖向前平伸，接触或接近上齿背；zh、ch、sh 的发音部位是舌尖后，发音时舌尖翘起，接触或接近硬腭前部，上下齿之间稍稍离开。丽江汉语方言在发这组音时舌尖只是微微翘起，没有到达硬腭前端，因此学生在学习母语纳西语之外的汉语方言时，很少会注意到平翘舌的区别，导致学习普通话时出现方言的负迁移。

（三）纳西族学生心理因素的影响

在学习普通话的过程中，纳西族学生一旦发现自己的普通话不标准，就会出现羞于开口的情况。比如有的同学课堂上从不开口说话，不回答问题，如果被点名回答问题，也是沉默或者直接说不会，课后与纳西族同学用纳西语交流则显得十分自然。学生的害羞心理直接导致练习普通话的机会变少，想要纠音就更加困难了。

二、常出错的几种特殊情况

纳西族学生学习普通话的过程中，不是所有的平翘舌音都混淆，因为纳西语里本来就有 zh、ch、sh、r 和 z、c、s，只是在发音部位上稍有差异，只要调整学生的发音部位，一般都是可以解决的。但是以下几种是特殊情况：

（一）轻声练习中出错的特殊情况

“子”字纳西语拼音声母为 zz/z 混用，汉语拼音声母则为 z。学生在进行轻声练习的时候，因为母语中声母的混用而导致普通话的发音不稳定。

如下列加点字的读音偏误：

词语	纳西语拼音	汉语拼音
桃子	zzee	zi
孔子	zee	zi

（二）纳西语拼音声母为 s，汉语拼音声母则为 sh

不是所有的纳西语的声母 s 在汉语中都要发成 sh，在普通话水平测试教材的教学中需要特别注意。

如下列加点字的读音偏误：

词语	纳西语拼音	汉语拼音
上海	sail	shang
老师	see	shi
收取	seel	shou
杀戮	siul	sha

（三）纳西语拼音声母为 cc/c，汉语拼音声母则为 sh

如下列加点字的读音偏误：

词语	纳西语拼音	汉语拼音
十万	cerq	shi
食品	ccee	shi

（四）纳西语拼音声母为 zz/zh，汉语拼音声母则为 ch

如下列加点字的读音偏误：

词语	纳西语拼音	汉语拼音
吃饭	zzee	chi
粗网	zzei	chu
床边	zhua	chuang
唱歌	zzer	chang

（五）纳西语拼音声母为 ss/s，汉语拼音声母则为 zh

如下列加点字的读音偏误：

词语	纳西语拼音	汉语拼音
知道	see	zhi
纸张	sei seel	zhi
披毡	see	zhan
转圈	sseeq	zhuan

（六）纳西语拼音声母为 ch，汉语拼音声母则为 zh

如下列加点字的读音偏误：

词语	纳西语拼音	汉语拼音
这里	chee	zhe
张开	cheq	zhang

（七）纳西语拼音声母为 zz，汉语拼音声母则为 z

如下列加点字的读音偏误：

词语	纳西语拼音	汉语拼音
坐下	zzeeq	zuo
祖母	zzee	zu

（八）纳西语拼音声母为 zz/z，汉语拼音声母则为 sh

如下列加点字的读音偏误：

词语	纳西语拼音	汉语拼音
大树	zzerq	shu
束缚	zeel	shu
使用	zeiq	shi
瘦弱	zza	shou

（九）纳西语拼音声母为 ss/s，汉语拼音声母则为 c

如下列加点字的读音偏误：

词语	纳西语拼音	汉语拼音
草稿	ssee	cao
板擦	seel	ca

（十）纳西语拼音声母为 sh，汉语拼音声母则为 zh/ch

如下列加点字的读音偏误：

词语	纳西语拼音	汉语拼音
寻找	shuq	zhao
长期	sherq	chang

这些例子是在课堂教学中总结出来的常见的一些错误，通过课堂教学实践可以有方法来纠正。

三、纠音教学方法

语音教学的课堂环节一般由展示语音、指导语音和发音训练三个部分组成。普通话教学的过程中，在第一环节展示语音中，最重要的就是学生要能够听辨音，也就是说学生要能听出来正确发音与错误发音之间的差别，认准正确的读音；在第二环节中，师生之间的配合非常重要，只有在调动学生的主观能动性的基础上，才能达到预期的效果；在第三个环节的阶段，基本上要靠学生的自觉行为才能形成语音习惯。

为了正确引导纳西族学生学习普通话的兴趣，我在教学过程中运用了以下几种方法：

（一）语音展示阶段

把要练习发音的字写在黑板上，按纳西语、方言和普通话的顺序发音，请学生听辨正确的普通话发音是哪一个。

例:【板书】吃

【发音】zzee → ci → chī

【回应】学生都会很快回答第三个“chī”发音正确，但是叫学生发音就会存在问题。

【趁热打铁】用舌位的变化带着学生感受纳西语的发音、方言发音与普通话发音的差别，并强化舌尖所在的位置。中间穿插移动舌尖的小游戏。我发c/ch，学生回答舌尖所在的位置，并自己感受。

【引用教材知识强化】

朗读作品第 4 号："一天，吃早饭时父亲让达瑞去取报纸……假如你想穿着睡衣舒舒服服地吃早饭和看报纸……"

朗读作品第 22 号："可小鸟憔悴了，给水，不喝！喂肉，不吃！"

朗读作品第 26 号："你们那么爱吃花生，就开辟出来种花生吧。……花生的价钱便宜，谁都可以买来吃，都喜欢吃。"

朗读作品第 28 号："太阳已经落山，而此时此刻，家里一定开始吃晚餐了……"

朗读作品第 42 号："母亲没有丈夫，也没有亲戚，够清苦的，但她经常能拿出令人吃惊的东西，摆在我面前。她从来不吃肉，一再说自己是素食者。"

朗读作品第 57 号："那时候，也许，它可以松一肩重担，站在树下，吃几口嫩草。"

【缺点】若班级里有非纳西族或者外地州的同学，会因为听到纳西语的发音而表现出激动和兴奋，课堂秩序会有影响。

（二）指导语音阶段

在课堂上有些学生能听出来我的发音，但是自己却完全没有办法分辨自己的发音有没有错。借助录音，可以辅助学生正确认识自己的语音错误。

例：【录音】在朗读短文作品第 1 号《白杨礼赞》中的"那是力争上游的一种树，笔直的干，笔直的枝……"

【播放录音】明确读错的字有：是、争、上、种、树、直、枝

【给汉字标注声母】sh、zh、sh、zh、sh、zh、zh

【趁热打铁】用舌位的变化带着学生感受 sh、zh 的细微差别，并强化舌尖所在的位置。

【带读】以字词句的方式带读，如：是—那是—争—力争—上—上游—种——种—树——种树—直—笔直—枝—笔直的枝—那是—力争上游的——种树—笔直的干—笔直的枝—那是力争上游的一种树—笔直的干—笔直的枝。这样的带读，每个字都至少可以重复 4 次，学生跟读几遍后，或多或少学生的发音都会有所改变，然后再次录音。

【再次播放录音】听辨是否有所改变。学生听到自己的录音有改变时，就会提高学习的兴趣。

【鼓励】同学掌声鼓励，教师口头表扬。

【缺点】花费的时间长，只适合小班教学。

（三）发音训练阶段

打破普通话教材的编排顺序，采用关联训练的方式。

例：声母“zh”的训练

【单字练习】利用普通话声韵拼合规律，zh 能与开口呼、合口呼相拼，训练的时候采取分组练习，同时声调和汉字在练习的时候也要起到辅助作用，声调一一对应：

第一组：韵母辅助练习发音的顺序为 a—ai—ao—an—ang；

第二组：韵母辅助练习发音的顺序为 ou—ong；

第三组：韵母辅助练习发音的顺序为 e—ei—en—eng；

第四组：韵母辅助练习发音的顺序为 u—ua—uo—uai—uei—uan—uen—uang—ueng。

以第一组为例：

zhā—zhāi—zhāo—zhān—zhāng；

渣　摘　招　沾　张

zhá—zhái—zháo—zhán—zháng；

闸　宅　着

zhǎ—zhǎi—zhǎo—zhǎn—zhǎng；

眨　窄　找　展　涨

zhà—zhài—zhào—zhàn—zhàng；

榨　债　召　占　帐

这样练习的目的，一是可以排除纳西族学生出现 zhán/zháng 这两个错误音节，二是在韵母变化的过程巩固声母舌位的稳定性。韵母的辅助作用主要是通过韵母的动程来体现的。

以上是我在教学过程中针对纳西族学生学习普通话的一些实践。纳西族学生要想说好普通话，更多的还是需要平时营造的良好的语境，要坚持说普通话，才能有明显的改变和提高。普通话的教学过程是一个不断发现问题、分析问题和解决问题的过程，我也还需要不断地完善和改进自己的教学方法，才能达到寓教于乐、学以致用的教学目标。

参考文献

[1] 方国瑜 . 纳西象形文字谱 [M]. 云南：云南人民出版社，1995.
[2] 和学光 . 纳西语文讲义 [M]. 丽江：丽江市纳西文化传习协会，2009.
[3] 郭大烈，杨一红 . 纳西象形字东巴文应用 [M]. 云南：云南大学出版社，2006.
[4] 郭大烈 . 杨一红 . 纳西族东巴古籍选读 [M]. 云南：云南大学出版社，2006.
[5] 郭大烈 . 杨一红 . 纳西象形字东巴文 [M]. 云南：云南大学出版社，2006.
[6] 严希洪 . 普通话水平测试实用读本 [M]. 云南：云南人民出版社，2012.
[7] 宋欣桥 . 普通话语音训练教程 [M]. 北京：商务印书馆，2004.
[8] 陈枫 . 对外汉语教学法 [M]. 北京：中华书局，2008.

作者简介

徐宝莉，女，云南丽江人，讲师。研究方向：泰语。

现代语言研究

导语：

在现代社会，一切科学范畴的创新和发展，基本上都与科学技术的进步密不可分。那么，毫无疑问，语言学的发展，也必然伴随着科技进步和观念更新。这个板块的几篇论文，恰好比较充分地诠释了这一点。其中既有借助科学仪器开展的实验研究，也有专注于某种汉语方言的专门研究，还有从普通话与方言关系、现代社会语言接触等社会语言学视角进行的深入探究。虽然这些研究的某些部分还稍显稚嫩，但是这些研究的理念、视角与方法是难能可贵的。古语云，“工欲善其事，必先利其器”，而依我个人粗浅的认识，大概“利器”之前，科学观念的建立更加重要。只要有了这样的意识，勤奋耕耘，实践再实践，假以时日，金秋就在不远处。

兰州话中的语言接触痕迹

于　燕
（兰州文理学院）

摘　要　兰州是一个多民族聚居的城市，兰州话的形成变迁不可能不受到其他民族的影响。东乡语汉语借词中的方言词汇、给予句和“把”字句中的语序、音长别义等，都是兰州话中的语言接触痕迹。

关键词　兰州话　语言接触　东乡语语序　拉长声音

兰州，甘肃的省会，因其重要的地理位置，自古以来人口流动性就很大，一直都是一个多民族聚居的城市。

兰州方言属于北方方言区的西北次方言。一种方言，在这样一个人口多变、民族融合的历史环境中，它的形成变迁自然不可能不受到其他民族语言的影响。清末张国常著《重修皋兰县志》，作者在探求词源、考订本字时就已经注意到了本地少数民族语言对汉语方言的影响。例如他认为兰州话“果核谓之胡”，“滥觞盖自西羌而起”，地名“哒辻哼啰”，“盖因番蒙旧语然”。

事实上，在甘肃方言中，这种方言和少数民族语言的接触问题，比如临夏方言和东乡语的相互影响，现在已经被大家广泛讨论了。东乡语属于阿尔泰语系蒙古语族，长期处于汉藏语系的语言包围之中，出现了相当数量的汉语借词，并由此影响到了东乡语的语音词汇语法各个系统；而临夏方言中，则因为受到东乡语的影响，存在着明显不同于其他汉语方言的句型语序。

比对这些被大家共同关注的语言接触现象，笔者看到兰州话中也存在着相同或相似的地方，所以本文也试将兰州话的这些语言现象描述出来，与大家共同探讨存在于这种方言中的语言接触痕迹。

一、东乡语汉语借词中的方言词汇痕迹

根据《东乡语简志》（1981）、《东乡语词汇》（1983）、《东乡语汉语词典》（2001）和其他相关论文中给出的数据，目前的东乡语汉语借词已经达到东乡语词汇的半数以上。在这些借词中，有许多词语也是兰州话中极具表现力的方言词汇。

koshuibao　瞌睡包，兰州话中指爱睡觉的人。

lolienbao　可怜包，兰州话中有 luolian，意为可怜或是邋遢。

yeshi　钥匙，兰州话中读为 yuechi。

mada　兰州话一般说“没（读 me214）麻达”，没问题，不会出问题的意思。

pofan　烦忧，兰州话说“破烦死了”，就是很烦的意思。

suo　嗍。吸吮之意，如“娃嗍手着呢（ni）”。

ga　尕。小的意思，如“尕娃”。

tan　慢。兰州话中还有不着急的意思，如“你这个人怎么这么 tans 吵（你这人怎么不着急呢）”，“啊哟，你慢 tan 些（哎呀，你慢点儿）”。

fama　厉害。兰州话中表一种程度，如某人做某事出乎大家意料，就会说“你拿（他）才发麻地很呐”。

zanghuo　程度副词，指忙乱的程度，如“你这（zhi）才组 zanghuo 了”。

xibu　程度副词，极其，如“xibugansan”，就是特别特别高大上的意思。

xima　程度副词，特别，和 xibu 一样。

rang　欠，是弱的意思，指身体弱或能力弱，如“身体 rang 地很”，“你才 rang 呀”。

xihu　差一点，兰州话中也读成 xiehu，如“这个事 xiehu 做（zu）不成了”。

yigua　　一起、都的意思。兰州话中也说“yida里”，只是“一起”的意思，表示“都”，就会用到“yigua”。

以上词语只是举例，而且，这些词语也并不是兰州方言所绝对独有的词语，但这些例子可以说明，东乡语的汉语借词中，有不可忽略的兰州方言因素。

二、给予句、“把”字句中的语序痕迹

我们知道，语序是语言中非常重要的语法手段。比较语言之间的不同，句型语序自然是首要区别要素。普通话的基本语序是“SVO”，即“主+谓+宾”，如“我吃饭”，东乡语的基本语序与蒙古语相同，是“SOV”，即“主+宾+谓”，如“我饭吃”。而临夏方言因为受到东乡语的影响，它的语序类型不同于北方方言，有三种。一是“SO哈V”，即“主+宾+哈+动”，如“你饭哈吃”，“我这几本书哈没看”；二是“SOV”，即“主+宾+动”，如“电壶桌子上放着呢”，“这个袋子你拿动下啦不”；三是“SVO”，即“主+动+宾”，如“我喝酒”，“我找了个人”。而其中“SOV”是最常说、最地道的河州话，也就是和东乡语语序相同的“主+宾+谓”的形式。

兰州话中，首先有“SVO”这样的语序，例如“我看个书”，“我喝个水”，“你吃了个大亏”；其次也有“SOV”的语序形式，如“我事情做完了”，“我书看着，水喝着”；兰州话没有“主+宾+哈+动”的形式，但是兰州话的语法中，更多的也是最具特色的句型便是给予句和“把”字句，形成了“主+给/把+宾+谓”的语序形式。

1.“给”字句

普通话中有用“给”的形式，例如：

你给我钱。

你给我买。

你买给我。

这些“给”在形式上都是不能完全脱离它的动作义的，正是给予的意思。

兰州话中的“给”的语义范围要广得多，如：

你给我一搭里走（你跟我一起走）。

他（拿）给我笑了一下（他冲我笑了一下）。

老王给大家道个谢（老王向大家道谢）。

我给你拿上（我替你拿）。

那个人给我点了个头（那个人朝我点了个头）。

当然这些句子都不是给予句，他们表现出了“给”的一个共同的语法意义，就是引起与动作行为有关的对象，只表示一种关系或介绍的语法意义。

兰州话中表示给予的句子，是这样的：

你给我给个钱（你给我钱）。

你给我买个书（你买本书给我）。

老师们给娃们教的时候（老师在教孩子的时候）。

我给你帮不上撒忙（我帮不了你什么忙或是我什么忙也帮不了你）。

还有典型的“你给娃给给”，用普通话说就是“你给孩子吧”。所以，兰州话的给予句不同于普通话，它会用“给”将动词后的直接宾语提到动词前，凸显对象的介引性。

2.“把”字句

和其他喜欢使用“把”字句的西北方言一样，兰州话“把”字句的使用范围是远远超过普通话中的处置式的。大致有以下四种表现形式。

第一，主 + 把 + 宾 + 谓。普通话中，并不是所有的动词都能用在“把”字句里。比如，表示心理活动的动词，表示认知类的动词等。但是，兰州话大多可以。例如：

我把你恨死了（我恨死你了）。

我把你记下了（我记住你了）。

我算是把你知道了（我总算弄明白你了）。

而且，不同于普通话，有些动词也可以单说，如：

你把你地书看（你看书吧）。

你把你地作业写（你写作业吧）。

第二，把 + 名 + 形容词。例如：

把你高兴着（你很高兴啊）。

把人气着（太让人生气了）。

第三，把 + 对象 + 一 + 动量词。例如：

我把你一下试（我给你一下子）。

我把你一巴掌（我给你一巴掌）。

第四，把 + 名词性结构。例如：

我把你这个 wesuo（你这个垃圾）。

把这么个事，你还当真尼玛（你就为了这件事认真吗）？

“把”字句在西北方言，特别是兰州方言、青海方言、陕西方言还有新疆方言中使用得很多。乔全生在他的《晋方言语法研究》中也说这种“把”字句很常见。

王景荣的《新疆汉语方言的“把”字句》也明确陈述：维吾尔语，宾格有自己的形态标志——ni，所以在第二语言的教学中，宾语加“把”提前就成为教授汉语的主要方法，因此在维汉民族双语的转化中，就出现了大量的“把”字句误用和滥用，逐渐地影响到了当地的汉语方言。

特别是“把 + 名词性结构”的形式，在元杂剧和《西游记》中就有这样的例句。如关汉卿《张平叔智勘魔合罗》剧二折：“（高山上云）把那贼弟子孩儿，他说道还有个大醋务巷，那里不走过来！”《西游记》中动辄“我把你个尿精猴子”和“我把你个为嘴的夯货”。可以认为，北方方言中的这种语序是受到阿尔泰语系的影响的。

“给”字句和“把”字句，在兰州话中都表现为宾语是前加“给”或“把”提前至动词前的，和纯粹的 SOV 不一样。但笔者认为，形式上虽有不同，也不可忽略方言中这种不太一样的 SOV 的顺序。这种现象至少能告诉我们，方言中是留下了语言接触的痕迹的。

三、音长别义的语用痕迹

以声音的延长作为语法手段来区分语义的不同，特别是程度的加深，是部分西北方言比较特殊的用法。兰州话中便有这样的表现，具体分为以下三种。

1. 形容词重叠形式的声音拉长

第一，“AA——的”。如：

老板，来一个冰冰——地啤酒。

师傅，把拉条子拉地长长——的。

第二，“A——A 的”。如：

窗子开得大——大的。

高——高的楼房。

第三，“A——ABB 的”。如：

把房子收拾地干——干净净的。

你就老——老实实地呆着。

第四，“ABB——”。如：

啊哟，这个肉组地烂 duoduo——地（这肉做得很烂乎）。

你看你穿地薄 liangliang——地（你看你穿得太少了）。

这些形容词在实际运用中都既可以拉长，也可以不拉长。基本上形成“形容词—形容词重叠形式—拉长声音的形容词重叠形式”这样一个程度的递进。拉长的语音韵母部分开口度大，声音上扬，所表示的意义比不拉长所表示的意义要深，拉得越长，表示的程度越深。

2. 副词的声音拉长

兰州话中有一些比较有特色的副词，比如，xibu、xima、xueme 等，相当于普通话的极其、特别、稍微，兰州话中有声音拉长的表现。如：

这个人 xi——bu 厉害地嘛（这个人非常厉害的）。

那 xi——mazao 地了（他特别可笑）。

买个领子 xueme——短些的衣服（买件领子稍微低一点儿的衣服）。

还有一个表示范围的副词，“yigua”，如：人们 yigua——来了（人们全都来了）。

3.“动词 / 形容词 + 着”形式的声音拉长

例如：

我试着我破烦着——破烦着。（我觉得我非常烦）

那哭着——哭着（她哭啊哭）。

嗳哟，把我气着——气着（气死我了）。

这些表达形式，一般都表示某个动作或某种状态持续的时间长而且程度重。

上面列举到的现象，都是可拉长语音也可不拉长语音的，但有没有拉长声音对于语义的表达肯定是会有不同的。在安多藏语、蒙古语中，音长就具有重要的别义功能。所以这种通过拉长声音强调程度的方式，是少数民族语言底层的映射。

综上所述，兰州独特的历史环境和自然地理位置，使得兰州话的语言系统中留下了与其他民族语言接触的痕迹，只是这种接触有多少有多深，是需要我们做更加细致的调查和分析的。

参考文献

[1] 张文轩.《兰州市志·方言志》序跋 [J]. 甘肃高师学报，2008（1）.

[2] 张淑敏. 兰州方言研究概述 [J]. 甘肃社会科学，1998（2）.

[3] 莫超. 甘肃汉语方言语法特点综述 [J]. 西北成人教育学报，2009（2）.

[4] 张淑敏. 兰州话词语组合上的特点 [J]. 甘肃教育学院学报，1996（6）.

[5] 甘宪荣. 甘肃永登方言中的程度表示法 [J]. 甘肃高师学报，2012（4）.

[6] 张燕子. 兰州话“把”字句的语义角色 [J]. 甘肃高师学报，2014（1）.

[7] 脱傲. 永登方言的少数民族语言痕迹与文化现象 [J]. 甘肃联合大学学报，2006（12）.

[8] 乔生全. 晋方言研究综述 [J]. 山西大学学报，2015（1）.

[9] 包萨仁. 从语言接触看东乡语和临夏话的语序变化 [J]. 西北第二民族学院学报，2006（2）.

[10] 敏春芳. 东乡语汉语借词研究 [J]. 汉语史研究集刊，第十五辑.

作者简介

于燕，女，甘肃兰州人，讲师。研究方向：汉语言文字学。

凯里方言现状浅析

李正丽
（凯里市第四小学）

摘　要　凯里方言是指以凯里市方言为代表的一个片区的方言，属于北方方言西南次方言。由于凯里方言广泛用于各种集会以及政府行政、文化教育卫生等公共交往的场合，故被当地苗族称为“客话”“官话”。凯里方言很有地方特色，以往众多学者也从多方面对凯里方言进行研究，但是，对凯里方言的研究还不够全面，大有值得研究的空间。本文主要从语音、词汇和语法三方面来研究凯里方言的特点和现状。

关键词　凯里方言　现状　浅析

引言

凯里市地处云贵高原向中部丘陵过渡地段的苗岭山麓、清水江畔，是黔东南州政治、经济、文化、交通、科技、教育的中心。凯里市是一个以苗、侗族为主体的多民族聚居的城市，少数民族人口为66.55万人，其中苗族人口56.16万人，占全市总人口的67.76%。当地苗族称汉族为“客家”，称“汉语”为“客话”。在各种集会以及政府行政、文化教育卫生等公共交往的场合，汉语为通用的“官话”。

凯里方言是指以凯里市方言为代表的一个片区的方言，凯里方言以凯里话为代表音，凯里话以凯里老街（原凯里镇所在地）话为标准音。

本文涉及的凯里方言主要专指凯里土著的语言和凯里市所辖各乡镇的汉语

语音。其音系为：

一、声母 19 个（含零声母）

p 布　p ‘ 婆　m 麻　f 风湖　t 德　t' 抬　l 拉那　k 沟　k' 凯

x 红　ŋ欧爱　tɕ 鸡遮　tɕ' 骑车　ɕ 西蛇　ts 脏张　ts' 次吃

s 三山　z 热人　Ø 英秧勇蛙歪王云远月

说明：

l 的读音实际是 l、n 的自由变读。一般的情况是，在洪音前读为 l，在细音前读为 n，且鼻音较为明显，主要是受自然音变的影响。按一个音位记音，习惯记为 l。

二、韵母 31 个

ɑ 巴　ia 家　u 木　uɑ 瓜　o 多　io 脚　ɛ 班　ie 叶　uɛ 国

ɿ 子纸　i 笔　əu 都欧　iəu 酒　iu 育　y 锯　ye 月远　yn 军

ɑi 败　uɑi 快　ei 背　uei 鬼　ɑu 高　iɑu 交　en 根　in 金

uən 昏　ɑŋ 堂　iɑŋ 墙　uɑŋ 床　oŋ 公　ioŋ 穷

三、声调 4 类

阴平 33　　阳平 21　　上声 55　　去声 13

本文语料来源于口语实录。笔者为土生土长的凯里人，具有方言母语语感，因此语料的可信度高。

本文不考究本字，以同音字代替。与方言对应的普通话说法用括号加注的形式随文记录。

一、凯里方言的语音特征

一、声母没有平、翘的区别，都读平舌音。

二、声母没有鼻、边的区别。

三、韵母没有 en、in、uen 前后鼻韵的对比。

四、an、ing 韵母发音特点

（一）凯里话最明显的韵母语音特点就是 an 韵尾脱落，归音不全，读为开尾韵。

an 读为 ê：看 kê、贪 tê、板 bê、饭 fê

ian 读为 ie：见 ie、先 xie、眼 yie、边 bie

uan 读为 uê：玩 wê、酸 suê、款 kuê、官 guê

üan 读为 üê：元 yue、全 que、选 xue、娟 jue

（二）苗族口音的地区在发音时因归音不到位，还会将 an 音发为 ai 音，大致情况如下：

	看	晚	班	潘	蛋
凯老街话	kê	wê	bê	pê	dê
苗族口音	kai	wai	bai	pai	dai
普通话	kan	an	ban	pan	dan

（三）也会将后鼻韵母 ing 的韵尾丢失，发成 i，如：

	瓶	性	京	冰	明
凯老街话	pin	xin	jin	bin	min
苗族口音	pi	xi	ji	bi	mi
普通话	ping	xing	jing	bing	ming

（四）介母保留，韵母丢失。凯棠乡的苗族在汉语发音上除了“夹苗”外，还有比其他乡镇更具有地方色彩的语音，就是韵母中“a”的省略，如：

扫 sao（普）—— suo（凯棠乡语音）

交 jiao（普）—— jio（凯棠乡口音）

也就是说，凯棠乡受苗语影响，语音中“ao”韵中的“a”不发音。

另外，凯里市一些乡镇的语音中 ian、üan、ie、üe 会失去韵尾或者韵母，只剩下介母 i 和 ü，如：

ian 韵缺失韵母 an，读为 i，如：烟 yi、线 xi、面 mi、边 bi、连 li。

ie 韵缺失韵尾 e，读为 i，如：写 xi、切 qi、节 ji。

üan 韵缺失韵母 an，读为 ü，如：原 yu、选 xu、权 qu。

üe 韵缺失韵尾 e，读为 ü，如：绝 ju、缺 qu、雪 xu。

二、凯里方言中的词汇描写

凯里方言属北方方言，大部分词汇与普通话相同，只有少数词汇带有明显的方言色彩，表达上生动、形象。

一、名词

（一）个体或形体相对宽大、平板的东西或身体部位用“板”来命名。如，手板（手掌）、脚板（脚掌）、门板（①指门板；②指身体较胖）等。

（二）身体部位相对长的，用“杆”来命名。如，手杆（手臂）、脚杆（腿）、腰杆（腰）等。

二、形容词

凯里方言中的形容词，喜欢采用夸张和比喻的手法，使词语听起来生动、形象、有趣。如：

牙巴斯斯：形容极少的数量。例：那你啊点牙巴斯斯咋够吃哦（你才拿那么一点点怎么够吃呢）？

一颗丝丝：指人的个体娇小，有时也指年龄较小的孩子。

宝里宝气：指人或做事傻里傻气。

两颗崽崽：指数量少。

千翻：形容做事不守规矩。

鬼火撮：形容非常生气。例：想起今天啊个事情我听鬼火撮（想起今天那件事情我觉得非常生气）！

归一：指把东西吃得干干净净，一点也不浪费。

三、代词

凯里方言中的代词既在发音上有别于普通话，也在词义上有别于普通话，有时完全是另外一个词语指代某一个词语或事情。如：

（一）发音上的区别

字（这）：字点（这里）、字个（这个）、字些（这些）、字港（这时）等。

啊（那）：啊点（那里）、啊个（那个）、啊些（那些）、啊港（那时候、以前）等。

拉（他）：拉说嘞（他说的）、拉们（他们）、拉家（他家）

（二）可用一个词形容另一件事

茶叶：指赝品。例：字些都没是真的，全部都是茶叶（这些都不是真的，都是赝品）。

拿抓：①指不讲卫生、邋遢；②指叫花子。

泡汤：指事情办不成了。

扎媒子：指合伙骗人。例：今天克赶场，有人在卖厂家减价的衣服，一看都晓得是扎媒子（今天去赶集，有人在卖厂家减价的衣服，一看就知道是合伙骗人的）。

四、动词

凯里方言中也有一字多意的用法，如：

搞

① 做。例句：你在搞哪样（你在干什么）？

② 获得成功、幸运。例句：今天搞到事啊（今天的事很成功 / 今天办事很幸运）！

③ 喝。例句：走，今天克我家搞酒克（走，今天去我家喝酒去）。

④ 吃。例句：今天在哪里搞饭（今天在哪里吃饭）？

⑤ 打、吵（架）。例句：今天他俩在家搞了一架（今天他俩在家里打了一架）。

玩

① 串门。例句：有空来玩啊（有空来串门啊）！

② 谈恋爱。例句：啊个崽崽和啊个姑娘在玩（那个男孩和那个女孩在谈恋爱）。

③ 要花招。例句：你跟我玩哪样揪揪（你想要什么花招）？

④ 玩要。例句：一天到晚只晓得玩，不晓得学习（只知道贪玩，不知道学习）！

另外，凯里方言中还有许多生动的成语，如：

正一着二：表示很认真，一本正经的意思。

鬼头刀把：形容不正经。

青格朗当：形容面色不好。

嫌皮挂脸：调皮、不正经。

瞌睡迷西：没睡醒。

三、凯里方言中的语法描写

这里主要对凯里方言的程度表达类型和程度级作描写，并结合普通话与当地语言进行共时比较。

一、状语表示法

几多

凯里方言程度副词“几多”语义上相当于普通话的程度副词“多、多么”，表示事物的性质、状态等程度高。比如：

（1）唧个几多好（这样多好）。

（2）字条裙子几多好看（这条裙子多么好看）！

普通话中“几、几多”是询问数量的疑问代词，凯里方言一般用“好多”来表示询问数量。如：

（3）你家有好多个人（你家有几口人）？

（4）苹果好多钱一斤（苹果多少钱一斤）？

（5）五加好多等于八啊（五加几等于八呢）？

凯里方言用“几、几多”表示感叹是古代汉语的遗留。“几、几多”原是询问数量的代词，唐、五代开始在询问数量的同时就具有感叹意味，成为表示程度的副词。

盖

凯里方言的程度副词“盖”大致相当于普通话的“太”，表示程度极高。语用上可褒可贬，能作反语，表达不满、讽刺的情绪。如：

（1）字个姑娘盖好看啊（这个姑娘太漂亮了）！

（2）他盖拉杂啊（他太邋遢了）！

（3）你盖会啊！少在啊点乱讲（你太会了！不要乱说）！

例（1）“盖”带有赞叹的语气。例（2）“盖”带有不满和厌恶的语气。例（3）“盖”是反语的用法，语境中有特殊含义，带有讽刺的意味。

老实

“老实”在凯里方言中有三种用法。第一种作形容词，与普通话的形容词

“老实”意思相同，意思是“诚实”或者“规矩”；第二种是作确信语气副词，相当于普通话中的“确实、果然、当真”；第三种相当于普通话的“非常、十分、挺”，表示程度深。如：

（1）你老实重（你非常重）！

（2）我看你老实是过分很（我看你真的是很过分）！

（3）你跟我老实扭他嘛，他就老实啊（你狠狠揍他，他就乖了）。

没当

凯里方言“没当”表示“不怎么”的意思，相当于普通话的“不大”。如：

（1）唧个做没当好（这么做不大好）。

（2）没当饱（不怎么饱）。

（3）没当想去（不大想去）。

唧个

指示代词“唧个”相当于普通话的“这么”。如：

（1）唧个多，咋吃得完（这么多，怎么吃的完）？

（2）唧个冷，你还吃冰激凌（这么冷，你还在吃冰激凌）？

（3）你咋长唧个瘦（你怎么长这么瘦）？

例（1）“唧个”指向“多”，例（2）“唧个”指向“冷”，例（3）“唧个”则指向“瘦”。

还有在“唧个”前加上“只有”来限定，构成“只有唧个X”来强调X的程度深。如：

（4）他只有唧个讨嫌了（他讨厌得没法说）。

（5）今年冬天只有唧个冷啊（今年的冬天冷得没法说）！

二、补语表示法

凯里方言的程度补语有三种类型：第一，程度副词“很”作补语；第二，形容词“老火”作补语，但不用“得”；第三，“死”等结构作补语。

很

副词“很”直接依附在形容词、动词、述宾短语后面作程度补语，构成“X很”句式。如：

（1）雨大很（雨很大）。

（2）人多很（人很多）。

（3）教室里吵很（教室里很吵）。

（4）我饿很啊（我很饿了）。

（5）我烦他很（我很烦他）。

老火

形容词“老火”意思与普通话“极了、非常、厉害”意思相近，通常依附在谓词后面，构成“X 老火”句式，作程度补语。

（1）好看老火（好看极了）。

（2）他心慌老火（他十分着急）。

（3）娃娃哭老火（孩子哭得厉害）。

（4）饭煮趴老火（饭煮得过于软和了）。

死

“死”类结构作补语构成“X 死”句式，一般依附在动词、形容词后面，语义可褒可贬。例如：

（1）我烦死啦（我烦得不得了）！

（2）他们笑死啦（他们笑得要命）！

（3）她高兴死啦（她高兴得不得了）！

（4）你饿死啊？别个都还没动筷子（你饿得要死了吗？别人都还没动筷子呢）。

结语

在本地少数民族语言和外部多种方言包括普通话的夹击下，老派凯里话已处在快速的蜕变过程中。凯里话最大的特征是古咸、山两摄字，今前鼻音韵尾的缺失，归音不全。现在凯里城区持凯里口音的人，尤其是年轻人正逐渐改变这种习惯。凯里方言的另一现象是由“推普”工作的开展而产生的，为数不少的家庭为了教育孩子的需要，家庭内已放弃方言改用普通话，浓重的方言语调衍生出了一种新的“凯普话”，与“地方普通话”明显不同。

首先，方言中声韵母保留了原来的特征，城中心的“凯老街话”在学校教育和“推普”工作的影响下，方言中“an”韵丢失的韵尾在逐渐补全。

其次，中小学学生中流行的“凯普”在声、韵、调上与普通话有很大的区别，主要表现为：

1.“凯普”这一语体并没有规范的正音，声韵母继续保留了原来的语音特征，是一种自由的方言变体，方言中“an”韵的韵尾在逐渐补全时，“凯普”中“an”却依然丢失韵尾。

2.“一”“七”“八”声调调值为35。

3.“一”“不”没有变调。“一”的发音为yí，“不”的发音为“bú”。

4.上声调值2114变为21，在去声前面和上声相连时没有变调。

5.去声调值为45，如：看见、二十多。

由于“凯普”在声韵母和语法上与凯里方言十分接近，学生在语言转换时显得“朗朗上口”，加之接近母语，尤其显得亲切。反而是凯里城市周边居民的普通话较之城中心更规范。由于没有规范使用普通话，“凯普”在学生交流中比普通话更通用，使用群体在逐渐扩大，这也是新语体产生的重要原因。

凯里方言是黔东南方言的重要组成部分，语音中与黔东南其他方言区别最大的就是声调的不同。本文对凯里方言的现状作了部分描写和研究。凯里方言隶属北方方言，它的语音、词汇、语法现象既具有与北方方言相通之处，也有明显的地域特征。对外开放交流和学校“推普”教育是造成凯里方言现状和发展的一个原因。通过对凯里方言现状的一些分析，我们认识到，凯里方言具有四个特征：一、以城中心“凯老街话”为主要语音的凯里方言在各方面与普通话较为接近，加上学校教育和“推普”工作等诸方面的影响，“凯老街话”越来越接近普通话，方言中“an”音的尾音在逐渐补全；二、乡镇中的“非苗客话”在保持原来特色的同时也在发生变化；三、苗族同胞在语言的转换上，汉语语音、词汇、语法仍受苗语的影响；四、“凯普”的使用群体在逐渐扩大，产生了一种新语体，城市周边的居民使用普通话比城市中心的“凯普”更为标准。

方言特征的揭示需要进行细致的、多方面的研究。限于笔者的学力，本文中定有缺漏、不正之处，更多的内容还有待于继续探讨。

参考文献

［1］王贵生．黔东南方言志[M].成都：巴蜀书社，2007.

［2］吴福祥．敦煌变文语法研究[M].长沙：岳麓书社，1996.

［3］刘光亚．贵州省汉语方言的分区 [J]. 方言，1986（3）.
［4］关玲．黔东南方言中“很”跟动词的直接组合式 [J]. 贵州教育学院学报，1997（3）.
［5］肖亚丽．黔东南方言语法研究 [D]. 上海：上海师范大学，2008.

作者简介

李正丽，女，贵州凯里人，中小学一级教师。研究方向：方言描写、词汇语法研究。

云南省宾川县汉语方言影响力与普通话推广现状分析

朱　波
（大理学院）

摘　要　云南省宾川汉语方言具有独特的文化背景和思维方式等特点，宾川人将语言、文化与县域精神紧密地结合在一起，加上县域形象营销活动、树立语言资源观念和科学保护意识的各项公益性活动的成功开展，当地人对本地汉语方言有着极高的认同感。而另一方面，最近几年宾川县普通话的推广工作没有得到加强，宾川居民并未从日常生活需要和未来发展的角度认同普通话的重要性。

关键词　宾川　方言　影响力　普通话　现状

在 21 世纪，国家的发展，除了依靠硬实力的发展以外，更要依靠文化软实力的建设。方言本身也是一种文化，甚至是一种情结。要振兴民族文化，不能不重视对方言的调查和研究。

云南省宾川县位于云南省大理白族自治州东部，自古以来就是少数民族聚居地，有汉、白、彝、回、傈僳、苗、傣等 25 个民族。元朝及以后时期，军屯、民屯及迁徙定居的汉族移民大规模增加，人口结构较复杂，目前汉族人口约占全县总人口的 80%。以宾川县汉语方言和普通话使用情况作为研究对象，通过调查，能够接触丰富多彩的语言现象，发现丰富的文化内涵，了解汉语方言在宾川的影响力和普通话推广的现状，为语言学研究找到丰富的源泉。

一、宾川汉语方言特点

在语言使用方面，宾川县各民族间交流多讲汉话。经过长期的语言交流融汇，宾川汉语方言形成了以北方方言西南次方言为主体的汉语方言。虽然县境内各乡镇在语音、词汇上也有差异，但其主要特点是相同的。在语音方面，比普通话多［v］［h］两个浊声母，没有卷舌元音，翘舌声母的发音变为平舌声母，调值以低、降为主，语调多显平直。词汇方面，词义往往扩大，有音、义而无形的词汇较多。语法方面，“啊”的用途较广泛，语气词可联合使用。

汉语方言是珍贵的非物质文化遗产，在当今保护世界语言文化多样性的大背景下，虽说方言差异越小，沟通度越高，越便于人们言语交际，但是方言除了工具功能，其宝贵的历史材料价值与重要的文化载体功能也值得重视。

（一）宾川乐观质朴的民风决定了宾川方言表意直接明确。

宾川人民和其他地区的人民一样，在祖祖辈辈发展过程中，也形成了热情爽快、乐观质朴的独特性格，这决定于他们独特的思想观念——说话卖关子是不够真诚的表现。

儒家思想的重要组成部分——中庸思想对中华民族的思想观念有着不可低估的影响，直接形成了人们“话不能说得太满”“话不能说得太绝”的观点，这在普通话中有突出的表现。如普通话中有大量“不X不X”的词语（如“不大不小”），交际中“马马虎虎”和“不太X”（如“不太胖”）使用频率很高，这些都是委婉表述的例子。而宾川方言中就很少这样，宾川人一般都喜欢直截了当地表达自己的意思，即直爽，用宾川方言说就是要“直道”，意思是待人接物要直来直去，说话不要拐弯抹角，谁要是过多地拘泥礼节，或是过分含蓄，就会被指责为“张倒”或“弯酸”。这种思想直接影响了宾川方言中词汇、熟语的使用。与普通话相比，有以下特点：

1. 感情色彩鲜明

词语：

普通话	宾川汉语方言
吹牛	①逛嘴（贬义，指说大话，不干实事） ②“冲嗑子”（中性，指聊天，也用作贬义，指说假话）

续表

普通话	宾川汉语方言
死	①归一（褒义） ②翘个、翘脚（贬义）
妇女	①女的（中性）； ②婆娘（多用作贬义）
不整洁	邋渣
偶有成绩即沾沾自喜的人	小颠狂

熟语：

狗咬汽车——不懂科学（讽刺）

牛不知角弯，马不知脸长。（喻人无自知之明）

两个瞎子睡一头——哪个得见哪个（指互相讨厌）

锅铲上的苍蝇——混饭吃（讽刺）

老鼠拖秤砣——自塞门路（喻自作自受）

家有千贯有药罐不算（告诫）

省成财主饿成枯痨（告诫）

麦秆吹火（或蚊子放屁）——小气（讽刺）

红萝卜下烧酒——干脆（赞赏）

2. 形象色彩鲜明

词语：

普通话	宾川汉语方言
不顺眼	戳眼睛
小偷	提包子
生气的表情	垮脸
嗲，亲昵，动作做作	粘
浮躁而不稳重的青年	二簸簸
起坏作用的人	烂酒药
肚脐眼	肚缺

熟语：

站着养娃——大打大意（大意）

鸡足山的云彩——雾寺（误事）

鸡足山的房子——寺多（事多）

袋头（里）装茄子——叽哩咕噜

小马拴在大树上——稳当

老妈妈开飞机——危险

马尾串豆腐——提都不消提

（二）宾川的婚姻风俗造就了某些特殊用语

和其他民族一样，自古以来，婚姻就被宾川人视为头等大事之一，是人生的一个非常重要的里程碑，因此，从择亲、相亲，到成亲，都有一系列的风俗习惯。

在宾川，一个小伙子和一个姑娘谈恋爱，叫作“啄恋爱”，时机成熟时，小伙子家里就会请一位媒人到姑娘家提亲，媒人第一次上门须由男方家提供糖果、饼干等礼物送到姑娘家，这是“送开口礼”，若姑娘家留下了“开口礼”则表示婚事可以考虑。这里的“送开口礼”即提亲的意思。女方留下“开口礼”后不久，姑娘就会由长辈陪同去男方家“相家”，即去看男方家的家庭情况。若看人、“相家”后姑娘都没有意见，那么男方家就可以给女方家的亲戚们送上“家族礼”，代表向亲戚们宣布自己正式向这位姑娘提亲了。

婚事得到应允之后，就该商量彩礼的事了，宾川人称彩礼为“礼银钱”。首先，男方家和女方家要商量好“礼银钱”的数量，紧接着就要举行“吃定准”仪式和“过礼”，“吃定准”即定婚，届时女方家将邀请亲朋好友到家里吃饭，将男方家送来的彩礼（送彩礼即“过礼”）展览一番，等于向大家宣布自家的女儿已是“名花有主”，也提醒别人家不要再来提亲了。

定婚之后，结婚之前，小伙子到姑娘家都必须带上礼物，这叫“礼信”，不然未来岳母会不高兴。成亲时礼数习俗更多。成亲的头天晚上，要请一位祖父母、父母都健在的童男子陪新郎倌儿睡在新床上，俗称“压床”，以求早生贵子（这与其他很多汉族地区的风俗一致）。民间有一首宝塔诗说的就是这种习俗。

哈？
压床。
陪新郎？
讨个吉祥。
菩萨帮啥忙？
小夫小妻安康。
生个儿子状元郎。
光宗耀祖让人赞扬。

在宾川农村，姑娘家往往要求“九弯十八转”，媒人穿梭往返两家的次数越多，姑娘婚后在夫家生活才越有底气。这“九弯十八转”的说法很像是形容地势的词，其实是以上这些从相识到结婚的礼仪的总称。

（三）宾川人的思想观念反映在宾川话语法结构上

不同地区的人不同的思想观念都会从所用语言的词汇和语法规则中反映出来。宾川方言中的一些词和语法结构很能够代表宾川人的思维方式。

如宾川人劝酒或者热情地请人喝饮料时会说“空起！空起！”，即普通话“倒上！倒上！”。这个“空”读去声，干净利落，表意淋漓尽致，表现出宾川人直爽、乐观、真诚的待人之道。

再如“老”字，在宾川方言中作为前缀的用法与普通话有相同的一面，不同的是，宾川话中“老”附在表示亲属称谓的词根前，有表示排行最小的意思，如：

老娘（最小的姑姑）

老爷（最小的叔叔）

“老”还可以附在量词前起强调作用，并可借此省去量词后边的名词，如：

这老个（人）太怪了。

这老种（东西）不好吃。

这老些些（作业）咋个做得完？（量词叠用也表强调）

这在普通话中是不可想象的，但宾川人已习惯了在“老”上加重语气来淋漓尽致地表达自己的意思。

另外，普通话中一般用“X 不 X”的形式来表示选择疑问，如：“你来不来？”宾川方言中却是借助方言词“啊”来表示，其位置在谓语前边，如：

你啊来?

饭啊熟啦?

他啊是你哥?

你啊瞧书?

这个“啊”的用法与普通话中那个感叹词“啊”的用法可以说是大相径庭。也就是在这种语言表现形式的影响下，很多土生土长的宾川人在听到用方言语音说出的“X不X”句子时，心里会产生反感，觉得“酸溜溜的”，非常不习惯。这种思维定势甚至直接影响到宾川人时常会不自觉地直接将“你啊来？”的句式带到普通话表述中。

还有，普通话的句末语气词一般是单音节，而宾川话却常常是双音节的。如“啰嘛”“呢唛”“倒嘛”“得啰”这四个句末语气词皆表示肯定的语气，在语气强弱上稍有区别。

1)“啰嘛”表示肯定，加重句子语气。如：

他走掉啰嘛。(他已经离开了啊)

走啰嘛。(走吧)

是啰嘛。(是呀)

2)“呢唛”表示肯定，语气委婉。如：

“你啊去？”“去呢唛。”(去的啊)

“这本书是我呢唛。”(这本书是我的啊)

“肉要妙嫩些呢唛。”(肉要妙嫩一点啊)

3)“倒嘛”用于肯定句式中，语气坚定。如：

这些东西是人家的倒嘛。(这东西是人家的呀)

我来过了倒嘛。(我已经来过了呀)

我说了他不听倒嘛。(我说的他不愿意听呀)

4)“得啰”表示肯定，语气稍轻。如：

你拿着得啰。(你拿着吧)

你明天又去得啰。(你明天又去吧)

我一个人干得啰。(我一个人干吧)

这就使得宾川人很容易在使用普通话时也习惯于沿用双音节语气词。

（四）动物不同的地位让宾川方言有了相关的词语

宾川人对各种动物的态度与其他地区的人大致一样，反映在语言中也基本一致，不过，在细微之处却自有其特点。

比如宾川人也喜欢狗的忠诚和善解人意，但是在赌咒或发誓时却经常会说“骗你是小狗”这一类的话，以示所说的或所做的事情是真实的。宾川方言形容爱张狂的人为“喳哇狗”，有一种骂女人的称谓是“烂草狗”。

再如龙，在中国传统文化中，这种古代传说中的神异动物代表皇帝，象征高贵。“龙凤呈祥”象征吉祥，“龙腾虎跃”比喻有朝气等。汉语中甚至可以用“龙”来形容人的英俊形象，如“龙眉凤目”即是说人英俊潇洒，气度不凡。古人还有“鲤鱼跳龙门”的美好传说。而宾川方言中的“龙”除了有汉语共同语中的用法外，有一些方言词语的含义不再是褒义。如“闷龙”是指心里有话不说、不懂又不问的人，语气强烈时可说成“老闷龙”；“烟龙”是指烟抽得过多的人，骂人时常称“老烟龙”。

还有驴，在中国人看来，驴是“愚蠢、笨拙”的代表，因此，“蠢驴”“笨驴”等都是骂人的话。这在宾川方言中也有体现，如“滑驴子”指既奸又滑的人，“老毛驴”是对不文明男人的蔑称。

另外，宾川方言还称贪占便宜的人为“大嘴老鸹”；称人贩子为“卖高脚骡子的”；把还未懂事的小孩子比喻为“梦虫虫”。除了这些，宾川语中还有很多特有的对动植物的形象的称谓，如称“蜘蛛”为“飞丝老虎”，称“蟑螂”为“渣蚂虫”，称“蜻蜓”为“丁丁猫”，称“孵蛋的母鸡”为“抱壳壳”，称“向日葵”为“常阳花”，具有突出的形象性。

二、宾川汉语方言的影响力

如果说在上个世纪方言总是和“封闭、保守、落后、小农经济”联系而普通话总是和“开放、知识、优雅、信息时代”联系的话，那么在21世纪的今天，方言已经开始改变自己的形象，成了地域文化的载体，无论是对外形象宣传还是旅游文化建设，汉语方言俨然已经成为一个地区的名片。比如广东、四川、东北等地的汉语方言，经过影视、流行歌曲、公关活动、演艺会展、节事庆典、文化旅游、产品研发与营销等途径的传播，现在已经成为当地的宣传名片。某些地区在学校课程中介绍一些当地方言，对于保持当地的文化特色、生活情趣有着重要的意义。

（一）宾川方言为县域形象塑造发挥了显著作用

县域地方形象定位及传播研究被认为是实现区域可持续发展的核心和首要问题。区域形象是一区域内部公众和外部公众对该地区政治、经济、社会、文化与地理等方面状况的认识与评价。宾川县物产丰富，是云南省粮食、烟叶、香叶油、柑橘、葡萄生产基地县，“橘果之乡”的美誉实至名归。鸡足山是著名的佛教圣地，在东南亚都有很大影响力，更特别的是宾川县境内还有三个华侨农场，居住着来自印尼、印度、柬埔寨、新加坡、马来西亚、缅甸、越南等 7 个国家的归侨、难侨。近年，宾川县旅游业发展迅速，白羊村新石器遗址旅游、佛事朝拜旅游、度假休闲游、历史文化游、民族风情游、侨乡文化游、农业生态观光游开始发展。当地的自然条件、风俗习惯、道德伦理、宗教信仰以及教育水平决定了宾川县域形象塑造围绕汉族文化、侨乡异国风情和鸡足山浓郁的佛教文化特色来展开。在这一过程中，宾川方言发挥了显著作用。

以 2012 年宾川葡萄文化旅游节为例，这是一次集水果展示、鸡足山旅游观光、景区景点推介、文化展示、文化创作、招商引资为一体的特色文化旅游节庆活动。宾川县与吐鲁番结成姐妹县市，两地通过“政府搭台、企业唱戏、部门服务”推动经济、技术、人才、资金等方面的联合，在重大项目建设、文化旅游产业发展、特色产业培育等方面合作。这次活动不仅召开了第十八届全国葡萄学术研讨会，还举办了大型文艺晚会和以“美丽宾川・水果狂欢・共赏汽车盛会”为主题的车展等。

尤其值得一提的是本次活动还开展了以“中国葡萄之乡・灵山宝地宾川”为主题的 2012 中国宾川葡萄文化旅游节系列歌曲征集评选活动。活动征集到了数十首弘扬宾川文化的歌曲作品，精选出 11 首制作 MTV 专辑、11 首制作 CD 专辑正式发行，并作为礼品赠送来宾。外地来宾注意到歌词中出现了不少宾川方言，觉得很新奇和有意思，本地人听了这些歌，也津津乐道。

如《甩酒》:“甩起来，甩起来，甩碗宾川的美酒，欢乐地甩起来……”，“甩”是“吃、喝”之意，只有宾川方言用此意，颇能代表宾川人豪爽的气质，也让外地人深感有趣。

再如《要来呢》:“要来呢，要来呢，亲爱的朋友，宾川是这样的好玩，你要来呢嘎……”其中语气词的使用也表露出鲜明的乡土气息和亲切感。

再如《宾川人》:“说话嗓门大如雷，笑声响如江河水。吃饭爱吃坨坨肉啊，喝酒要喝几大杯。走起路来像掣闪，干起活来不知累……男人敢想又敢做，女人从来不矫作……这就是宾川人呐，热情奔放啊，坦啊坦荡荡！”“坨坨肉”“掣闪”“矫作”都是宾川方言中形象色彩非常鲜明的代表词语。

这些歌曲贴近生活，对内增强了本地居民的凝聚力，对外展现了宾川深厚的文化底蕴和多姿多彩的民俗风情，帮助宾川塑造着生态良好、环境优美、民风淳朴的和谐形象。方言元素的使用功不可没。

（二）宾川方言的民族认同作用明显

从上世纪 80 年代开始，宾川县政府就很重视对方言的搜集、整理和保护工作，县志办公室组织人力编写宾川方言志，到新世纪，又再重新修订。事实证明，在提高宾川人民保护和发展本地历史文化遗产的意识、参与宾川形象塑造、继承宾川地域文化方面，方言一直发挥着民族情感认同作用。

一个地方的精神文化内涵是一个长期积淀的过程，宾川方言在增强本地居民的认同感，提升居民的自豪感方面作用明显，代表着这个地方的精神脉络，它不仅展示着这个地方的历史变迁，更重要的是使当地人民真切感受到乡土情怀，促使居民愿意与政府共同为建设县域品牌而做出贡献。

从当地一些组织所做的宣传活动的效果就可以看出宾川方言在居民当中的认同度是很高的。如宾川县疾病预防控制中心为了做好艾滋病预防宣传，组织医务人员到各个村子里宣讲，还策划集市小品演出，这些活动连主持人都用方言，有亲切感，观看者多，效果好；而一些品牌店开业活动用普通话主持，反而观者寥寥。

三、普通话在宾川的影响力

当今社会正在经历大改革大发展大流动，《国家中长期语言文字事业改革和发展规划纲要（2012—2020 年）》指出，要依法妥善处理好国家通用语言文字与汉语方言、繁体字、少数民族语言文字的关系及学习使用问题，努力营造守法、健康、和谐的社会语言文字环境，增强全社会的语言资源观念和语言保护意识。

推广普通话的目的是让方言区的人在使用方言的同时多掌握一种全国通用的普通话，以利社会公共交际。要做好这一工作的前提是熟悉方言区人民的语文实践，否则就难以制定切合实际、有的放矢的工作方针。

（一）普通话推广未受到政府和公众的重视

全球横向扩散的文化价值影响、媒介发展状况对村民社会交往转型的影响等因素使得民族文化边界日益模糊并不断被改写，地方文化意义处于持续变动和重构之中。于外部公众而言，首先接触到的是宾川的各种人群。无论是投资者、旅游者来到宾川，除了感受民俗特产外，还会评价当地的文明素养，如果普通话推广有成效的话，其实对于宾川的形象是可以大大加分的。

但是实际的情况却是，宾川县物产丰富，百姓生活富足，很少有人外出打工，就算外出旅游也依赖旅行社导游，再加上双语转码心理因素影响，公众学习普通话的欲望并不强烈。

另外，虽然国家提倡推广普通话，但是笔者通过对当地教育部门的走访发现，只有与教育相关的部门才会在每年推广普通话周时发个通知，让其成为“一年一度的推普热潮”，普通话培训因为没有人手而好几年都没有进行了。查阅过去几年相关新闻，只有一则消息稍稍与之相关。2011 年 8 月 17 日，宾川县教育局网站发布消息《狠抓教师综合素质培训，努力建设高质量的师资队伍》，但是消息提及培训的目的在于让全体教师的教育教学观念逐步得到转变与更新，职业道德得到加强，教育教学方法得到改进，培训专题包括《教师心理健康》《高效教学》《新课程评价方式》等，丝毫未提到对老师普通话的培训。

可见，普通话推广工作并未受到政府和公众的重视。如果不是有线电视普及的话，宾川县居民接触普通话的机会将更小。

（二）宾川推广普通话的对策

鉴于宾川县的现状，除了政府和教育主管部门应该重视制定推普的政策法规和具体措施的落实外，当地媒体应该重视自身的推广普通话的带头作用，加大对推广普通话工作的宣传。

笔者参加了刚刚立项的国家语委科研重大项目《民族地区中小学教师使用普通话教学状况研究》，负责对 5 个少数民族地区中小学教师普通话使用状况的调查。该项目将对中小学教师使用普通话教学情况、普通话水平、课堂教学用语等进行调查。调查时兼顾该民族是否有民族文字、是少数民族聚居区还是少数民族杂居区、相关的宗教信仰等社会文化因素，以更好地揭示以上因素对教师普通话水平等方面的影响。在深入调查的基础上，细致分析影响民族地区中小学教师普通话教学水平整体提高的因素，然后从宏观层面提出相应建议对策，再从微观层面提出具体的实施方案。不仅要从宏观上做出定性说明，还要通过细致的调查研究，通过定量方式，再结合有关理论，得出尽可能合理的结论，使该课题的研究成果具有更大的解释力，并能起到积极的社会作用。研究结论应该对宾川县推广普通话起到借鉴作用。

参考文献

［1］郑萍，陈样平．“大型媒体行动”塑造陕西区域形象效果探析 [J]. 新闻知识，2010（4）.

［2］教育部语言文字应用管理司．国家中长期语言文字事业改革和发展规划纲要（2012—2020 年）[M]. 北京：语文出版社，2012.

作者简介

朱波，女，云南宾川人，副教授。研究方向：应用语言学、大众文化与社会生活、民族文化传播。

内蒙古西部方言的盘升调及其在普通话中的声学表现

毛润民
（内蒙古师范大学）

摘　要　内蒙古西部方言不均衡地分布着一个特殊的语调，它附着于某个音节，居于句中提顿处或句末，听感上连续曲折盘旋而上，本文称之为“盘升调”。盘升调在内蒙古西部方言区，表达提顿、疑问、反诘语气，成为标志性的地方语调，外地人尤其年轻人很快会感觉到，如果交际活动频繁，很快就被盘升调同化从而有了内蒙古西部的口音特征。内蒙古西部的这种盘升调为方言调查者所注意，但尚无相关的文章或著述。本文从语言学、听觉感知、声学角度试对盘升调加以分析，并试图借助praat分析软件，把听觉经验的描述转换为视觉曲线变化和数字说明。

关键词　内蒙古西部方言　盘升调　基频　能量线　时域　声学表现

引言

根据温端政（1997）对晋语特点的归纳，内蒙古西部方言属于晋语，分属张呼片（呼和浩特市和集宁）和大包片（包头、巴彦淖尔市、鄂尔多斯市、乌海市）。本文所用的“盘升调”是从听感上对内蒙古西部方言这一特殊音调的描述和指称，虽不是声学上的科学概念，却能够得到盘升调言说者的认同。“盘升调”分布于呼和浩特市、鄂尔多斯市、巴彦淖尔市、包头市、乌海市、乌兰察布市。它必须依附一个音节，在句中停顿或在句末盘旋上扬，因此不是一个独立的声调（或字调）调类。盘升调接近但也不是严格意义上的句调，因为盘升调并不从属于以语气类型为依托的体现某个句类完整特征的语调形式，我们只能从动态的语流中离析出来，不能从静态的书面语中指认，如果用语气对应，用于句末相当于疑问语气词“吗”或“呢”，用于句中相当于提顿或反诘语气。所以本文既不称音调、声调（或字调），也不称句调，而称之为“语调”。[①]

我们调查了一位男性，四位女性。他们的普通话程度都已经达到了二级甲等以上，其中男性的普通话水平是一级乙等。这五人分别是鄂尔多斯市两位女性，包头一位女性，呼和浩特市一位男性，一位女性。这样选择主要考虑了以下几个因素：一、地方差异，鄂尔多斯和呼市属于典型地区，包头属于非典型地区；二、性别差异；三、使用盘升调的频度差异；四、典型与非典型盘升调的对比。调查都是在非正式场合的口语交际中进行，能够代表语言表达的一般状貌。为行文的叙述方便起见，本文在盘升调附着的音节之后用“↗”来标识，五个受调查者，男性用 M 代表，四位女性分别用 F1，F2，F3，F4 代表。

一、语言学分析

（一）盘升调附着的音节分析

盘升调并非独立存在，必须有一个音节为依托。连同附着的音节，盘升调分为两个部分，一是附着的音节部分，一是盘升部分。盘升调所附着的音节从调类看，主要是去声音节，其次是上声音节，再次是阳平和阴平。其中附着音节频率最高、使用最为广泛的是“是↗”。之所以不认为它是一个独立的调类，一个主要原因是没有这样的单字调本调。比如湖南祁阳白水话有单字调，其形式为阴去 4232，阳去 2143，已经成为独立的调类，本文所论，与此有别。

（二）盘升调的分布

根据盘升调所附着音节的调类为观察点，它虽不属于调类，但对它所附着

---

① 温端政将晋语的特点归纳为：（1）有入声，入声收喉塞尾，调型与舒声的某个声调调型相同；（2）部分古崇母平声字今读擦音；（3）古全浊声母今平声读不送气的塞音、塞擦音；（4）蟹、止两摄合口部分字今读［ y ］；（5）鼻音韵尾合流、消失；（6）有文白异读和变读现象；（7）有表音词缀“圪”；（8）有分音词；（9）指示代词三分。（《试论晋语的特点与分区》，《语文研究》1997 年第 2 期）邢向东先生认为，这种调不可能是字调，所处的位置往往在句中和句末。朱晓农先生在 2014 年实验语言学暑期培训班所作的《特殊语音现象与发声类型在语音学和音法学研究中的理论意义》报告中谈到过两折调中的双凹调，认为，这种调应该是一个双折调，具有普遍性。本文认为，内蒙古西部方言中的这种语调只有在言语活动中才出现，并且其性质是语调，属于句类范畴，其功能是表达语气。

的调类有所选择，去声调字依附居多；虽不属于某一性别所专有，但女性使用频率较高；虽不专属于某一年龄段，但以年轻人使用居多。从而可以看出盘升调的地域分布情况、性别分布、年龄分布情况。

从地域分布看，鄂尔多斯市达拉特旗，巴彦淖尔市的杭锦后旗、达茂旗、武川县，呼和浩特市最典型，主要体现在使用盘升调的人数多，“盘升”形态夸张，听感上最为明显。其他地区，除了前面所列的地区外，盘升的状态要差些。盘升调在这两个地方属于方言语调特征。因为首先这两个地方方言中的盘升调不限于某个音节或者某一类音节，在一段语流中可以出现不止一次盘升。此处方言中的盘升调总会顺势迁移到普通话中来，不管是张呼片（内蒙古的呼和浩特市和集宁方言），还是大包片（内蒙古的包头、巴彦淖尔市、鄂尔多斯市、乌海市）。倘若根据盘升调使用的密集程度观察，达来特旗、呼和浩特市、武川居多，临河、包头次之，乌海、集宁等地较少。从性别分布看，女性语流中盘升调出现的频率较高，形态也更为夸张。从年龄看，年轻人使用较多。

（三）盘升调的传播

达来特旗的盘升调之所以典型，也许是因为此地本就是盘升调的“远祖”，近些年来由于“羊煤土气”的经济资源开发，为众人瞩目。呼和浩特盘升调之所以典型是因为本地人有一种地缘强势。

或许基于以上两个原因，盘升调遂被模仿。目前很多非西部方言区的外来人口，不论是务工者、求学者、从业者，甚至是短期培训者、求医问药者、走亲探友者，都或多或少地学上一点盘升的调子，心理上向地方强势语言靠近，借以改变客居他乡的无助和孤独；语调上虽不甚地道，但大都从内心自认为这腔调是受了呼市方言的影响，而不是其他方言，即便是达来特旗的方言。人人都有一点盘升调，这是融入呼市甚至融入内蒙古的一种语言标志。

值得一提的是，其中使用频率最高，学得又快又起劲的是附着音节“是↗”，其余的很少。其实，呼市本地方言中，除了“是↗”外以去声调类为主，还有“是呢↗”，其次是上声和阳平，阴平音节中的盘升调就近乎没有了。达来特旗的盘升调所依附的音节要宽得多，甚至阴平也常常出现，一句话里出现的盘升调可以不止一处。

（四）盘升调的语用功能

朱晓农（2004）认为：“语音跟语义之间的关系是任意的。但有个例外，那就是在有对立的场合，总是用高频声调表示要求合作拉近关系，表现在语调上就是所有的语言都毫无例外地用高调或声调来表示疑问，用低调或降调来表示陈述。这是音高和语义之间的一种生物学上的关系……”盘升调接近句调的语调，虽不同于一般的高频声调，但的确在句中或句末通过高频声调形式表达。

处于句中的盘升调，多数表示提顿语气。如：

① F1：就是说我长大的↗受这个环境的影响↗，平时说话也不注意。

② F2：我把住宿的名片↗都按照一二三四排出来了。

③ F2：普通话的时候，说话↗他可能会有意识地正规一点。

④ F3：情况哇↗就是这样。

⑤ F4：爸爸↗我在这呢。

舒缓语气，应该是用于句中的主要功能，古代汉语“……者，……也”格式的前一部分与此相类。如：

吾所以为此者，以先国家之急而后私仇也。(《史记 · 廉颇蔺相如列传》)

陈胜者，阳贾人也。(《史记 · 陈涉世家》)

或者如句中相当于衬音作用的成分，如“其”“也”等。如：

以无厚入有间，恢恢乎其于游刃必有余地矣。(《庄子 · 养生主》)

丘也闻，有国有家者，不患寡而患不均，不患贫而患不安。(《论语 · 先进》)

现代汉语中，相当于“……呢，……”，表示句中的提顿。上例①②的“↗”就可以换作“呢”。

有时相当于“……吧，……”表示一种揣测和婉商的语气。上例③就是这样。

用于句末，表示是非问、特指问、设问、反问等疑问语气。然而，使用盘升调还可以兼用疑问语气词。

⑥ F3：是↗哦，张君毕业了吧↗？（是非问或正反问）

⑦ F3：是呢↗？（是非问或正反问）

⑧ F2：张君好点儿↗？（是非问或正反问）

⑨ F2：都往上拐↗？（不可能吧。)(设问）

⑩ M：(咱们同学 XX，你记得吧，他孩子都考大学了！ M 后续）是↗？（是非问）

⑪F4：我在哪个中学↗？（回声问）

事实上，有时即使疑问的信息量不大也会用“是↗？”，此时相当于普通话中的“是不是？”“是吧？”“这样啊？”，用来续接交谈对方的话，是一种应答。

“是↗”这一盘升调形式是呼市使用频率最高、范围最普遍、男女皆用、功能也最复杂的一个调子，外来人最容易感知和模仿。可以单独成句，也可以在句中任何一处有“是”的地方盘升。语气上，可以表示提顿、婉商、是非问、特指问、正反问、反问等。

二、听感分析

盘升调从听觉上似为两个起伏相连，又像是语音的延长，这也是本文所以名之为“盘升调”的依据。盘升调并非单独成立，必须要附着一个音节才能扬起。听感上，可以分为以下几个方面分析。

从被附着的音节声调看，被附着的音节以去声调居多，如此方可有自下而上盘旋而起的走势，如上所举②、③、⑤、⑩、⑫都是；其次是上声调，因其也有一段半低到低，再借后半段的上升部分顺势扬起，如上所举①、⑨；阳平也偶见，如上所举⑪；至于阴平倒是较少见到用例。

有趣的是，轻声、儿化词也可以作为盘升调的依附音节。依附轻声音节的如④、⑦，依附儿化音节的如⑥。这里的疑问是，为什么连轻声和儿化音节都可以盘升，阴平为什么不可以盘升呢？这个问题详见第三部分盘升调的基频分析。

从使用的群体分布看，达来特旗、呼市本地人的盘升调不限于少数的几个被附着音节，还可以更丰富，范围更大，盘升得也更为灵活。其他西部方言区的人，尤其是模仿当地话的外来人口使用盘升调的范围小，盘升的频率也低，不甚灵活。模仿者大都认为这个调子是模仿了呼市方言，而不是其他地方。

最耐人寻味的是，从语气功能出发，本文认为盘升调应该是疑问语气词进一步“语调化”的趋势。语调是表达语气的最重要的手段之一，书面语为补足语气上同口语的差距，较早使用了语气词，标点符号的使用是晚近才有的事情。书面语凭借语气词标识语气，其情形如同现而今的普通话。西部方言进而加入盘升部分“↗”，这就出现盘升部分和语气词并存的情况（⑥、⑦就是如此），这可以看作是语调化的一种过渡形式。同时我们也看到有很多盘升调不必用在语气词之后，也可以没有语气词，这样语气词退场，盘升调独立登台，完成了“语调化”的过程。

三、声学分析

从声学角度对盘升调进行分析，目前还没有相关文章出现。本文使用praat5216.exe语音分析软件，对盘升调从基频、时域、能量线等几个角度分析，一是为了通过三维语图来直观地印证盘升调并非如听感感知的那样，盘升的部分高出一般声调很多，二是为了更准确地说明盘升调的分布、表现以及使用盘升调的差异。

（一）基频分析，听感上的盘升有误

首先看居于句末处的两处盘升调的基频曲拱，为了便于观察，设定采样时间在0.4034s，频域在75Hz~500Hz之间。下图为附着音节“是↗”盘升调的基频曲线，纵线0.203290991s之处为附着音节“是”的声调结束与盘升调“↗”的语调继起之处，到0.360135034s处达到峰值288.2Hz的高度，比起前面的最低点170.7Hz，两者相差17.5Hz，也就是说盘升调的降尾处最高。

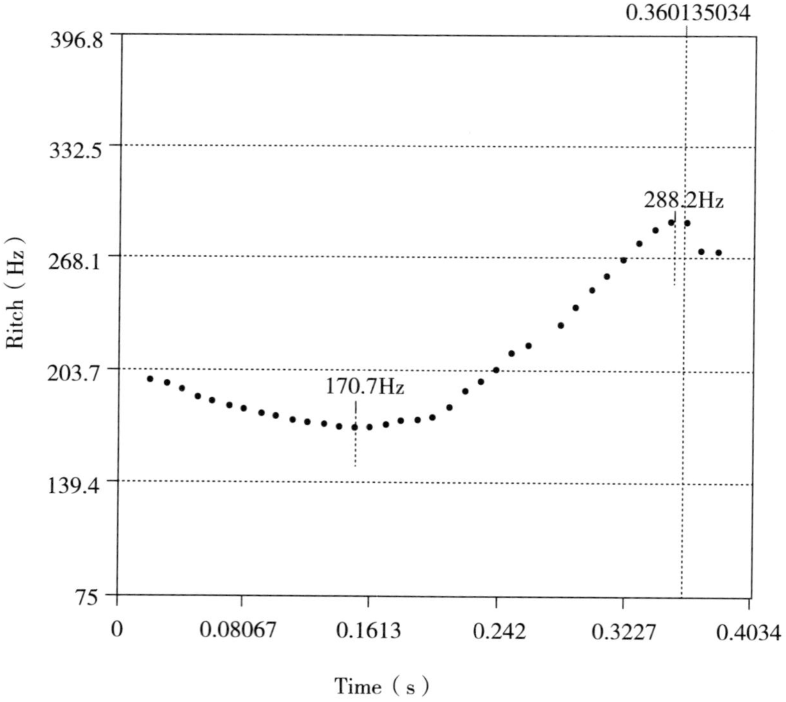

图1　“是”盘升调基频分析

“点儿↗”的盘升调我们同样设定采样时间为0.4038s，频域在75Hz~500Hz之间。

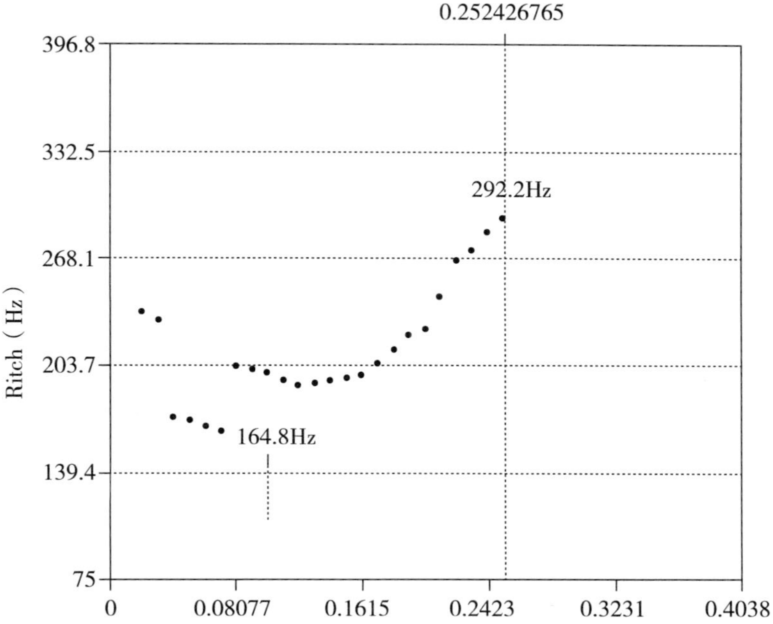

图2 “点儿”儿化盘升调基频分析

附着“点儿”音节的盘升调自0.070309s分为两部分，前一部分是附着音节，后一部分是盘升部分，同样出现降尾时最高达到292.2Hz，最低164.8Hz，高低相差127.4Hz。这似乎给人一个印象，盘升调盘升部分就是比语流中的其他音节频率高。可是一旦我们截取一段语流做对比，马上就看出这个判断是有问题的。如下图所示：

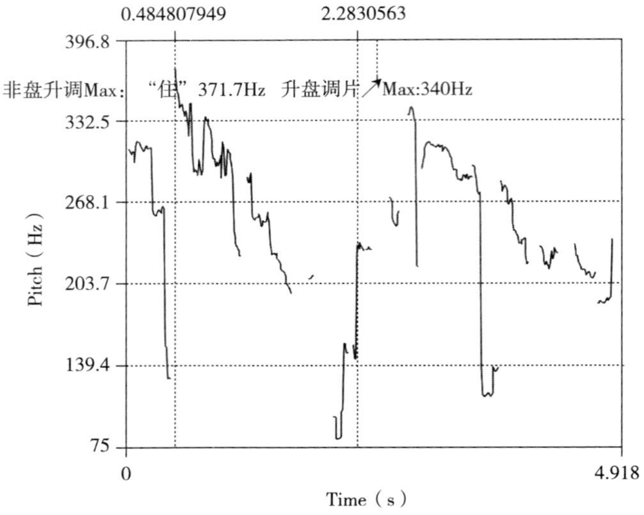

图 3　盘升调和非盘升调的频域对比（片↗为盘升调）

这个图的基频的最低点刚好落在盘升高调的起点上，数字显示 75Hz，非盘升调的最低基频是 128.5Hz，两者相差 53.5Hz。基频的最高点也并非落在盘升调上，而是落在非盘升调“住”这个音节上，数字显示为 371.7Hz；盘升调的最高点数字是 340Hz，两者相差 31.7Hz。

基频分析刚好颠覆了我们听感上对盘升调的认识。这种情况并非个例，下面我们再以 M 的“是↗”的原调和变调作对比：

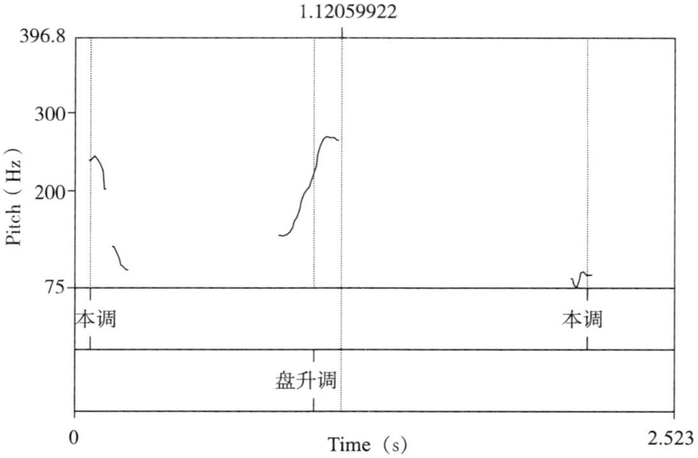

图 4　M：“是↗”的本调与盘升调对比

这是从 M 的一段语流中按时间先后依次提取的三处“是”的波形图。左右两侧的波形都是“是”本调，中间一处带上了盘升调。我们设置基频的频域在 75Hz~500Hz 之间。可以看出，左右两个本调的基频的最高点分别处在 445.5Hz 和 419.9Hz，而盘升部分的最高点却在 268.1Hz。这说明，感觉上的盘升部分并没有超出一般基频的频域。有时甚至比一般的音节的声调基频还低。这是第一个感知误区。

这就可以回答第一部分听觉分析中为何阴平音节很少或者干脆不用作盘升调的依托的问题。因为普通话的阴平是高平调，已经达到频域的上限，盘升调最高也就到这个高度。因此从省力的角度说，阴平调很少盘升。换句话说，探索基频的变化便是观察其相对音高的变化，即音强的情况。音强决定着调型的曲折变化，这一点刘复先生、林茂灿先生早有论述。

（二）时域分析，“盘升”当是一个音节后的另一个曲折的另起或继起

听觉上盘升调是一个音节声调的盘旋而上，拉长盘旋上扬。然而通过语图分析，情况并非如此。

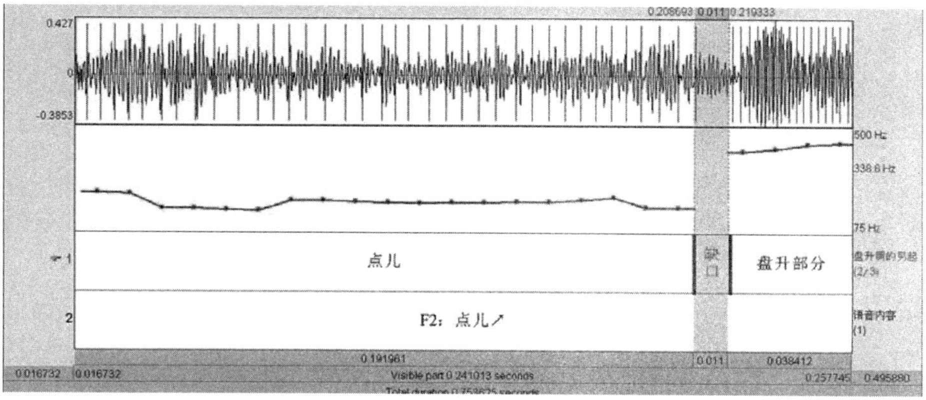

图 5　F2：“点儿↗”的附着音节和盘升调处有缺口

在“点儿”与“↗”之间有一处缺口，波形图显示频率较低，基频没有显示，并且两者之间声学距离为 0.01　s，附着音节和盘升调是一种另起的行为。

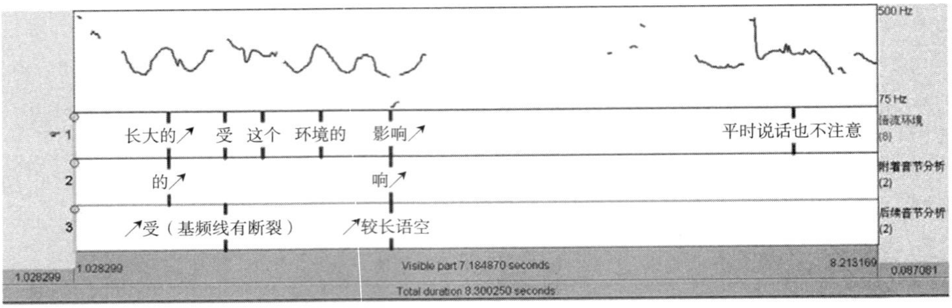

图 6　F1："的↗"、"响↗" 的附着音节和盘升调处有缺口

"的↗" 处和 "响↗" 两处都存在断裂，因此都可以看作是盘升调的另起。不过，考察这两个音节的调类，"的" 本轻声，"响" 为上声。这样的另起固然在情理之中。那么去声音节 "是" 又会如何呢？

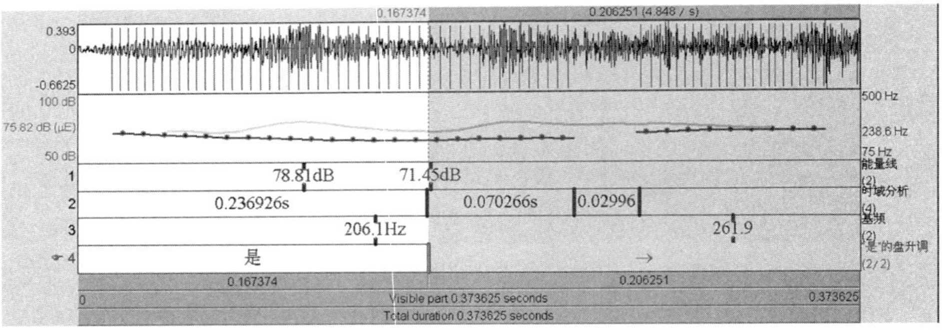

图 7　F2：附着 "是↗" 的盘升调另起

可以看出，"是↗" 时域为 0.373625s 的长度内，缺口长为 0.02996s，仍然是断裂的，是盘升另起的又一证明。

当然，并非所有盘升调类型都是如此，同样附着在 "是" 上的盘升调，不同的发音主体会有所不同，F4 的发音就是一个明显的例证。

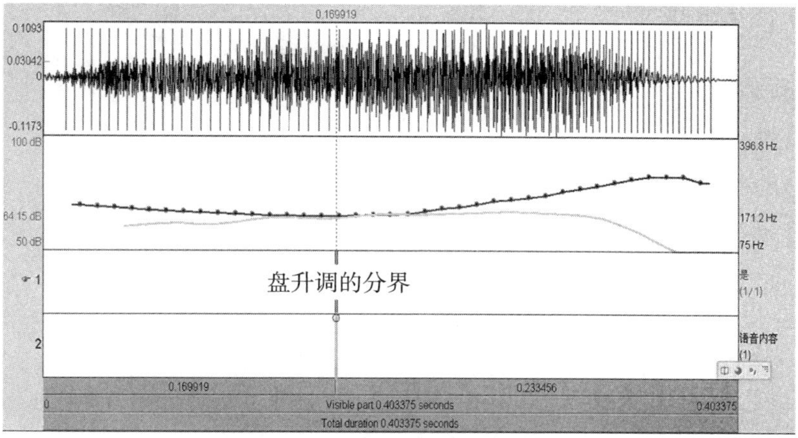

图 8　F4：附着"是↗"的盘升调的继起

观察波形，可以发现"是"音节与盘升调并未截然分开，声波非常均匀，基频确是在最低处开始盘升。

（三）能量线分析，盘升调似断实连

经过上述盘升调的频率即音高分析，发现听觉出了问题，对盘旋而起的调子产生了误读。但是，听觉仍有其合理的地方，那就是对盘升调做能量分析。

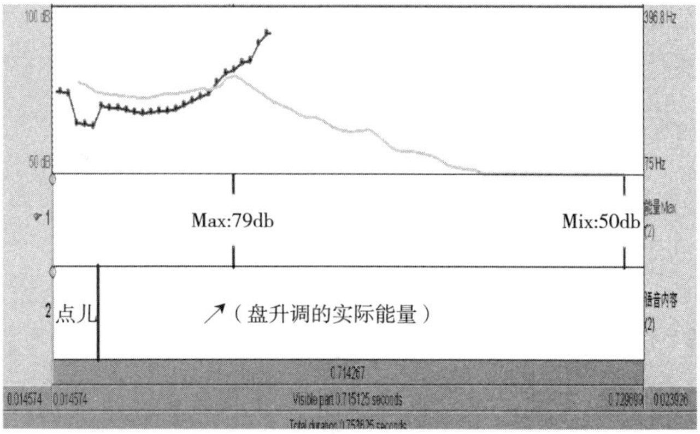

图 9　F2："是"盘升调能量分析

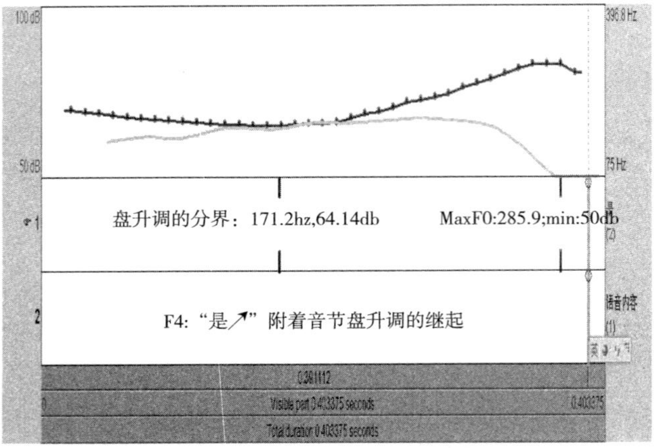

图 10　F2：“点儿”儿化盘升调基频线和能量线

两图对比可见，能量线和基频线走势不一致。“是↗”从分界处能量线与基频线分道扬镳，基频线上扬，能量线下行。如果说此时两者同时走向终结，那么，“点儿↗”在基频与能量二线分手处基频高升，盘行约盘升调 1/3 的长度后，戛然而止。能量线在上扬到 79dB 的至高点后，陡然下行，从时域看，它的时长（0.714267 s）正好运行了“点儿”（0.14574 s）时长的 4.9 倍之后，方才结束。

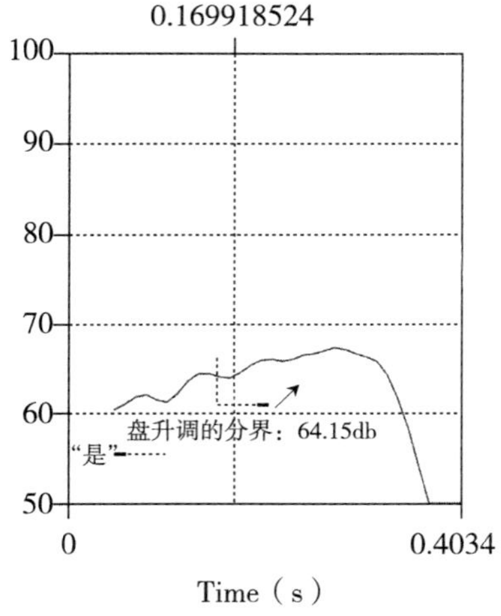

图 11　F2：“是”盘升调能量分析

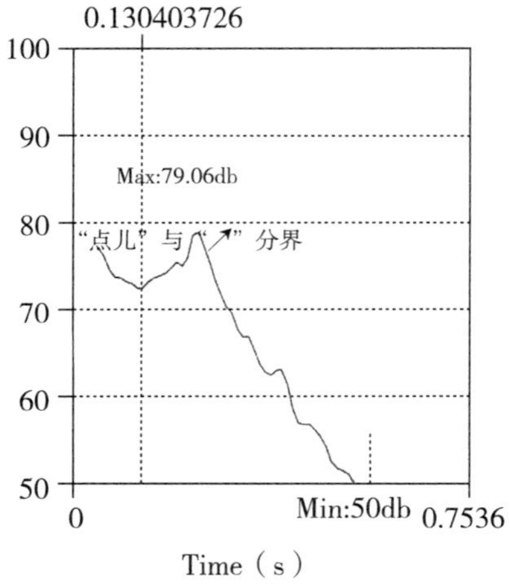

图 12　F12：“点儿”儿化盘升调能量分析

上图还进一步说明，音高断裂的缺口处，能量还在延续，基频线结束，能量线依然延伸，时频可见延伸部分占总时长 0.729699s 的 0.719260s。两者不同步还表现在，能量线并不附和基频线起伏，而是有自己的走势。上图的纵线显示了盘升段和前面音节的分界。

在“点儿↗”中，最大值为 79dB，最小值为 50dB，两者相差 29dB。事实上，用能量线说明盘升调的基本特质是非常重要的，只有配合能量线才能揭示从基频线断裂处仍然存在盘升调音感的语言事实。

从能量线和基频线的对比分析中还可以看到，基于经验描述的听感仍然有不可替代的作用，语图分析只是一个观察角度。当然，还可以做进一步分析，分析其开相、闭相，计算出盘升调的速度商，从而为盘升调建立声学模型。限于篇幅，建立盘升调的声学模型问题，我们将另文专门探讨。

结合基频线、能量线、时域分析，可以断言，影响盘升调的不仅仅是频率，还应该有其他的因素。时频线告诉我们，相对时长在起着重要的作用，盘升调必须要保证一定的时长。基频有时保证描述音高即声调的曲折形态，能量线应该是一种含情线，从声音表现上说，基频显示了“言有尽”，而能量线要说明的是“意无穷”。

余论

做代表性的个例盘升调探讨，好处显而易见，一则因为共性融于个性之中，只有对个性充分分析描写和说明方能探讨共性规律；二则便于描写，说明具体。但也容易以偏概全甚至一叶障目。从共时平面分析，据邢向东先生调查，陕西、山西等晋语方言区也同样普遍存在着这种“盘升调”，这种不同程度地在晋语方言区普遍存现的情形是否为晋语语气的标志性表达形式，尚待深入研究。还有，盘升调的地区特征、性别特征、年龄特征本文没有做主要论述，更没有建构其语音模式。这只是对盘升调的初步探索，就内蒙古地区丰富的语言资源而言还有很多需要建构的内容。期望能借助科技之便利，逐渐将盘升调的研究引向深入。

参考文献

[1] 温端政 . 试论晋语的特点与分区 [J]. 语文研究，1997（3）.
[2] 马国凡，邢向东 . 内蒙古汉语方言志 [M]. 呼和浩特：内蒙古教育出版社，1998.
[3] 石锋 . 语调格局——实验语言学的奠基石 [M]. 北京：商务印书馆，2013.
[4] 朱晓农 . 音韵研究 [M]. 北京：商务印书馆，2008.
[5] 林茂灿 . 汉语语调实验研究 [M]. 北京：中国社会科学出版社，2012.
[6] 熊子瑜 . 普通话语流中的声调音高特征分析 [J]. 中国语音学报，2009（2）.
[7] 曾春蓉 . 湖南祁阳白水话单字调实验分析 [J]. 语言研究，2007（12）.

作者简介

毛润民，男，内蒙古赤峰人，讲师。研究方向：现代汉语。

现状调查研究

导语：

早在1930年，毛泽东同志针对当时红军中存在的教条主义思想，就曾经一针见血地指出：没有调查，就没有发言权。可见，调查研究是一切工作的重要基础。推广国家通用语言文字是我国的基本国策，也是开展语言文字工作、保障全体公民自身权益的法律基础。因此，为了更加科学、有效地推动普通话教学与学习，调查当前普通话教育的措施与现状，就成为分析情况、研讨对策的重要基础。这个板块的论文，大都具有实证研究的特色。它们的共同特点是都进行了不同规模的调查研究，或者着眼教学现状，或者关注语言环境，或者针对语言使用情况以及语言态度问题，每一项调查都比较具体，不贪大，不求全。这样的研究，虽然规模有限，微观特征更加显著，但是问题非常具体，因此，其参考作用也极具针对性，无疑可以成为相关工作的重要依据。

滇西边境多民族地区中小学普通话教学现状及对策

段泗英
（保山学院）

摘　要　滇西边境多民族地区少数民族种类众多，多种民族语言和当地汉语方言长期共融共存，互相影响，形成了多语言相互交融的和谐语言生活现状。然而，由于该地区地处祖国边陲，且多数地方为山区，经济欠发达，因此中小学教学中，教学设备陈旧，教学资源相对匮乏，教学师资严重不足且层次普遍不高，普通话教学的师资更是明显落后于其他地方。该地区中小学的普通话教学在克服教材选用与实际生活不接轨，师资力量跟不上，教学设备陈旧等现实困难的同时，应该针对该地区的实际采用一些切实可行的教学方法，以提高普通话的教学效果。通过调查该地区一些学校的教学现状，结合自己多年的普通话教学经验，笔者认为同一民族高年级同学与低年级同学、学前儿童结对帮扶，普通话和民族语言、当地方言对对碰，学校教育和社会教育双管齐下和充分运用现代化媒介和现代化教学手段辅助普通话教学等方法在该地区中小学的普通话教学中是切实可行的。

关键词　滇西边境多民族地区　中小学普通话教学　现状及对策

引言

“大杂居，小聚居”是中国少数民族的一个重要的生存状态，滇西多民族地区的少数民族更是如此。地处祖国边陲的滇西地区居住着将近 40 个少数民族，其中白、傣、傈僳、怒、独龙、佤、阿昌、景颇、德昂、布朗等云南特有民族大部分为跨境民族。通观地处滇西的怒江、保山、德宏、临沧四个地州（其中怒江为傈僳族自治州，德宏为傣族景颇族自治州）。四个地州每一个乡镇都分布着多个少数民族，民族乡镇也多数由两个以上主体民族构成。如彝族白族乡、彝族苗族乡、傣族佤族乡、彝族傈僳族乡、傣族彝族拉祜族乡等。滇西四个地州都与缅甸毗邻，国境线长达 1411.88 公里（德宏州国境线长达 503 公里，怒江州国境线长达 449.5 公里，临沧市国境线长达 290.8 公里，保山市国境线长达 167.78 公里），有几十个边境乡。怒江州有贡山、泸水、福贡 3 个边境县、17 个边境乡，如泸水老窝白族乡、洛本卓白族乡、福贡县匹河怒族乡等。保山市有 4 个边境乡镇：腾冲县猴桥镇、滇滩镇、明光乡和龙陵县木城乡，其中猴桥镇（傈僳族、白族）和木城乡（彝族、傈僳族）为民族乡镇。德宏州有 50 个乡镇，绝大多数都是边境乡镇，民族乡镇有陇川县户撒阿昌族乡、盈江苏典傈僳族乡等。临沧市有沧源、耿马、镇康 3 个边境县、4 个边境民族乡镇：沧源县勐角傣族彝族拉祜族乡、耿马县福荣拉祜族傈僳族乡、芒洪拉祜族布朗族乡、镇康县军赛佤族拉祜族傈僳族德昂族乡。滇西边境一线基本上都是少数民族，且都是多个民族聚居和杂居地，少数民族的众多促成了多种语言的存在，特有民族、跨境民族的存在又形成了滇西特有的语言资源，这是滇西人民的宝贵财富。然而，由于滇西地处祖国边境，加上多民族和多语言的存在，本地区的少数民族学生在普通话的学习和使用上存在很多的问题和困难。

一、滇西边境多民族地区中小学普通话教学的现状

滇西边境多民族地区由于地处祖国边陲，且多数地区为偏远山区，经济欠发达，与外界的交流较少，因此，各少数民族的语言保留得较好。在日常生活中，人们之间都用民族语言进行交流。由于多民族杂居的情况较普遍，绝大多数少数民族都精通两到三种少数民族语言，不同的少数民族之间可以流畅地进行沟通和交流。这是民族和谐共融的好局面，也是边境多民族地区繁荣稳定的保障。然而，这种局面的存在也是造成该地区普通话的普及度远远跟不上全国其他地区的原因之一。正如戴庆厦先生在《我国南方少数民族

双语教育研究的现状及任务》一文中所说："南方民族地区杂居程度较高，许多地区的学校都是多民族的，因而学校的双语教学，无论在师资安排、教材使用、课堂教学上都存在许多在单一民族聚居的学校所没有的困难。"的确，目前滇西边境多民族地区中小学的普通话教学一般贯穿于汉语教学过程中，普遍使用双语或者多语教学的形式。具体做法是学前和小学低年级阶段以少数民族语教学为主，小学高年级阶段使用普通话和少数民族语言教学的比重相当，而到中学阶段则以普通话教学为主，在大学阶段才会专门开设普通话课程。这样的教学现状存在不少弊病。

（一）教材选择上不太符合边境少数民族地区实际

目前滇西边境少数民族地区的中小学汉语教学使用的教材同汉族地区的一致，都是人教版或者苏教版的语文教材。这样的教材对于有些从小在汉语和普通话环境中长大的孩子尚且有些难度，对于从小在少数民族语言氛围中长大的孩子的难度就可想而知了。少数民族学生由于受母语的影响较深，在学习普通话的初始阶段，常常将接触的普通话词汇先转换为母语，经过自己的"过滤"和"选择"之后才进行记忆。而他们面对的教材的内容大多与自己平时的日常生活离得比较远，这就让他们在"转化"和"对译"的过程中犯了难，学生自信心大受打击，也难免让他们对学习内容产生畏惧。因此，编写专门的针对边境多民族地区使用的教材显得尤为迫切和必要。

（二）教学手段和教学设备陈旧，远跟不上现代通讯时代发展的需要

现代社会科技的发展日新月异，语言教学中大量运用了现代化手段，如放像机、录音机、语音纠正器、听力器等。滇西边境少数民族地区由于基本上地处偏远的山区，经济欠发达，投入教育的经费还远远不够，教学设备相对简陋。特别是学前教育和小学教育阶段，很多地方的教学基本上还停留在一块黑板、一支粉笔的教学现状。因此，适应形势的发展，引进现代化教学手段，如对常用字、识字量、句型类别等进行科学统计和分析，在学习中运用现代化教学仪器帮助学生学习语言已是不可阻挡的趋势。只有这样，才能让地处祖国边陲的少数民族学生更好更快地了解普通话，学好普通话。

（三）师资队伍建设跟不上，教学方法单一，教学成效不够显著

教师的教学观念、教学方法、教师自己的汉语言能力和文化素养等都是决定学生汉语水平的重要因素。滇西边境少数民族地区由于条件较艰苦，很多高学历、高层次的老师都不愿意去，导致当地的学校师资队伍层次相对较低。以保山市龙陵县边境木城彝族傈僳族乡为例，木城乡共有五个村级完小、56名教师，其中本科文化层次的有8人，专科文化层次的有34人，高中（中师中专）文化层次的有13人，双语型教师仅有16人，仅占教师总数的28.57%。这种学历结构远远低于城镇学校，更无法跟经济发达城市的学校相比。正因为师资水平薄弱，加上教学设备简陋等原因，边境地区的少数民族普通话教学的方法也相对陈旧，多数时候还停留在教师带读学生跟读的单一形式。教学方法的单一导致学生学习兴趣普遍不高，教学进度也相对滞后，教学的效果自然不够理想。因此，大力提升专任教师的汉语言能力和文化素养，培养高素质的双语师资，也是目前边境多民族地区中小学普通话教学亟待解决的问题之一。

二、滇西边境多民族地区普通话教学对策探讨

目前，关于民族地区普通话教学的研究成果已经较为丰富。特别是关于民族地区普通话教学方法的研究已经成果显著，学者们从民族地区普通话语音教学、词汇教学、语法教学等方面进行了系统宏观的研究。这些研究成果无疑给少数民族地区的普通话教学带来了较好的指导和示范。与此同时，民族地区的普通话教学工作者们也在不断地钻研和探究行之有效的教学方法，以期提高教学质量，激发学生的学习兴趣。当然，任何一种语言的学习都需要培养良好的语言环境和语言氛围，从而激发学习者的学习兴趣，普通话的学习也不例外。对于居住在偏远山区的滇西边境的少数民族来说，要想学好普通话，兴趣的培养显得更加重要。培养学生的学习兴趣，对不同地区、不同年龄和不同文化层次的学习者应该采用不同的教学方法。对于滇西边境多民族地区中小学，可以采用如下的教学方法来激发学生的学习兴趣，提高学生的学习效率。

（一）同一民族高年级同学与低年级同学、学前儿童结对帮扶，共同进步

边境多民族地区的学前儿童和小学低年级阶段学生的普通话学习，重在宣传和感化，培养学习者对普通话的浓厚兴趣，因此这个阶段的普通话教学方法的选择上应该切合低龄儿童的心理和认知水平。高年级同学与低年级同学、

学前儿童结对帮扶的教学方式是一个值得尝试和推广的教学方法。具体做法是从小学高年级阶段的学生中找一部分普通话掌握较好的同学，与同一民族的低年级和学前儿童结成学习团队。在团队人员安排上尽量将亲戚或者家离得比较近的同学安排在一个团队里。教师为他们制定短期和长期的“教学”计划，短期计划比如在高年级同学的帮扶下，低年级同学或者学前儿童这周学会常见水果的普通话发音、下周学会常见动物的普通话发音、再一下周学习造两个句子等。长期计划如规定在一个学期或学年内学会用普通话进行简单的自我介绍，能复述某一段电视或者电影情节，能用普通话说一件身边发生的一件事等。这样的教学方式好处较多，首先它无疑是教师课堂教学的一个重要延伸和补充。任何一门语言的学习都需要经过刻苦的训练和长期的实践，然而课堂的学习时间有限，很多知识需要学生在课外去自己巩固和练习。来自同一家庭的兄弟姐妹或者家离得比较近的小伙伴们在放学之后可以有充足的时间一起学习。其次也弥补了边境多民族地区双语师资不足的问题。同一民族的小学生之间由于语言相通，他们之间的沟通和交流较方便，可以较好地弥补非双语型教师在教学过程中与学生的交流障碍。再次，低年级学生较容易在高年级的哥哥姐姐们身上找到学习普通话的动力，高年级的同学为了当好“老师”，也会激发自学和探索的能动性，这样“学生”和“老师”之间双向互动，可以起到相互促进、共同进步的效果。

（二）普通话和民族语言、当地方言对对碰，相互促进显成效

少数民族地区的普通话教学应该充分考虑各民族的母语特点，针对学生的母语特点进行教育，同时要依靠少数民族语言和当地汉语方言进行汉语教学。比如佤语是没有声调的语言，因此针对佤族学生的普通话教学，声调方面的练习和辨正一定要加强。同时，佤族主要生活地区如临沧，当地方言二三声常常混淆，受汉方言影响，佤族学生普通话的二三声也常常混淆，因此还应重视二三声字的区分和辨正。又如白族、傣族、景颇族等语言是有声调的语言，但是这些语言的平声的调值多数时候都没有到普通话平声的55，并且这些语言也没有曲折调的声调类型，因此，这些少数民族学生的普通话调值常常不到位，二三声也常常混淆，因此在对这些民族学生的普通话教学上，一声调值的训练和二三声的辨正练习格外重要。另外，滇西边境地区的汉语方言中，声母上常平翘舌不分，且有尖音现象（即在部分齐齿呼、撮口呼韵母前的j、q、x音节，常读为 z、c、s），少数民族由于受汉语方言的影响，平翘舌不分，有尖音的现象也十分普遍。韵母上整个滇西边境地区方言中前后鼻韵母都不区分，保山市腾冲边境地区、德宏边境地区方言常齐撮不分，怒江州边境地区和临沧市边境地区常宽窄音不分。滇西地区尤其是边境地区的少数民族语音都有鼻化音，即在发音时气流从口腔、鼻腔同时呼出，使口音带有鼻音色彩。普通话韵母没有鼻化韵母，因此该地区的少数民族学生学习普通话韵母时，必须改变发鼻音的习惯。

（三）学校教育和社会教育双管齐下，共建普通话学习的良好氛围

在普通话教学中，学校教育很关键，然而，仅仅依靠学校教育却远远不够。滇西边境少数民族地区由于人口不是很多，每个学校的学生人数都不是很多。我们还是以保山市龙陵县边境民族乡木城乡为例来说明问题：整个木城乡共有 5 个完小，学生总人数为 649 人，其中少数民族学生 288 人，占小学生总数的 44.38%；木城乡还有一所初级中学，共有学生 289 人，其中少数民族学生 115 人，占 39.8%。由于在校学生人数较少，学校普通话教学的成效再大，也难以形成普通话普及和推广的良好局面。针对该地区的实际，在普通话的学习上，社会教育就显得十分必要。当然，这里的社会教育是一个很宽泛的概念，可以是由政府部门发起的有关普通话学习的专门的宣传和教育，也可以是将学校教育延伸向社会的教育。前一种社会教育的实施要得到政府部门的重视和支持才能较好地开展。而后一种社会教育的开展则比较方便，比如当地的学校可以利用农闲或者当地的节日，适时地开展一些有关普通话学习的文艺活动比赛，邀请学生家长一同参与，开展普通话学习亲子活动。小学低年级阶段的学生和家长可以一起背一首诗，讲一个小故事，唱一首歌，或者一起来认一认我们身边的蔬菜和瓜果。小学高年级阶段和初中可以让学生读“给家长的一封信”，家长说说自己的感受。这样的活动既可以增强亲子感情，又可以锻炼学生的普通话口语表达能力，也让家长们体悟到学习普通话的乐趣。这样的活动如果经常开展，那么无论是学生还是家长为了在下一次活动中表现更好，都会去“做功课”，潜移默化中学生和家长都养成了学习普通话的良好习惯。另外，学校也可以利用当地开展一些民俗文化活动的时机，组织学生表演一些与普通话相关的口语节目，比如几个同学表演一个小品、说一个笑话、朗诵一首诗等。这样的活动短期的成效可能不大，但时间一长，也会起到很好的宣传和教育的作用，让普通话在不知不觉中走进老百姓的生活。

（四）充分运用现代化媒介和现代教学手段辅助普通话教学，提高普通话教学质量

当今社会科技日新月异，就连地处偏远山区的滇西边境少数民族地区也渐渐改变了以前水不通、电不通、路不通、网不通的落后局面，电视机、手机已广泛走入了人们的生活，电脑也与人们的关系越来越亲密。教师在进行普通话教学时，要充分运用这些资源，充分调动学生学习普通话的积极性，比如跟同学一起听一听新闻，了解一下发生在外面世界的事情，或者跟同学一起看一部电影，然后让学生用自己的话说说电影的人物和故事。这样的一些简单活动的开展是完全有条件的。同时社会各界特别是各级政府也应该对滇西边境少数民族地区的教育给予更多的关怀，改善学校的教学设备，真正让滇西边境少数民族地区的中小学普通话教学和外界社会接轨。

余论

滇西边境少数民族地区由于少数民族众多，语言生活相对复杂，如何开展好该地区中小学的普通话教学是摆在该地区所有普通话教学工作者和语言工作者面前的一个重要命题。滇西边境少数民族地区的中小学普通话教学可以结合当地实际，因地制宜地开展一些行之有效且具有较强操作性的教学方式。这就需要每一个教学者和研究者积极探索和钻研，并把研究成果积极运用到实际的普通话教学中去。实践是检验真理的重要标尺，我们相信，通过普通话教学者和研究者的不懈努力，滇西边境少数民族地区的中小学普通话教学水平会上一个更高的台阶。

参考文献

［1］戴庆厦．我国南方少数民族双语教育研究的现状和任务 [J]. 民族教育研究，1996（2）．

［2］戴庆厦．少数民族汉语教学［Z］// 中国大百科全书 · 语言文字．北京：中国大百科全书出版社，1992.

［3］蔡恒昌．在云南双语教学工作会议闭幕式上的讲话 [J]. 云南民族语文，1998（2）．

［4］文薇，高志明．对中缅边境地区少数民族双语教育成效调查研究的思考 [J]. 保山学院学报，2010（4）.

［5］文薇．进行方言辨正是普通话学习的关键——谈滇西学生学习普通话语音 [J]. 保山师专学报，1999（1）.

作者简介

段泗英，女，云南大理人，讲师。研究方向：语言学及应用语言学。

内蒙古农村牧区民族中小学汉语文教师普通话水平及相关情况调查

王津京
（内蒙古师范大学）

摘　要　教师担负着教育人、塑造人的社会责任和历史重担。口语表达是教师开展工作的主要方式和手段。对于内蒙古农村牧区民族中小学汉语文教师来说，普通话水平影响着民族教育的教学质量。为了全面了解内蒙古农村牧区民族中小学汉语文老师的普通话水平及相关情况，我们进行了为期一个月的社会调查。调查采用面对面专访、电话采访和发放调查问卷相结合的方式，内容涉及学校所处地区及类别、教师普通水平等级、教师普通话培训测试情况、教师授课语言等方面。调查报告以表格的形式，从横向和纵向角度进行汇总，力求找寻提高普通话水平的有效途径和方法，进而推动民族中小学汉语文教学水平的提高。

关键词　内蒙古　农村牧区　汉语文教师　普通话水平　调查

为了全面了解内蒙古自治区农村牧区民族中小学汉语文教师普通话水平及相关情况，研究提高其普通话水平的有效途径和方法，推动民族中小学汉语文教学水平的提高，我们于2014年6月，对内蒙古农村牧区民族中小学汉语文教师进行了广泛、深入、细致的调查，并对调查材料进行研究汇总。调查采用面对面专访、电话采访和问卷相结合的方式。调查内容涉及学校所处地区及类别、教师的普通话水平等级、普通话培训测试情况、教师民族构成情况、专业、学历、授课语言、课外辅导学生和日常交流语言、普通话学习等方面。

调查范围包括内蒙古自治区 12 个盟市的中小学汉语文教师，数据表如下：

学校数目＼盟市 数别	呼和浩特市	包头市	乌兰察布市	鄂尔多斯市	呼伦贝尔市	赤峰市	通辽市	巴彦淖尔市	乌海市	兴安盟	锡林郭勒盟	阿拉善盟	合计
小学（所）	3	2	2	3	5	5	11	2	3	10	2	1	49
中学（含职业中学）（所）	6	3	4	5	7	7	18	3	4	11	5	3	76
合 计（所）	9	5	6	8	12	12	29	5	7	21	7	4	125

为了确保调查结论具有普遍性，调查抽取样本时既考虑到不同地区学校数量的差异，也照顾到不同地区或同一地区学校师生汉语水平的差异，即做到样本具有代表性。东部区 4 个盟市人口相对较多，学校多，因此调查的学校数量也多。中西部地区调查的学校数量较少。

在所调查的 125 所学校中，形成有效调查材料 537 份（即对 537 人的调查结果有效）。537 名教师中，母语为蒙古语的 379 人，占总数的 70.58%；母语为汉语的 158 人，占总数的 29.42%。537 人中有 476 人参加过普通话水平测试，并取得了普通话水平等级证书，占总人数的 88.64%；61 人未参加普通话水平测试，占总人数的 11.36%。

476 名教师普通话水平等级分布如下表：

等级 项 目	一甲	一乙	二甲	二乙	三甲
人数	28	71	279	75	23
占总人数比例	5.88%	14.92%	58.61%	15.76%	4.83%

从总体看，这些教师的普通话水平达到了国家要求，合格率达到

95.17%。多数教师的普通话水平等级集中在一级乙等、二级甲等和二级乙等三个等级，这三个等级人数占总人数的79.41%，尤其是二级甲等的人数最多。这些教师母语为蒙古语的占70.58%，据此看来他们的普通话水平等级还是比较高的，同时也说明推广普通话的成效显著。一级甲等人数较少主要是因为这些学校的教师，多数人的母语不是汉语，即便是汉语，受当地方言影响也很大。三级甲等以下的教师，其母语全部为蒙古语，学习汉语的时间也相对较短。

476名汉语文教师的民族构成情况如下表（表中的“比例”指占该民族总人数的比例）：

等级 / 人数及比例 / 民族	一甲		一乙		二甲		二乙		三甲		合计	
	人数	比例%	人数	比例%	人数	比例%	人数	比例%	人数	比例%	人数	占总人数比例%
蒙古族	10	2.87	59	16.91	197	56.45	61	17.48	22	6.30	349	73.32
汉族	17	13.93	12	9.84	79	64.75	13	10.66	1	0.82	122	25.63
满族	1	100									1	0.21
回族					1	50	1	50			2	0.42
达斡尔族					1	100					1	0.21
鄂伦春族					1	100					1	0.21

从表中看出，农村牧区中小学汉语文教师以少数民族教师为主，少数民族教师占总数的74.37%，其中蒙古族教师占总数的73.32%，母语为蒙古语的教师占总数的70.58%。蒙古族、达斡尔族、鄂伦春族教师的母语几乎都是蒙古语，汉族、满族、回族教师的母语为汉语。数据表明，少数民族教师普通话水平等级在一级甲等、一级乙等、二级甲等三个等级的比例平均小于同水平等级的汉族教师。这是由于少数民族教师的母语不是汉语，取得同样水平等级的难度远远大于母语是汉语的教师，同时也与一些教师学习汉语时间相对较短有关。

调查时考察了这些教师所学专业的情况。537名教师所学专业分布较广，有汉语言文学、蒙汉双语、英语、政治、历史、计算机、公共管理、数学、教育、音乐、美术、经济、化学、税务等。一般说来，汉语言文学和蒙汉双语专业毕业的教师接受过专业的普通话训练。对毕业于这两个专业的教师进行考察，537 名教师中有 262 人毕业于这两个专业（其中汉语言文学专业 235 人，蒙汉双语专业 47 人），占教师总数的 48.79%。这 262 名教师的普通话水平等级分布情况如下：

等级／项目	一甲	一乙	二甲	二乙	三甲
人数	23	56	146	33	4
占该等级总人数比例	82.14%	78.87%	52.33%	44%	17.39%

毕业于汉语言文学和蒙汉双语专业的教师占总数的 48.79%，将该数据和表中数据对照分析，可以看出这两个专业的教师的普通话水平等级在一级甲等、一级乙等、二级甲等三个等级的人数比例明显高于其他专业毕业的教师。因为这两个专业毕业的教师接受过与普通话密切相关的专业知识教育，在接受普通话培训和测试时已有较为扎实的专业基础。

把教师的学历和普通话水平等级进行对照分析，又得出下列数据（表中“合计”中的“比例”指占总人数的比例，其他“比例”指占该学历总人数的比例）：

等级／人数及比例／学历	一甲		一乙		二甲		二乙		三甲		合计	
	人数	比例%	人数	比例%	人数	比例%	人数	比例%	人数	比例%	人数	比例%
本科	15	10.07	29	19.46	88	59.06	13	8.72	4	2.68	149	31.30
大专	8	3.69	37	17.05	136	62.67	31	14.29	5	2.30	217	45.59
中专（中师、高中）	5	4.76	5	4.76	52	49.52	30	28.57	13	12.38	105	22.06
其他	0	0	0	0	3	60	1	20	1	20	5	1.05

数据显示，教师的学历与普通话水平等级有一定的关系，学历较高的教师在一级甲等、一级乙等、二级甲等三个等级中的比例相对较高，而学历较低的教师在二级乙等、三级甲等中所占比例相对较高。学历与水平等级有关系，主

要是因为学历高的教师与学历低的教师接受相关知识训练、学习相关知识的广度深度以及时间的长短有所不同。

我们考察了汉语文教师授课语言使用情况，476名教师授课语言情况如下表（表中“合计”中的“比例”指占总人数的比例，其他“比例”指占该水平等级总人数的比例）：

等级 / 人数及比例 / 项目	一甲		一乙		二甲		二乙		三甲		合计	
	人数	比例%	人数	比例%	人数	比例%	人数	比例%	人数	比例%	人数	比例%
全部为汉语	22	78.57	47	66.20	170	60.93	25	33.33	2	8.70	266	55.88
汉语为主，蒙语为辅	6	21.43	21	29.58	97	34.77	35	44.00	11	47.83	170	35.72
蒙语为主	0	0	3	4.23	12	4.30	15	20.00	10	43.48	40	8.40

数据显示，普通话水平等级较高的教师，上课时全部为汉语授课，或以汉语授课为主；而普通话水平等级较低的教师，授课时使用汉语的比例较低。教师在课堂上尽可能多地说汉语，不仅有利于自身汉语及普通话水平的提高，而且有利于学生的汉语学习。当然，有的教师授课时不能全部使用汉语，也与学生汉语水平有关，当学生听不懂汉语时，教师不得不用母语翻译或解说。

与课堂对照，教师课外辅导学生使用语言的状况又如何呢？调查结果如下表（表中“合计”中的“比例”指占总人数的比例，其他“比例”指占该水平等级总人数的比例）：

等级 / 人数及比例 / 项目	一甲		一乙		二甲		二乙		三甲		合计	
	人数	比例%	人数	比例%	人数	比例%	人数	比例%	人数	比例%	人数	比例%
全部为汉语	20	71.43	28	39.44	140	50.18	23	30.67	1	4.35	212	44.54
汉语为主，蒙语为辅	8	28.57	37	52.11	132	47.31	42	56	12	52.17	231	48.53
蒙语为主	0	0	6	8.45	7	2.51	10	13.33	10	43.48	33	6.93

普通话等级较高的教师，课外辅导学生使用汉语明显多于普通话等级较低的教师。

调查中考察了汉语文教师与同事、家庭及其他社会成员进行交流时使用语言的情况，结果如下（表中“合计”中的“比例”指占总人数的比例，其他“比例”指占该水平等级总人数的比例）：

项目 \ 人数及比例 \ 等级	一甲		一乙		二甲		二乙		三甲		合计	
	人数	比例 %	人数	比例 %	人数	比例 %	人数	比例 %	人数	比例 %	人数	比例 %
汉语或汉语为主	24	85.71	39	54.93	163	58.42	30	40	2	8.70	258	54.20
蒙语或蒙语为主	4	14.29	32	45.07	116	41.58	45	60	21	91.30	218	45.80

经对比分析可以看出，普通话等级较高的教师在与同事、家庭及其他社会成员交流时使用汉语的比例高于普通话等级相对较低的教师。教师授课和课外使用语言情况也与普通话水平直接相关。教师的普通话越好，使用汉语的比例越高；同时，使用汉语的比例越高，也越有利于普通话训练。普通话水平较低的教师，授课和日常交流较少使用汉语，这也直接影响到他们普通话水平的提高。

调查得知，培训是提高普通话水平最为直接和有效的途径。取得普通话水平等级的教师都参加过培训，但培训次数不同。下表显示了普通话水平等级不同的教师参加培训情况（表中“合计”中的“比例”指占总人数的比例，其他“比例”指占该水平等级总人数的比例）：

项目 \ 人数及比例 \ 等级	一甲		一乙		二甲		二乙		三甲		合计	
	人数	比例 %	人数	比例 %	人数	比例 %	人数	比例 %	人数	比例 %	人数	比例 %
1 次	15	89.29	43	60.56	238	85.30	56	74.67	20	86.96	372	78.15
2 次	6	21.43	19	26.76	29	10.39	17	22.67	2	8.70	73	15.34
3 次	1	3.57	4	5.63	7	2.51	2	2.66	1	4.34	15	3.15
4 次	5	17.86	4	5.63	2	0.72	0	0			11	2.31
5 次	1	3.57	1	1.41	3	1.08	0	0			5	1.05

数据显示，培训次数和测试次数基本一致。各个等级中，绝大多数教师接受过一到两次培训。培训次数较多的教师，普通话水平确实在不断提高，培训是提高普通话水平的最为有效和直接的途径。

调查教师自己如何学习普通话时发现，多数教师学习普通话主要借助于书籍和广播、电视。通过书籍学习理论知识，通过广播、电视学习标准音。教师经常收听、收看广播和电视节目，绝大多数教师都收听“中国之声”节目，收看中央电视台1—12套节目以及地方电视节目。节目收听、收看率最高的是新闻，约占收看总时间的80%。从教师的学习状况看，大多数教师在工作中缺少一个良好的普通话交流环境，只有靠自己营造相对的学习环境。因为身边的同事多数使用民族语言授课和交谈，同时汉语方言也干扰普通话学习，而这些现实困难又不是短期内能解决的。

调查时还了解了教师学习普通话的态度。绝大多数教师对学习普通话持积极主动的态度。537人中有490人表示“学习积极主动”，占总数的91.25%；表示“被动学习”者仅有29人，占总数的5.40%；对学习普通话“态度一般”的有18人，占总数的3.35%。大多数教师对推行《中华人民共和国国家通用语言文字法》持积极支持态度，认为推广普通话是很有必要的，它能促使教师不断学习，提高自己的普通话水平。

总之，通过详细调查和深入分析，我们比较全面地掌握了民族中小学汉语文教师的普通话实际水平及学习、培训等相关情况。少数民族教师占绝大多数，他们的母语多数是蒙古语，汉语是他们的第二语言。尽管如此，他们的普通话水平等级几乎都达到了国家要求。这不仅与他们个人积极主动、勤学苦练有关，而且培训和测试也是提高其普通话水平的直接和有效途径。教师在工作和日常生活中，学习和训练普通话的有效途径还有：课堂和课外多使用普通话教学和交流，以提高语言实践能力；围绕普通话学习，拓宽相关专业知识，为普通话学习打下坚实的基础；努力营造动态学习环境，使理论知识水平和语言实践能力同步提高。内蒙古自治区地域辽阔，农村牧区中小学教育资源相对短缺，汉语教师缺乏，同时学习普通话的各方面条件很有限，但是我们相信，只要勤学多练，方法得当，并且适时接受普通话培训，经过一段时间，民族中小学汉语文教师的普通话水平和汉语文教学水平一定会有显著提高。

作者简介

王津京，女，蒙古族，辽宁朝阳人，讲师。研究方向：现代汉语语法学、汉语言文字学。

康方言区双语教育生态环境初探*

唐明钊
（四川民族学院）

摘　要　康方言是藏语三大方言之一。康方言区地跨川、滇、藏、青四省区，人口 240 余万，面积 66 万平方公里。双语教育生态环境是由自然、文化、社会、经济、人口、语言等多个因子组成的有机整体。复杂与脆弱是康方言区双语教育生态环境的基本特点，这一基本特点决定了康方言区双语教育的复杂性、任务的艰巨性。从长期发展的角度来看，建立良好的双语教育生态环境，构建和谐语言生活，既是康方言区教育自身发展的需要，也是民族和社会发展的需要。

关键词　康方言区　双语教育　生态环境

藏语属汉藏语系藏缅语族藏语支。藏语有卫藏、康区、安多三大方言，康方言是藏语三大方言之一。康方言区亦称康区，简称“康”，大致包括西藏自治区的昌都地区、那曲地区东部五县、林芝地区东部三县，青海省的玉树藏族自治州，四川省的甘孜藏族自治州和云南省的迪庆藏族自治州，地跨藏、青、川、滇四省区，面积 66 万平方公里。在这片广袤的土地上，生活着藏、彝、羌、回等少数民族人民。从生态学的视角，分析这一区域双语教育生态环境，归纳双语教育生态环境的特点，寻求与双语教育生态环境相匹配的双语教育模

*　本文系国家语委“十二五”科研规划 2014 年科研项目《康方言区藏族学生普通话学得现状调查与研究》（项目编号：YB125 — 110）阶段性成果之一。

式，探索提升教育教学质量的有效途径，构建和谐语言文字生活，促进经济发展与政治稳定，具有特殊的现实意义。

一、双语教育生态环境概说

双语教育既是世界性的，同时又是区域性的。双语教育生态是区域教育生态的特例。考察双语教育必须放在具体的区域教育生态环境。

“人类生态环境是一个包括自然环境、社会环境和规范环境在内的复合生态环境。”自然生态环境是社会生态环境的基础，社会生态环境又是文化生态环境和语言生态环境的基础，当然它们之间不仅存在层次关系，也存在交叉关系，这些生态环境共同作用于教育生态环境，双语教育生态环境只是教育生态环境中的一个特例。教育生态环境依赖于自然、社会、文化、语言等生态环境，同时又影响和改造自然、社会、文化、语言等生态环境。它们之间的简要关系示意如下图：

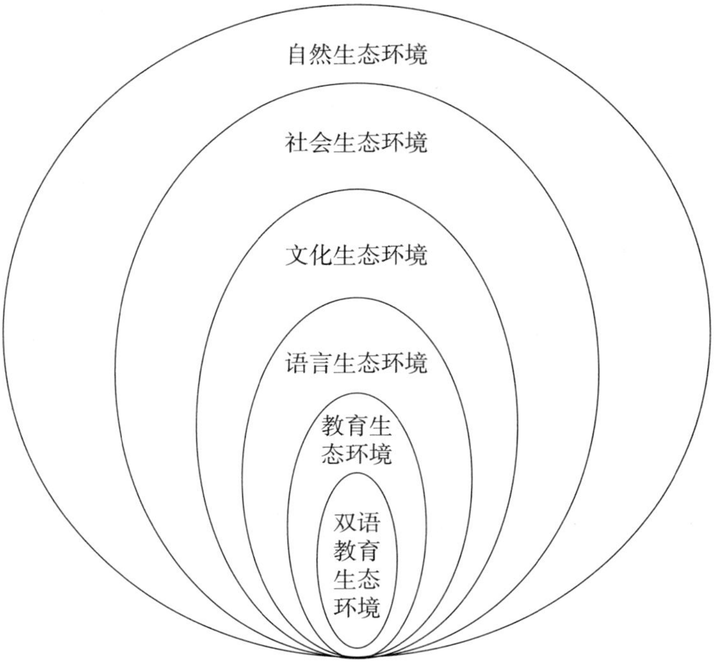

需要说明的是，这种梳理仅仅是一种尝试，目的在于为考察双语教育生态环境提供一个较为清晰的视角。

双语教育生态环境是由多个因子组成的有机整体，这个整体包括自然、文化、社会、经济、人口、语言等因子。双语教育生态环境主要构成因子如下图：

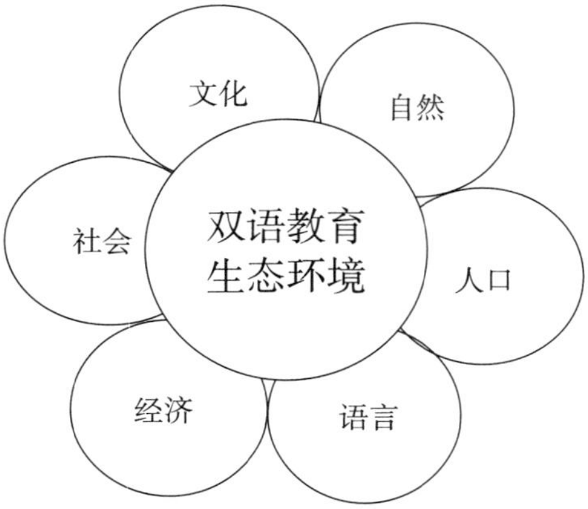

康方言区双语教育生态环境也是由这些因子组成的一个有机整体，只是在具体内涵上有其独特的一面。这些因子为双语教育研究、模式建构、质量提升路径等提供了一个视角——至少，可以跨越语言，从更多的视域去思考。正如法国思想家莫兰所说：“所谓‘生态化’思想意指这个思想把任何事件、信息或知识放置于它们与其环境的不可分离的联系之中，这个环境是文化的、社会的、经济的、政治的，当然还是自然的。它不仅把一个事件定位于其背景，它也促使看到这个事件怎样或者改变这个背景，或者另样地说明这个背景。”把康方言区双语教育放入康区生态环境，分析双语教育生态因子，关注整体与局部的关系，关注发展与变化，寻求一种开放式的方式探讨康方言区的双语教育的目的和意义也在于此。

二、康方言区双语教育生态环境因子

（一）自然生态环境因子

自然生态环境（natural environment）是指存在于人类社会周围的对人类的

生存和发展产生直接或间接影响的各种天然形成的物质和能量的总体。教育生态环境与自然生态环境息息相关，康区所处的自然生态环境决定了双语教育的自然生态环境。

康方言区位于川、滇、藏、甘、青五省区交界，其地理区域包括大渡河以西、鲁贡拉山以东、高黎贡山以北、巴颜喀拉山以南，是横断山区向青藏高原过渡区域，高山河流相间排列。这一区域地形复杂，地质条件十分脆弱，地震、泥石流、山体滑坡、雪灾等自然灾害频发。这一区域，既有雪山、荒漠、高原，也有峡谷，山岭与河谷之间相对海拔差大多在千米以上，气候从山下的亚热带到高山的亚寒带，垂直分带明显，气候差别很大，植物从亚热带植物到高山寒温带的植物，种类繁多。多样性、复杂性是康方言区自然生态环境的基本特点。加之，康方言区还有大面积的高山、高原分布，高寒，缺氧，一些地区近地面大气氧含量不及沿海地区的60%，自然生态环境十分恶劣。康方言区人口的分布、学校的布局都受制于复杂、恶劣的自然生态环境，自然生态环境决定了康方言区双语教育的特殊性和任务的艰巨性。

（二）社会生态环境因子

社会生态环境是一个十分复杂的生态系统，政治、法律等都是社会生态环境的重要组成因子。

我国是由56个民族组成的多民族的国家，多语并存是基本国情，也是双语教育最基本的社会生态环境。

《中华人民共和国宪法》第4条规定："各民族都有使用和发展自己的语言文字的自由。"《中华人民共和国国家通用语言文字法》规定，"国家通用语言文字是普通话和规范汉字"，"国家推广普通话，推行规范汉字"，"公民有学习和使用国家通用语言文字的权利"。《中华人民共和国教育法》第12条规定："汉语言文字为学校及其他教育机构的基本教学语言文字。少数民族学生为主的学校及其他教育机构，可以使用本民族或者当地民族通用的语言文字教学。学校及其他教育机构进行教学应当使用普通话和规范汉字。"《中华人民共和国民族区域自治法》第37条规定："招收少数民族学生为主的学校（班级）和其他教育机构，有条件的应当采用少数民族文字的课本，并用少数民族语言讲课；根据情况从小学低年级或者高年级起开设汉语文课程，推广全国通用的普通话和规范汉字。"

1950年颁布的《培养少数民族干部试行办法》规定："长期班的少数民族学生除学好本民族语文外，也应学习汉语汉文。"1951年11月23日，政务院批准的《关于第一次全国民族教育工作会议的报告》指出："有现行通用文字的民族，小学、中学必须用本民族语文教学。"报告还指出："少数民族教育的内容与形式问题、课程教材问题，既要照顾民族特点，又不能忽视整个国家的统一性。"1953年2月，教育部《关于兄弟民族应用何种语言教学的意见》明确少数民族学校应使用本民族语教学。1954年7月，教育部《关于甘肃临潭初中增设藏文课程的问题给西北教育局的批复》提出："民族学校必须设置民族语文课程。"

1982年8月30日教育部《关于全面贯彻党的宗教政策，正确处理少数民族地区宗教干扰学校教育问题的意见》指出："在有民族文字的少数民族中学，应尽快恢复民族语文教学，使学生首先学好本民族语文，并根据需要同时学好汉语文。"1980年10月9日教育部、国家民委《关于加强民族教育工作的意见》要求："凡有本民族语言文字的民族，应使用本民族的语文教学，学好本民族语文同时兼学汉语汉文。"

总之，民族语文应该成为民族学校的教学语言，民族学校应该为学生提供民族语文、汉语文双语学习环境。从政治、法律层面看，党和政府为民族地区实施教育提供了良好的双语教育的社会生态环境。

随着"村村通工程""西新工程"的实施，西藏自治区广播电视进入了快速发展的新时期。全区广播电视人口综合覆盖率分别达到90.28%和91.41%，广播电视频道不断增加。截止2010年底，全区县级以上城镇可以收听收看到三套无线广播电视节目，康区和拉萨听众还可以收听到康巴语广播节目，收看30套以上有线电视节目。

在四川省甘孜州，从"村村通"到"户户通"，中央、省级广播电视节目已覆盖甘孜州98万余人，全州广播电视综合人口覆盖率分别达到90.94%和90.41%。可以收看收听四川二套、四川五套、峨眉电影、四川科教、甘孜台、康定台等电视节目和数据广播。

加上各级各类的出版机构，特别是民族出版机构出版的大量的民族语的、双语的出版物，康方言区的双语媒介环境已经进入一个多元化的时代，这为双语教育提供了一个良好的媒介环境。

（三）文化生态环境因子

康方言区地处民族走廊地带，不同民族的文化长期在这一特定的区域交流与融合并逐渐形成了独特的康巴文化。“千百年来康巴文化形成了以藏族文化为主体，兼容其他民族如汉、彝、羌、纳西、蒙等14个少数民族文化，具有多元性、复合性特色的地域文化。”康方言区既是历史上从四川、云南进入藏区两条重要的茶马古道的必经区域，又是著名的藏彝民族文化走廊。康方言区不仅有茶马古道、藏彝走廊，还有德格印经院等著名藏族文化遗存，还有大量的非物质文化遗产，仅四川省甘孜藏族自治州就有格萨尔、康定溜溜调、真达锅庄、色达藏戏、甘孜踢踏、巴塘弦子舞等已经立项保护的国家级、省级非物质文化遗产56项，覆盖艺术学、民俗学、民族学、历史学、社会学、人类学等诸多学科，其内容包含了民俗、音乐、舞蹈、美术、文学、戏剧、手工艺、医药等，其形式包括了表演艺术、说唱艺术、制作工艺及民风习俗等，其数量之多、内容之丰富，居四川省各地、市（州）之首。康方言区文化生态环境的丰富与多样性可见一斑。

（四）语言生态环境因子

方言的形成与变迁与一个民族的社会历史、地理分布、自然环境以及经济发展等诸多因素密切相关。康方言区独特的地理环境和交融共生的民族走廊在很大程度上促进了语言的交融与多元化。康方言是藏语三大方言之一，又称康巴语，是以德格藏话为标准音的藏语方言，虽然与卫藏方言相似，但仍存在一定的差别，特别是康方言内部差异较大。《中国语言地图集》（1987）将其分成六个土语：

1. 东部土语：昌都、那曲和林芝东部以及甘孜州，使用人数占康方言的2/3；

2. 南部土语：迪庆州北部，使用人数占康方言的1/10；

3. 西部土语：羌塘大部，包括那曲西北大部，并向西一直延伸到改则县，使用人数占康方言的1/10；

4. 北部土语：玉树州；

5. 卓尼土语：卓尼县、迭部县（属于安多地区）；

6. 舟曲土语：舟曲县（属于安多地区）。

格桑居冕在其《藏语方言概论》（2002）中将康方言分为三个次方言：北路次方言、南路次方言和牧区次方言：

北路次方言：以德格话为代表，在康方言中通行较广，主要分布在甘孜藏族自治州的康定、雅江、炉霍、新龙、甘孜、石渠、德格等县，青海玉树藏族自治州的玉树、囊谦和昌都地区沿公路各县。

南路次方言：以巴塘话为代表，主要分布在甘孜藏族自治州的南路，包括理塘、巴塘、德荣、稻城、乡城，云南迪庆藏族自治州和昌都地区的宁静、芒康一带。

牧区次方言：以丁青话、黑河话为代表，主要分布在昌都地区北部丁青、巴青一带，西藏那曲地区和青海玉树藏族自治州的杂多、称多、曲玛等地。这些地区基本上以牧业为主，比较接近安多方言，但有声调。

实际上，在康方言区内部，语言的差异更为复杂，如在大渡河、雅砻江河谷内就有嘉绒、木雅、固羌、里汝、尔苏、扎巴、尔龚、曲域等与藏语三大方言迥异的几种特殊语言或方言，形成了一个个“语言孤岛”。以甘孜州康定县为例，在康定县有一个鱼通区（现属康定县姑咱镇），该区有一种方言，当地人叫“地脚话”，有学者称之为“鱼通藏话”，除本地能说能听懂以外，在其他地区均无法进行交流与沟通。

在康方言边缘或交叉地区，语言的生态环境则更复杂。以甘孜州丹巴县为例，丹巴县与康定县、道孚县、阿坝藏族羌族自治州小金县、金川县为邻，在其境内不仅有“嘉绒”藏话，还有羌语“打玛”话和“嘉卡布”话，其中，藏语“嘉绒”话又分“东谷”话、“巴底”话和“二十四村”话，“五条沟五种语言”是这一区域多语现象的真实写照。

藏语如此，汉语同样也存在很大差异。以四川省甘孜州康（定）泸（定）丹（巴）九（龙）雅（江）相邻五县为例：虽然大范围属于四川方言，但各有特点，泸定属于四川方言之雅棉小片；九龙的汉语方言又带有一些彝语的语音特点；丹巴的 zh、ch、sh、r 的发音又与成都彭州、郫县等地比较接近；在雅江，藏汉两语结合又形成了雅江“倒话”；在康定，虽然汉语方言与成都话比较接近，但其词汇、语调又有其自身的特点。

如果把藏语和汉语方言具体的社会语言环境联系起来看，其语言的复杂与多元性则表现更为明显。以康定为例：康定人使用的主要语言有木雅语、鱼通话（贵琼语）、藏区康方言、彝语、羌语、普通话和汉语方言（西南官话）等。随着社会经济的开放与发展，一些藏族、彝族等少数民族居民仅仅在自己民族交际范围内如家人、族人之间的交流中才使用民族语言，其他时间更多地使用汉语方言进行交际。本地藏族使用的汉语方言除了保留少量来源地汉语方言的痕迹外，更多具有西南官话的特点，属于西南官话川西片康藏小片，同时又受到当地民族语如藏语、羌语与彝语的影响。

康方言区语言的复杂性决定康方言区双语教育的语言生态环境。简要图示如下：

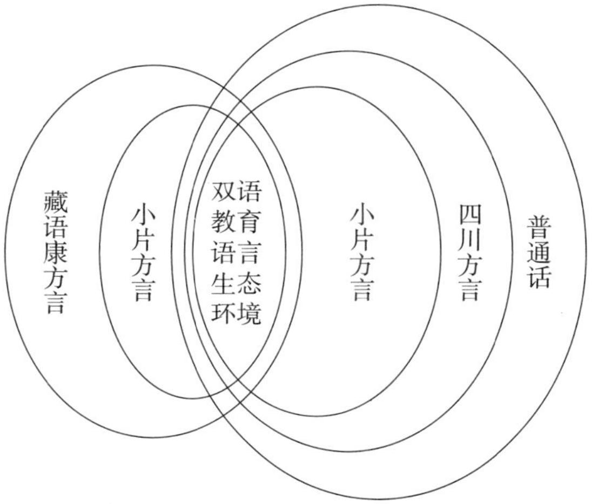

双语教育要让学龄儿童从次方言到方言，再到民族共同语，再到族际共同语，其难度可想而知。这里还不包括学龄儿童在学习过程中可能面对操不同民族方言的教师为其提供的课堂语言生态环境。

（五）社会经济发展因子

社会经济发展水平在一定程度上决定了教育的投入，决定了教育的基础条件。根据《西部大开发 10 年，康巴地区经济社会跨越发展》统计：迪庆州 2000 年至 2009 年，生产总值从 11.03 亿元增长到 63.66 亿元，年均增长 21.5%；农民人均纯收入从 734 元增长到 2936 元，年均增长 16.7%。昌都地区 2009 年全区生产总值达 57.9 亿元，第一产业总产值、工业总产值、固定资产投资分别达 21.96 亿元、7.02 亿元、51.5 亿元，财政收入达 2.78 亿元。甘孜州 2009 年全州地区生产总值达 103.15 亿元，地方财政收入 14.5 亿元，农牧民人均纯收入 2229 元。玉树州西部大开发 10 年间，玉树州 GDP 从 1999 年的 3 亿余元增加到 2009 年底的 25.5 亿元，增长 8.4 倍，年均增长 66.23%，2009 年全州人均 GDP 达 7390 元。

10年累计完成全社会固定资产投资79.201亿元。城镇居民人均可支配收入10年年均增长16.22%。农牧民人均纯收入10年年均增长13.42%。

康方言区经济建设成效显著，但由于自然条件艰苦，加之历史的原因，经济发展相对滞后于发达地区，这种差距虽然随着国家西部大开发等一系列政策的实施有所改变，但整体上仍然存在较大差距。这种差距不仅制约了地方政府对教育的投入，也制约了家庭对教育的投入。

（六）行政区划与人口因子

在康方言区，生活着藏、羌、汉、彝、纳西、蒙、回、傈僳、白、苗、怒、普米等民族。根据各州（区）统计资料，康方言区行政区划与人口分布如下表：

地　区	面积	行政区划	人口	其中藏族人口数及比例
云南迪庆藏族自治州	2.387km^2	香格里拉县、德钦县和维西傈僳族自治县3县	37.45万	33.81万
四川甘孜藏族自治州	15.26km^2	康定、丹巴、泸定、雅江、九龙、道孚、炉霍、甘孜、德格、白玉、新龙、色达、石渠、理塘、巴塘、稻城、乡城、得荣18个县	93.05万	73.20万（占78.7%）
青海玉树藏族自治州	26.7km^2	玉树、称多、囊谦、杂多、治多、曲麻莱6县	28.31万	26.98万（占95.3%）
西藏昌都地区	11km^2	昌都、江达、贡觉、类乌齐、丁青、察雅、八宿、左贡、芒康、洛隆、边坝等11个县	55万	占95%以上
西藏自治区那曲地区*	42km^2	那曲、安多、嘉黎、丁青、尼玛、聂荣、比如、申扎、索县、班戈、巴青10个县和1个特别行政区	39万	32万多（占98.86%）
西藏自治区林芝地区**	11.7km^2	林芝、米林、工布江达、墨脱、波密、察隅、朗县7个县	17.3万	11万多（占90%以上）
合计	109.047km^2		270.11万	219.28万（占81.18%）

说明：*其中嘉黎、聂荣、比如、索县、巴青5县属康方言区。

**其中墨脱、波密、察隅3县属康方言区。

根据全国第六次人口普查统计公报，我国人口分布的理论平均值为142.8人/平方公里。康方言区人口分布的理论平均值为2.48人/平方公里。

康方言区人口居住分散、民族构成多元，并分属不同的行政管辖区域。如果把康方言区藏语方言与人口分布进行对应列表，就会发现这种交错多元的分布给双语教育的规划、组织与实施带来的难度。

三、复杂的双语教育生态环境

自然、文化、社会、经济、人口、语言等多元双语教育生态因子共同构成了双语教育生态环境，也决定了双语教育生态环境的复杂性。康方言区双语教育生态环境复杂性至少体现在以下几个方面。

一是自然条件艰苦。

二是不同社会经济的区域分布。根据种植业和畜牧业的分布，康方言区有农区、牧区、半农半牧区；根据人口地理和行政区划，康方言区有城镇、农村、牧区。不同区域的产业特点、社会生产方式各不相同，而且社会经济发展水平差异较大，因此对基础教育，包括家庭教育投入的差异也十分明显。

三是语言文化多元。康方言区语言文化异彩纷呈，是典型的语言文化生态资源宝库，双语教育的难度也在于此，一方面要保护多元语言文化，另一方面要在多元语言文化背景下实施双语教育。特别是在语言教育方面，学龄儿童既要适应从民族语小片方言如“地脚话”“牛场话”到康方言，也要适应从四川方言小片到普通话，语言学习的难度可想而知。需要说明的是，如果在师资不能“对接”的情况下，这种难度会更大。

四是区划与双语人口分布不均。从藏语方面来说，虽然属于一个大的方言区，但同时又属于不同的行政区划，加之人口在地理区域和行政区划上的分布不均，双语教育的学校布点困难。

近年来随着社会经济发展的需要，人口的钟摆式迁徙明显，加剧了社会、人口、经济、语言、文化等生态环境分布的不均衡性，特别是学龄人口数量的变化，给双语教育学校布局与规模设置带来了一系列问题，进而也导致了康方言区教育资源分布的不均衡。

四、康方言区双语教育生态环境对双语教育的影响

为了适应复杂的双语教育生态环境，康方言区实行三种双语教育模式。

第一种：除汉文外所有课程均用藏文教材，用藏语讲授，同时开设一门汉语课程，简称“藏单”模式，亦称一类模式。牧区学校多采用此模式，特别是小学阶段，一般是从小学三年级开始增设汉文课程。多数地区“藏单”模式的学生小学毕业后升入初中便转入“藏加”模式。也有少数能继续接受“藏单”模式的双语教育，直到初中毕业甚至高中毕业。

第二种：除藏文外所有课程均用汉文教材，用汉语讲授，同时开设一门藏文课程，简称“藏加”模式，亦称二类模式。农区和半农半牧区多采用此模式，一般是从小学三年级开始增设汉文课程。“藏加”模式学生小学毕业后升入初中后有转入“藏单”模式的，有继续“藏加”模式的，也有转入普通模式的。

第三种：以汉语为主，同时开设英语的普通模式。城镇多采用此类模式。

这三种模式虽然在整体上已经形成从小学到大学的双语教育体系，但在体系内部还存在很多问题。以甘孜藏族自治州的“藏单”模式为例，虽然从小学到高中均设有“藏单”模式的学校，但全州 18 县只有一所藏文中学和两所一、二类模式兼有的康北民族中学和康南民族中学，而且藏文初中也不多。也就是说，“藏单”模式的小学毕业生在上中学时便有可能接受“藏单”模式以外的双语教育模式，比如“藏加”模式，甚至普通模式，由于面临新的语言学习环境，其学习的压力与学业的水平可想而知。

近年来，随着国家加大对民族教育的投入，加之升学导向，高中阶段的“藏单”模式增加很快。以四川省甘孜州为例，康北民族中学、康南民族中学均以“藏单”模式为主，兼“藏加”模式。虽然升学率提升很快，但大部分升学主要集中在民族语言学类专业，如中国少数民族语言文学（本科）、中国少数民族语言文化（专科）或少数民族本科预科、少数民族专科预科，升入高校理科类专业的高中毕业生相对较少。这不仅加剧了民族地区人才学科专业结构失衡，就业压力增大，而且也导致了另一个问题：民族地区双语教育迫切需要的双语学科专业师资不平衡，除民族语文外，其他学科，尤其是数学、物理、化学、生物等民汉双语师资紧缺，严重影响了双语教育健康发展。

在复杂的双语教育生态环境中（城乡二元结构、农牧区社会生态环境差异、多元文化并存、语言生态资源丰富），在保护多元民族文化和语言生态资源的前提下，双语教育对于构建和谐语言生活、促进区域社会经济与文化教育协调发展、促进民族团结，具有十分重要的现实意义。双语教育所面临的不仅仅有教育模式、师资、教材、语言与文化等问题，还有十分复杂的教育生态问题。在康方言区，学生可能面临更复杂的语言文化生态环境：在民族语方面，学生可能面临着类似于“地脚话”“牛场话”到康方言的问题，有的还有可能面临从康方言到安多方言的问题，语言适应能力强的学生可能需要一学期，语言适应能力差的学生可能需要一年到一半时间；在汉语方面，学生一开始可能接触到标准的普通话，也有可能是带着汉语方言语调的“普通话”，还有可能是带着民族语言特色的“汉话”，普通话水平测试情况也证实了这一问题。一般来说，康方言区的学生的普通话水平存在两个极端，一个极端是一些学生的普通话发音标准，另一个极端是一些学生普通话水平较差。双语教育既要解决学生的语言习得问题，又要解决学科专业知识问题，学生既要适应多语环境，又要在多语环境中掌握两种甚至三种标准语，还要学习和掌握学科专业知识，其难度不言而喻。虽然国家在招生政策上已经考虑到民族地区双语教育的特殊性，如单独制订招生计划，单独确定分数线等，但在统一考试内容的前提下，这种单独确定分数线单独录取方式并不能从根本上解决双语教育所面临的问题，从教育生态学来看，双语教育的外部生态环境还需要进一步优化。

《国家中长期语言文字事业改革和发展规划纲要（2012 — 2020 年）》明确提出要加快民族地区国家通用语言文字的推广和普及，到 2020 年完成义务教育的少数民族学生能够熟练掌握国家通用语言文字。2014 年 4 月，习总书记在新疆考察时强调：少数民族孩子双语教育要抓好，学好汉语将来找工作会方便些，更重要的是能为促进民族团结多做贡献。双语教育是提高民族语言能力、构建和谐语言生活、传承民族文化的重要途径。无论是双语教育还是普通话教学与推广都必须基于这一特定的语言生态环境。康方言区双语教育生态教育环境的复杂性决定双语教育任务的艰巨性，本文仅概要性地分析了康方言区双语教育生态环境的基本面以及对双语教育的影响，以期抛砖引玉，共同建设一个良好的双语教育生态环境，促进康方言区双语教育健康协调发展。

参考文献

［1］范国睿．教育生态学 [M]. 北京：人民教育出版社，2007.

［2］莫兰．复杂性理论与教育问题 [M]. 北京：北京大学出版社，2004.

［3］吴明海．中外民族教育政策史纲 [M]. 北京：中央民族大学出版社，2006.

［4］国家教委民族地区教育司．少数民族教育工作文件选编 [Z]. 呼和浩特：内蒙古教育出版社，1991.

［5］凌立．康巴民俗文化 [M]. 成都：四川人民出版社，2012.

［6］王琳琳．如何引导康巴地区语言文化的传承和发展 [J]. 中国市场，2010（52）.

作者简介

唐明钊，男，四川成都人，副研究员。研究方向：教育管理、民族教育。

四川省民族地区居民普通话学习和使用态度调查*

米晓梅　刘　凯
（四川省普通话水平测试中心　四川工程职业技术学院）

摘　要　推广普通话的效能受制于多方面的因素，大众的语言态度尤其值得关注，为此我们对四川民族聚居和杂居区人员的普通话学习和使用态度进行了调查。调查结果表明，四川民族地区居民整体上对普通话有较强的认同感，普遍认为普通话在民族交往和自身生活学习中具有极重要的地位。对普通话良好的认同感和较高的期望值，以及由此催生的学习积极性，成为助推四川民族地区普通话推广工作的重要力量。

关键词　语言态度　民族地区　普通话

四川是一个多民族大省，各族人民使用着近20种语言。在这些区域推广和规范使用国家通用语言普通话，使之成为各族人民的共同交际工具，促进民族间的沟通与发展，是一项重要的工作。为促进此项工作的开展，我们在2011年至2014年间对四川民族地区居民普通话学习和使用态度进行了调查。

*　本文为国家语委普通话与文字应用培训测试中心项目“民族杂居区普通话培训测试现状调查与研究”（PG09009）阶段性成果。

一、四川省民族地区和语言分布概况

（一）四川省民族地区基本状况

四川是人口众多的多民族大省，截至2010年底，四川全省登记的户籍总人口约8998.17万，常住人口约8041.82万人。[①] 四川除汉族以外各兄弟民族人口为490.80万人，占人口总数的6.10%。彝、藏、羌、苗、回、蒙古、土家、傈僳、满、纳西、布依、白、壮、傣族等14个民族为世居民族，其中人口在10万人以上的民族有彝族、藏族、羌族、苗族和回族。四川各兄弟民族聚居地多在川西高原和大小凉山地区，省内有18个市为少数民族散杂居地区。

四川人口最多的兄弟民族是彝族、藏族和羌族。四川彝族人口总数达264.40万人，主要聚居在大小凉山和安宁河地区的凉山彝族自治州、马边彝族自治县、峨边彝族自治县。全省其他地市散居着数量不等的彝族同胞，人数较多的有攀枝花市郊区和米易、盐边，甘孜藏族自治州的九龙县、泸定县，雅安市汉源县、石棉县，宜宾市屏山县，泸州市古蔺县、叙永县等地。

四川是中国第二大藏区，藏族人口149.55万人，主要聚居在位于四川省西部、青藏高原东南部的甘孜藏族自治州、阿坝藏族羌族自治州以及凉山彝族自治州木里藏族自治县境内，省内其他市县亦散居着数量不等的藏族同胞。

四川是中国唯一的羌族聚集区，羌族人口29.69万人，集中居住在地处青藏高原的东部边缘的阿坝藏族羌族自治州的茂县、汶川、理县，绵阳市北川羌族自治县，其余散居在阿坝州松潘、黑水、九寨沟县，甘孜藏族自治州丹巴县，绵阳市平武县，成都市的都江堰市以及雅安等地。

本课题的调查主要就在四川兄弟民族最集中的民族聚居和杂居区凉山彝族自治州、甘孜藏族自治州和阿坝藏族羌族自治州展开。

凉山彝族自治州位于四川省西南部，川滇结合处，截至2010年全州总人口453.28万人，其中彝族222.68万，占总人口的49.13%；汉族225.55万人，占总人口的47.55%。州内还居住着回、藏、蒙古、纳西、傈僳、布依、满、白、傣、土家等12个世居少数民族，人口共约14.6万人，占全州人口总数的3.6%，各族同胞以大分散、小集中形式分布于州内17个县市。

---

① 本部分截至2010年底的人口数据，均来自四川省统计局2011年5月7日发布的《2010年第六次全国人口普查主要数据公报》。

阿坝藏族羌族自治州位于四川省西北部，截至2010年全州总人口为89.8713万人，其中藏族48.9782万人，占总人口的54.50%；羌族15.7969万人，占总人口的17.58%；汉族22.0679万人，占总人口的24.55%；其他民族人口为3.0283人，占3.37%。

甘孜藏族自治州位于四川省西部，地处四川、云南、西藏、青海四省区交界处，截至2010年全州总人口为109.1872万人，其中藏族85.48万人，占总人口的78.29%；汉族19.92万人，占总人口的18.24%；其他民族占3.47%。甘孜州有藏、汉、回、彝、羌、纳西、苗等25个民族，其中藏族为主体民族。各族人民以大范围聚居、小范围杂居方式居住在州内。

（二）四川境内民族语言概况

四川境内的语言资源丰富，除汉语以外，汉藏语系的诸多语言在四川都能找到样本。四川14个世居兄弟民族中，除回族、满族外均使用本民族语言。

川西高原位于青藏高原东南部，也是岷江、大渡河、雅砻江、金沙江、澜沧江、怒江等六条由北而南的大河形成六江流域的一部分。该区域地理位置偏僻，交通极为不便，历史上形成天然的民族活动地带。这里长期以来的封闭环境，使得众多古老的民族语言得以保存，成为多种语言并存的一块宝地。今四川甘孜、阿坝、凉山三个民族自治州就处于这个区域。据研究，这一地区“存在着近20个族群和20种语言，这些语言长期交融：除了本地区使用的藏、彝、羌语和族际共同语——汉语以外，本地还零星分布着一些底层民族语言，当地居民称为‘地脚话’”。

四川境内各民族语言主要是汉藏语系藏缅语族的藏语支、羌语支、彝语支以及其他民族语言。

凉山彝族自治州主要通行的语言有彝语、汉语、藏语和其他民族语言，以及当地人所称的各种“地脚话”。州内使用范围最广的是汉语方言，李蓝《西南官话的分区（稿）》将其包括州府西昌市在内的主体划为北方方言西南官话川西片凉山小片，此片主要受彝语影响；甘洛县和冕宁县归西蜀片雅甘小片，特点是入声今读阴平；木里藏族自治县属于川西片康藏小片，受藏语影响。在彝族聚居区，彝语是彝族同胞最主要的交流工具，“在彝区的县、乡一级和广大的农牧民乡村，彝语是第一交际语言，有94%以上的人主要使用彝语”。州内彝族主要使用彝语北部方言中的南、北两个次方言。北部次方言中的什扎土语为凉山彝语标准语，以喜德语音为标准音。藏语主要通行于木里藏族自治县，大部分藏族为藏语、汉语的双语人。州内居民还使用傈僳语、纳西语、尔苏语、纳木义语、史兴语、普米语等，使用这些话的居民多兼通汉语。

阿坝藏族羌族自治州主要通用汉语、藏语、羌语及其他民族语言和地脚话。汉语属西南官话川西片康藏小片，主要受藏语影响。藏语主要属于安多方言区，突出特点是没有能区别意义的声调。州内羌族通用羌语，分为北支和南支，北支受藏语支语言影响大，南支受彝语支语言影响大。相当部分羌族兼通汉语或藏语。羌族长期通用汉文。州内居民还使用白马语[①]、嘉绒语、拉坞戎语等。

甘孜藏族自治州主要通用藏语、汉语及其他民族语言。藏语在州内各县广泛使用，主要有康方言、安多方言，以康方言影响最大，通行区域最广，是州内的主要交际工具，也是州内各类学校使用的教学语言，但康北和康南方言语音差别大，甚至无法通话。安多方言主要在牧区使用。彝语的使用范围集中在九龙和泸定，属于彝语北部方言区下北部次方言什扎土语。彝族聚居区内汉语使用十分普遍，部分彝族还能用藏语交流。州内居民还使用羌语、嘉绒语、纳西语、木雅语、尔苏语、贵琼语、纳木义语、普米语、道孚语、却域语、扎巴语、尔龚语和曲通语等。区内不少地方藏语、汉语和其他语言混合使用。

汉语在各自治州内通行，汉语方言既是州内汉民族通用的方言，也成为其他民族的第一用语或第二语言。例如，四川藏族人口95%使用藏语，其中有40%左右的人兼通汉语；彝族人口中95%使用彝语，其中约60%的人兼通汉语。汉语方言成为人们日常生活和工作场合的通用交际用语。

随着对外交流的频繁，经济、文化、旅游等不断发展，不同民族的交往更加密切，语言间的相互影响也日渐深入，同时，拥有共同交际手段的愿望也更加强烈。在多民族、多语言和方言共存的杂居区，推广和使用国家共同语成为一项重要任务。推广普通话的效能受制于多方面的因素，大众的语言态度尤其值得关注。为了更好地做好这项工作，我们对四川民族地区居民的普通话学习

① 关于白马语的性质，目前尚有分歧，部分学者认为它是藏语方言。

态度进行了调查。

二、四川民族地区居民普通话学习和使用态度调查对象和调查内容

语言态度又称“语言观念”，是一种复杂的社会心理现象，反映的是人们对语言或语言变体社会价值的认识和评价。戴庆厦（1993）认为：“语言态度是指人们对语言使用价值的看法，其中包括对语言的地位、功能以及发展前途等的看法。”王远新（2002）认为：“在双语和多语（包括双方言和多方言）社会中，由于社会或民族认同、情感、目的和动机、行为倾向等因素的影响，人们会对一种语言或文字的社会价值形成一定的认识或作出一定的评价，这种认识和评价通常称为语言态度。”语言态度就是一种语言价值观，是说话人对某种语言的主观的评价，它对语言的实际使用倾向有指导作用，说话人的实际需要、感情、兴趣都是影响语言态度的因素。

四川民族地区居民民族构成复杂，语言和方言众多，对不同语言形式的需求使其语言态度也呈现多样性。我们主要采用调查问卷和访谈的方式对四川民族地区居民普通话学习和使用态度进行了调查，其中问卷调查对象主要是教师和学生。凉山彝族自治州问卷调查对象主要来自西昌学院、四川省彝文学校、西昌三中、西昌五小、2012 年四川省第一期（凉山）少数民族双语骨干教师普通话培训班（以下简称“凉山班”）100 位学员；甘孜藏族自治州问卷调查对象主要来自四川民族学院、康定中学、康定民族中学、藏小、2012 年第二期（甘孜）少数民族双语骨干教师普通话培训班（以下简称“甘孜班”）200 位学员；阿坝藏族羌族自治州问卷调查对象主要来自阿坝高等师范专科学校、汶川二中、汶川八一小学、2012 年第三期（阿坝）少数民族双语骨干教师普通话培训班（以下简称“阿坝班”），此外还有四川师范大学教师培训中心 2013 年“四川民族地区中小学校长培训班”的 80 余位学员。访谈对象包括民族地区各类人群，如政府机关、企事业单位人员，学校教职员工、学生，窗口行业服务人员，以及普通群众，涵盖了民族聚居区和杂居区的不同民族、性别、年龄段、文化程度、职业的人群，代表了不同社会群体成员的普通话学习和使用状况。

调查内容主要涉及四川民族地区居民普通话学习态度和使用态度两个大的

方面，包括居民对普通话重要性的认识、普通话学习态度、普通话使用态度等大的方面，通过学习和使用普通话动机、普通话的学习目标、普通话对你与其他民族交往的重要性、普通话对你的学习的重要性、普通话对个人工作质量的帮助、普通话对社会和个人发展的帮助、普通话使用场合、普通话使用对象以及不说普通话的原因等子项目反映。

三、四川民族地区居民普通话学习和使用态度

（一）普通话重要性的认识

我们分别从总体上和对一些个别具体问题进行了调查。在访谈中，大部分受访者都认为在现代中国社会普通话非常重要，如果不会普通话，外出交流会受到很大限制，甚至连看电影电视都会受到影响。问卷调查的相关项目亦显示出相同的结果。

“普通话对你与其他民族交往的重要性”一项调查，来自西昌学院的86位学生中，选择“很重要”的47人，占总人数的54.65%；选择“较重要”的29人，占总人数的33.72%；选择“有些重要”的8人，占总人数的9.30%；只有2位选择“不重要”。来自四川省彝文学校的65位学生中，选择“很重要”的49人，占总人数的75.38%；选择“较重要”的有10人，占总人数的15.38%；选择“有些重要”的5人，占总人数的7.69%；只有1位选择“不重要”。访谈中，受访人员表示，在和其他民族甚至本民族交往的过程中，普通话都有很重要的作用。以藏族为例，由于藏语方言差异很大，很多地方的方言互相无法交流，族内又没有形成统一的民族共同语口语形式，因此自然选择汉语作为不同方言区人群的交际工具。他们对普通话的重要性有清晰的认识。

“普通话对你的学习的重要性”一项调查，西昌学院的86位学生中，选择“很重要”的55人，占总人数的63.95%；25人选择“较重要”，占总人数的29.07%；选择“有些重要”的5人，占总人数的5.81%；仅1位同学选择“不重要”。四川省彝文学校的65位学生中，选择“很重要”的57人，占总人数的87.69%；选择“较重要”的7人，占总人数的10. 77%；1人选择“有些重要”，无人选择“不重要”。“甘孜班”学员选择“很重要”和“较重要”的人数也占到了80%以上。在访谈中，阿坝高等师范专科学校受访学生均表示普

通话对其学习非常重要，甘孜州职业技术学校受访学生认为普通话学习状况对其学习成绩有很大影响，老师对学生学习普通话有明确具体的要求。

“普通话对社会和个人发展的帮助”一项调查，随机抽取来自甘孜和阿坝两州的400份调查问卷，选择“十分必要”的377人，选择“可有可无”的11人，选择“无必要”的2人，选择“说不清楚”的9人，另有2人未注明。其中所占比例如下图所示：

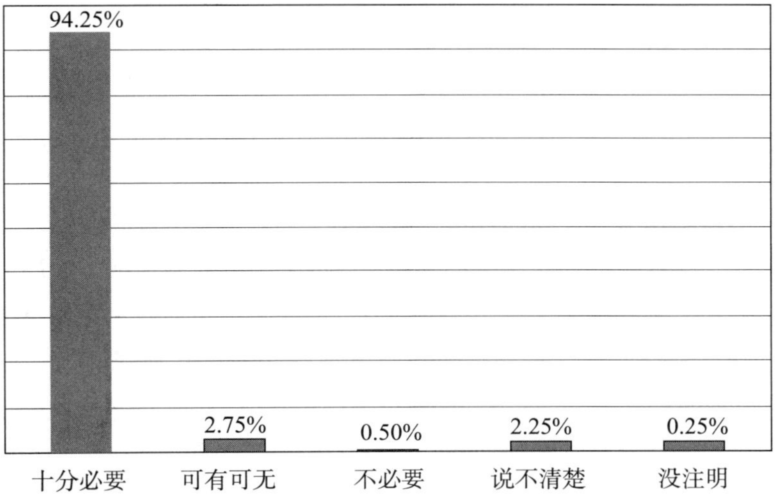

图1　普通话对社会和个人发展的帮助分析示意图

四川民族地区人群对普通话在社会和个人发展中所起的作用认识一致，有高达94.25%的人认为普通话对社会和个人发展是十分必要的。可以看到，随着社会不断向前发展，推普工作的成绩已经开始显现，普通话在四川民族地区获得了极大的认同感，区内居民对普通话持积极和肯定的态度，为今后加大普通话普及程度并进一步提高普通话水平奠定了良好的基础。

“普通话对个人工作质量的帮助”一项调查，同样抽取400份问卷中，选择“有较大帮助”的336人，选择“略有帮助”的45人，选择“没有帮助”的2人，选择“影响表达”的14人，选择“说不清”的5人，另外还有4人没有注明。

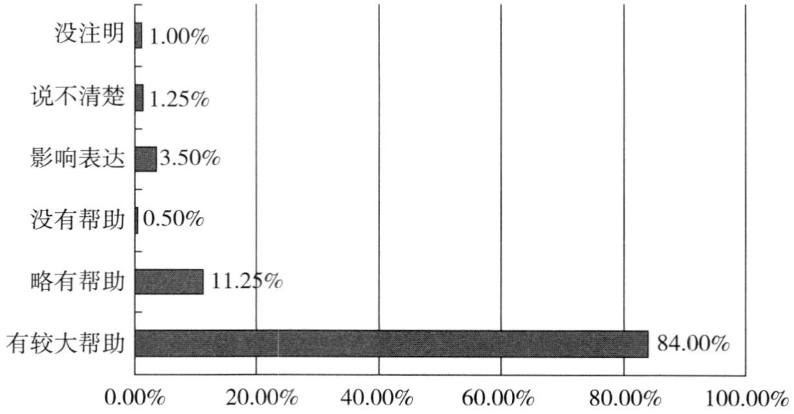

图 2　普通话对个人工作质量帮助分析示意图

普通话对工作质量帮助的程度，与被调查人的工作单位和工作性质有相当大的关联性。在教育部门和窗口行业中，普通话是从业人员的工作用语，教师和师范院校学生的普通话水平还有级别要求，因此普通话对工作质量的帮助不言而喻，在这类行业中高达 84% 的人认为普通话对工作质量有较大的帮助。不过，即便是这些行业中，被调查人的工作环境也会影响他们的看法，如来自甘孜州乡城县寄宿制小学和阿坝州红原县小学的两位教师，在双语学校担任藏语文和藏文数学教学工作，教学语言为藏语，学生都是藏族，教学中没有使用普通话的环境，他们认为普通话对其工作质量没有帮助。同时，也有部分教师认为，目前所规定的藏语文教师评定副高职称时普通话水平等级必须达到二级甲等的要求过高，对自己的工作帮助不大。

分项调查的结果表明，四川民族地区内居民对普通话的重要性问题的认识带有相当大的一致性，他们普遍认为普通话对其日常生活、工作质量有着重要影响。

（二）普通话学习态度

普通话学习态度的判定主要从学习和使用普通话动机、普通话学习目标两个方面展开。

在四川民族地区，普通话学习和使用者已有相当数量，为此，我们对这部分人的普通话学习和使用动机进行了调查。在参与调查的人群中，大部分被调查者都认为普通话非常重要，他们对普通话重要性的认识大多源于对普通话的需要，主要表现在学习需要、将来的工作需要和实际交流需要三个方面。以甘孜州和阿坝州的400份调查问卷为例，问卷设计了五个选项。选择“工作需要”的347人，选择“学习需要”的203人，选择“外出发展需要”的43人，选择“交流需要”的236人，有12人选择其他原因。选择其他原因的人中，有4人是因为喜欢普通话，6人因为评职称需要，1人没有原因，1人未注明原因。

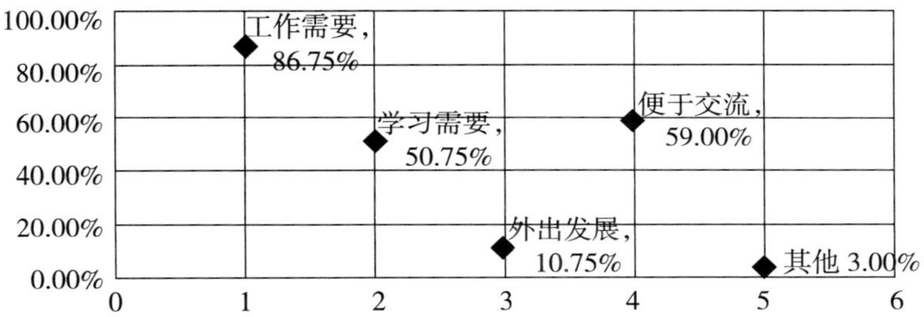

图3 民族地区普通话学习动机分析示意图

在普通话学习和使用动机调查中，工作需要占首位，这同我们的调查对象所属行业有关。此次调查主要在教育单位进行，普通话作为校园语言是师生必须掌握和使用的，对大学生而言普通话同时成为其求职和入职的必备条件，这些因素导致工作需要成为学习和使用普通话的最重要的原因。在分析数据中，单纯因为工作需要的就有84人，占总数的21%。外出发展在几项中比例最小，这也是由于地域条件和工作性质的原因。在访谈中了解到，因为民族地区地形条件复杂，交通极为不便，每年不同季节都有不同的地质灾害，给民族地区人们外出带来极大的不便。再加上工作性质属于稳定型工作，外出时间和机会较少，所以外出发展的机会就少，作为普通话学习的动机也就比例很小。随着人们对外交往形式的增加，他们对普通话的需求也越来越多，如有受访者表示，因为网游的需要，自己努力地学习普通话，以争取在游戏中的话语权。

学习者的学习目标往往是催生其学习动力、影响其学习结果的重要因素。调查按期望值强度依次递减设计“准确流利使用、熟练运用、能进行一般交际”三个选项。西昌学院86位学生中，选择“准确流利使用”普通话的59位，占总人数的68.6%；选择“熟练运用”普通话的22位，选择“能进行一般交际”的4位，1位未选择。学生对普通话的期望值都集中在“准确流利地使用”“熟练运用”两个选项，学生们对普通话有很高的期望值，希望通过自己的努力说一口标准、流畅的普通话。四川省彝文学校65位学生中，选择“准确流利使用”普通话的47位，占总人数的72.3%，选择“熟练运用”普通话的16位，占总人数的24.6%。在访谈中获知，四川省彝文学校的学生大多来自凉山州的边远县区，这些地区深处大山之中，生活环境艰苦，师资力量匮乏，教育水平低下，教学质量普遍不高，极大地限制了孩子们的发展。学生们深深感受到，要改变自己家乡的面貌，必须跨越语言障碍去获取更多的教育资源，提高教育水平。因此，他们对普通话学习的渴求，更甚于西昌学院的学生。

（三）普通话使用态度

民族地区居民普通话使用态度主要从普通话使用场合和普通话使用对象两个方面着手。

“普通话使用场合”的调查，主要从六个方面进行：会议发言、公务（教研）活动、演讲（学生）等活动、课堂、接待顾客以及其他等。甘孜、阿坝两州的400份问卷中，211人选择会议发言中使用普通话，占总数的52.75%；200人选择在公务（教研）等活动中使用普通话，占总数的50%；215人选择在演讲（学生）等集体活动中使用普通话，占总数的53.75%；338人选择在课堂上使用普通话，占总数的84.50%；15人选择接待顾客时使用普通话，16人选择其他场合，另有8人没有注明。选择其他场合的人中，6人未注明具体场合，3人认为没有说普通话的场合，7人说明到外地出差和旅游时使用普通话。数据比例如下图所示：

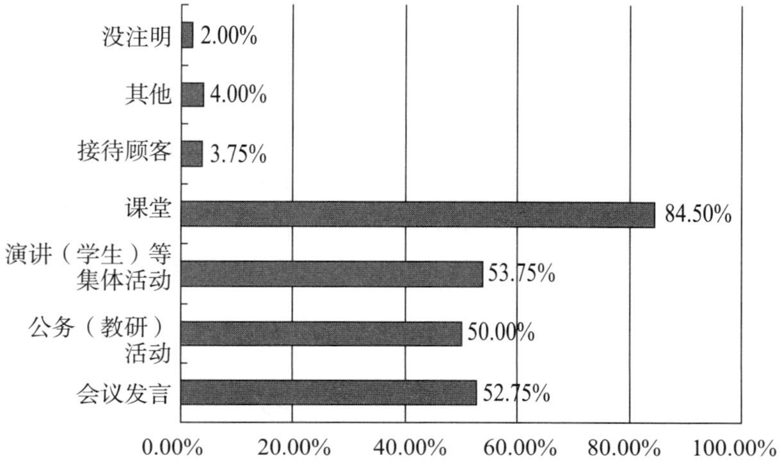

图 4　民族地区普通话使用场合分析示意图

在四川民族聚居区，藏语文和彝语文教师由于教学对象用语状况、教学内容，以及使用藏语、彝语或汉语方言的生活环境，部分教师认为缺乏使用普通话使用环境，不过这部分所占比例极小。“接待顾客”主要针对窗口行业，由于此次调查对象以教育单位人员为主，因此该选项所占比例仅为 3.75%。在窗口行业调查对象中，全部选择接待顾客使用普通话，在校学生中也仅 2 人未选择接待顾客时使用普通话，这表明，普通话在四川民族地区已逐渐成为公共交际用语。选择课堂上使用普通话的比例最高，这与政策制度要求直接相关，同时也是社会发展对教育的要求。一部分未选择普通话教学的人员，主要是民族语教师和部分使用当地汉语方言上课的教师。

“普通话使用对象”的调查，设置了十个不同的常见交际对象选项，对每个选项进行了统计分析，见下表：

表 1　民族地区居民普通话使用对象统计表

普通话使用对象	选择人数	占抽样总数比例	普通话使用对象	选择人数	占抽样总数比例
学生	322	80.5%	单位同事	106	26.5%
外地人	218	54.5%	外国人	99	24.75%
来访者	141	35.25%	所有人	22	5.50%
老师	127	31.75%	同乡	6	1.5%
顾客、乘客、观众	121	30.25%	未注明	3	0.75%

上表显示，并不是所有人都会成为普通话的交际对象。选择学生作为普通话交际对象所占比例最高，达 80.5%；选择老师的占 31.75%，居第四；选择同事的占 26.5%，居第五。这与普通话作为教学语言和教师工作语言直接相关。选择外地人的占 54.5%，位居第二；选择来访者的占 35.25%，居第三；选择外国人的占 24.75%，居第六。这种情况表明四川民族地区居民的交际范围随着社会的发展而不断扩大，人们在各种交际场合中开始自觉选择普通话作为通用交际用语。不过，他们选择使用普通话的总比例并不高，这与四川民族地区对外交流规模还不大、与外界接触还存在地区不平衡有关。比如康定、西昌等地，流动人口相对更多、游客数量较大，选择普通话作为交际工具的比例更高。

选择顾客、乘客与观众的比例分别为 16.25% 与 14%；选择“所有人”都可以作为普通话使用对象的仅 22 人，比例仅高于选择“同乡”。前文对语言态度的分析可以看出，44% 的人认为说家乡话亲切，因此仅 1.5% 的人选择同乡作为普通话使用对象。这表明，虽然普通话已在日常交际语言形式选择中占据一席之地，但其作为日常用语的使用频率还比较低，在可能的情况下，人们仍更愿意选择汉语方言和民族语作为交际工具。

（四）不说普通话的原因

针对调查中发现存在受访者不说普通话的情况，在问卷中设置了四个选项，选择“不会说”的 27 人，选择“说不好，怕别人笑”的 134 人，选择“不习惯，影响表达”的 191 人，选择“说家乡话更亲切”的 176 人，另有 6 人在问卷中没有注明。数据比例分析如下：

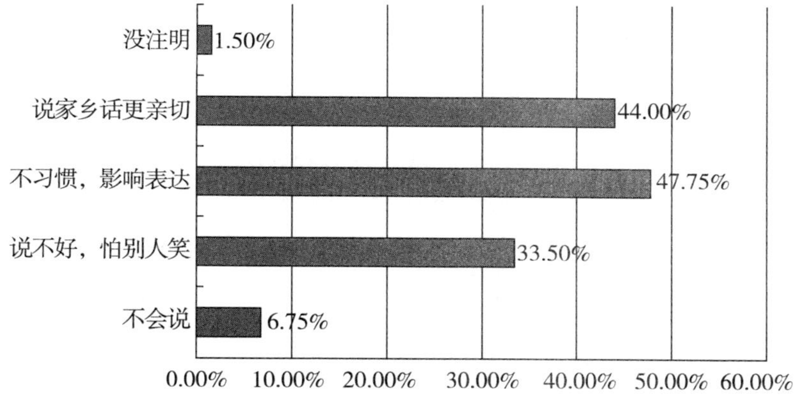

图 5　民族地区居民不说普通话原因分析示意图

不说普通话的原因中，“不会说”只占 6.75%，这说明四川民族地区居民不但在语言态度上接受了普通话，而且具备了使用普通话的基本能力。在街头的随机访谈中发现，不少居民可以根据说话对象在民族语、四川方言和普通话之间自如转换。不会说普通话的受访对象大都来自甘孜州的得荣、理塘、色达等藏族聚居区，藏语是那里的主要交际用语。认为“不习惯、影响表达”的占 47.75%，是最主要的原因；选择“说不好，怕别人笑”占 33.5%。这反映出四川民族地区居民普通话水平现状。一般来说，普通话水平越高，用普通话表达越流畅，使用普通话越自信，也更愿意说普通话。民族地区居民普通话水平普遍低于汉区，其内部又因地域的不同而不平衡，所以这成为他们不主动选择使用普通话的最主要原因。这提示我们，民族地区除了要继续普及普通话，同时还需要大力提高其普通话水平，才能巩固前期推普工作取得的成果。

在访谈中，我们还注意到部分受访者在对普通话和四川方言接纳的同时，表现出对本族语前途的担忧，这在羌族大学生中表现得特别突出，他们一方面清醒地认识到普通话对其个人和民族的发展有着重要意义，另一方面又看到年轻一代对母语的陌生化趋势，这种状况使他们陷入深深的矛盾之中。这也提醒我们，在民族地区推广普通话的进程中必须尊重各民族的母语情结，意识到各民族语言作为语言资源的价值，把国家语言文字政策中保护各民族语言和文字的精神落到实处。

对四川民族地区居民普通话学习和使用态度的调查，可以看出，四川民族地区居民整体上对普通话有较强认同感，普遍认为普通话在民族交往和自身的生活学习中具有极重要的地位。普通话对民族地区人民有较强吸引力，被调查者对普通话持开放和接纳的态度。随着国家推广普通话的日益深入，加之现实社会的实际需要，被调查者对普通话的作用及重要性也有比较理性的认识。不少人员把具备良好普通话交际能力作为进入社会和人际交往平台的重要筹码。尤其让人欣喜的是，人们对普通话的学习已经不单纯从功利目的出发，占调查总人数 96.92% 的人表示喜欢普通话，这在少数民族学生中体现得尤为突出。

语言态度是对语言的价值评价，虽然它不等同于语言价值本身，也不一定是对语言的科学认识，但语言态度反映了人的社会价值观，对人的语言行为有重要影响。四川民族地区居民普通话学习和使用的积极态度，从侧面体现他们对国家民族概念的认同，这种倾向值得我们关注和保护。对普通话良好的认同感和较高的期望值，以及由此催生的学习积极性，成为助推四川民族地区普通话推广工作的重要力量。

参考文献

［1］戴庆厦 . 社会语言学教程 [M]. 北京：中央民族学院出版社，1993.

［2］黄雪贞 . 西南官话的分区 [J]. 方言，1986（4）.

［3］李海英 . 普通话水平测试（PSC）的社会语言学阐释 [M]. 济南：齐鲁出版社，2006.

［4］李蓝 . 西南官话的分区（稿）[J]. 方言，2009（1）.

［5］马锦卫，蔡华 . 四川民族地区民族语言文字应用情况研究 [J]. 西南民族大学学报，2006（8）.

［6］宋伶俐 . 川西民族走廊濒危语言概况 [J]. 暨南学报，2006（5）.

［7］杨玲 . 四川方言区在校学生的语言态度分析［J］. 西南民族学院学报，2001（S1）.

［8］沙马日体，马锦卫，等 . 凉山彝语应用与实效性研究 [J]. 西南大学学报，2007（4）.

［9］王成有 . 略论彝语方言的划分 [J]. 中央民族大学学报，1998（6）.

［10］王远新 . 中国民族语言学：理论与实践 [M]. 北京：民族出版社，2002.

作者简介

米晓梅，女，河北保定人，四川省普通话水平测试中心主任，国家级普通话水平测试员，主要从事普通话水平测试管理工作。

刘凯，男，四川三台人，四川工程职业技术学院教师，主要研究方向为语言学及应用语言学。

凉山彝族自治州双语教师普通话现状调查与培训研究*

许丹雅　袁雪梅
（四川商务职业学院　四川师范大学）

摘　要　双语教师的普通话培训一直以来都是民族地区师资培训的重要内容之一，本文通过对凉山彝族自治州双语教师普通话口语、拼音测试和日常用语的调查与分析，提出了民族地区双语教师普通话培训对策，具有较强的借鉴意义。

关键词　双语教师　普通话　培训　对策

一、调查对象基本情况

为深入贯彻落实《国家通用语言文字法》和《四川省民族地区教育发展十年行动计划》，加强民族地区教师队伍的建设，2012 年 7 月 18 日至 2012 年 7 月 28 日，四川省第一期（凉山）少数民族双语骨干教师培训班在四川省教育厅民族教育处、省语委办，省普通话水平测试中心、州教育局及有关单位的精心组织和安排下在四川省凉山彝族自治州州府西昌市成功举办。我们利用这次机会，采取个案分析的方式，对凉山彝族自治州双语教师普通话现状进行了深入调查研究，制订出有针对性的培训方案，取得了良好的效果。

该班参培对象为来自凉山州 15 个县市（除甘洛、越西）的 100 位中小学

* 本文为国家语委普通话与文字应用培训测试中心项目“民族杂居区普通话培训测试现状调查与研究”（PG09009）阶段性成果。四川师范大学文学院语言学及应用语言学专业 2010 级硕士研究生刘利平参与调查工作，对此文亦有贡献。

双语骨干教师，其中男性 65 人，女性 35 人，彝族 53 人，汉族 39 人，藏族 4 人，蒙古族 2 人，满族 1 人，土家族 1 人。

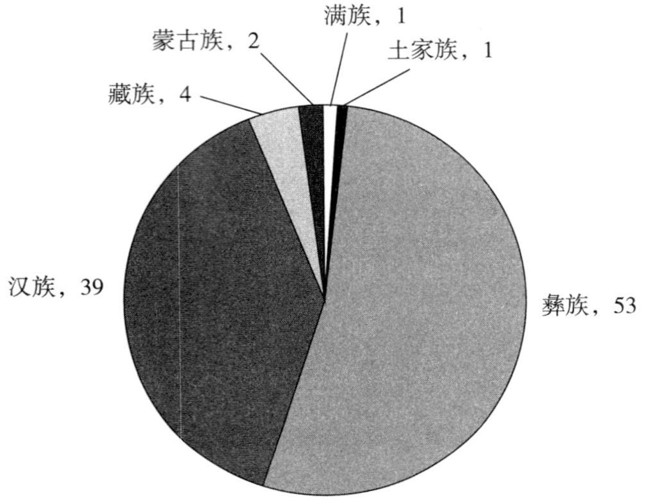

图 1　100 位参培教师民族来源示意图

各族教师中，母语为彝语者 45 人，为汉语者 50 人，为藏语者 3 人，蒙语 1 人，同时操彝语和藏语者 1 人（蒙古族），非汉语母语者均能熟练使用当地汉语方言或普通话。教师年龄最小的 19 岁，最大的 52 岁，30 岁以下的 35 人，30 至 40 岁的 46 人，40 岁以上的 19 人。基本情况如下表所示：

表 1　100 位参培教师基本情况一览表

民族 / 人数	性别 / 人数	母语 / 人数	年龄 / 人数		
			30 岁以下	30–40 岁	40 岁以上
彝族 53	男 37	彝语 32	10	17	5
		汉语方言 5	3	2	0
	女 16	彝语 13	7	6	0
		汉语方言 3	2	1	0

续表

民族 / 人数	性别 / 人数	母语 / 人数	年龄 / 人数		
			30 岁以下	30–40 岁	40 岁以上
汉族 39	男 22	汉语方言 22	4	10	8
	女 17	汉语方言 17	7	9	1
藏族 4	男 4	藏语 3	0	0	3
		汉语 1	0	0	1
蒙古族 2	男 1	藏语、彝语	0	0	1
	女 1	蒙语 1	1	0	0
满族 1	女 1	汉语方言	1	0	0
土家族 1	男 1	汉语方言 1	0	1	0

以上人员学历构成为大学本科 23 人，专科 65 人，中专 12 人。职称构成情况为，中学彝语一级 1 人，中教一级 7 人，中教二级 19 人，小教高级 10 人，小教一级 47 人，小教二级 3 人，职称未评 13 人。在学校或县上参加过普通话培训的有 54 人，从未参加过普通话培训的有 46 人。

据凉山彝族自治州教育局相关材料，本班参培教师状况反映了州内双语教师的基本情况，我们也据此展开各项调查研究。

二、凉山彝族自治州双语教师普通话现状及分析

针对此次培训对象的基本情况和培训目标，我们首先对该批教师的语言状况进行了摸底，分别设计了普通话口语摸底、拼音摸底测试和日常口语使用情况等几个调查环节，对双语教师普通话情况进行调查分析。

（一）普通话口语摸底

在正式培训开始之前，我们对参培教师普通话口语进行摸底，参加口语摸底的教师共 75 位[①]，采用培训教师与参培者对话的形式了解其普通话水平现

① 培训班开班前，恰逢当地连降暴雨，不少参培教师被困途中，未能按时报到，因此参加口语摸底的为先期到达的 75 位教师，参加拼音摸底的为当时实到的 95 位教师。培训后测试缺席的两位教师都参加过培训前摸底测试，我们未将这两位教师纳入统计，只分析培训前后均参加口语摸底和水平测试的 73 位教师的情况。

状，并根据参培者的具体语音面貌初步判断其普通话水平等级。普通话口语摸底的总体情况如下图：

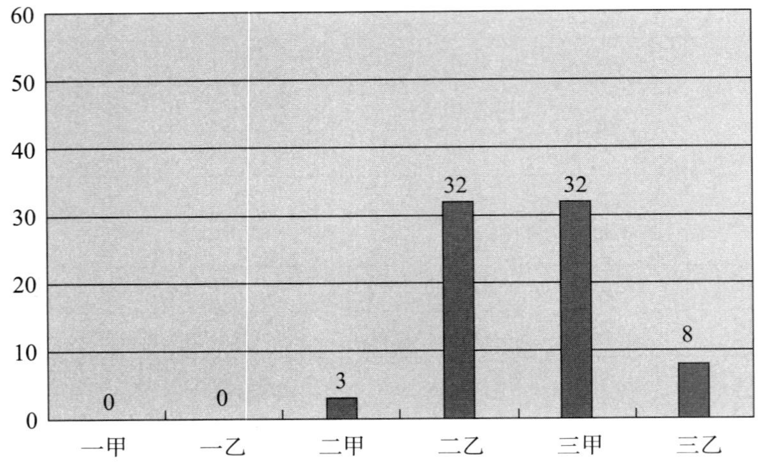

图 2　75 位参培教师普通话口语摸底结果示意图

75 位参与测试者，无人达到普通话一级水平，仅 3 位达到普通话二级甲等水平，处于二乙、三甲水平的测试者占总人数的 85.3% 左右。8 位教师仅有三级乙等水平。

参加口语摸底的教师普通话水平等级分布因其年龄、性别等显示出一定的差异性，具体情况见下面各表：

表 2　75 位参培教师普通话口语摸底成绩民族分布

民族 / 人数	普通话等级				
	一级	二级		三级	
		二级甲等	二级乙等	三级甲等	三级乙等
彝族 37	0	1	18	14	4
汉族 33	0	2	13	16	2
藏族 3	0	0	0	1	2
蒙古族 2	0	0	1	1	0

达到普通话二级水平的彝族教师占其参测人数的 51.35%，汉族教师占其参测人数的 45.45%，从参测人数最多的彝族和汉族教师情况来看，凉山彝族自治州教师普通话水平与其母语是否为汉语没有直接关系（彝族教师大部分母语为彝语）。

表 3　75 位参培教师普通话口语摸底成绩年龄分布

年龄 / 人数	普通话等级 / 人数				
	一级	二级		三级	
		二级甲等	二级乙等	三级甲等	三级乙等
40 岁以上 18	0	0	1	12	5
30 至 40 岁 38	0	1	17	18	2
30 岁以下 19	0	2	14	2	1

达到普通话二级水平的 40 岁以上教师仅 1 位，30 到 40 岁的教师占其参测人数的 47.4%，30 岁以下的教师占其参测人数的 84.21%。从年龄段来看，年龄越大，普通话水平相对越低；年龄越小，普通话水平相对更高。

表 4　75 位参培教师普通话口语摸底成绩性别分布

性别 / 人数	普通话等级 / 人数				
	一级	二级		三级	
		二级甲等	二级乙等	三级甲等	三级乙等
男 46	0	0	15	23	8
女 29	0	3	17	9	0

达到普通话二级水平的女性教师占其参测人数的 68.97%，男性教师占其参测人数的 32.61%。女性教师普通话水平明显高于男性教师。

表 5　75 位参培教师普通话口语摸底成绩授课科目分布

授课科目 / 人数	普通话等级 / 人数				
	一级	二级		三级	
		二级甲等	二级乙等	三级甲等	三级乙等
汉语文 17	0	3	10	3	1
数学 10	0	0	3	6	1
彝语文 5	0	0	2	2	1
藏语文 2	0	0	0	1	1
英语、日语 4	0	0	4	0	0
信息技术、电子 6	0	0	2	3	1
政治、音乐、地理 3	0	0	1	1	1
多科 28	0	0	10	16	2

达到普通话二级甲等水平的全部是汉语文教师，从所授科目来看，汉语文教师和外语教师普通话水平整体上高于其他学科。

在口语摸底测试过程中，我们感受到 75 位参培教师培训前普通话口语水平总体比较低，显示出比较浓重的民族腔和受四川方言影响的特征，培训任务非常艰巨。

（二）拼音摸底测试

拼音摸底采用为字词标注拼音的方式进行，选取 100 个单字和 48 个词语，其中双音节词语 45 个，三字词语 2 个，四字成语 1 个，共 200 个单字，对当时到达培训班的 95 位参培教师进行测试。

1. 单字注音错误情况及分析

单字注音错误，除了四川地区普遍存在的边鼻音不分、平翘舌不分、无 uo 韵母等情况之外，还有不少凉山地区特有的错误类型。

（1）调类分辨不清

测试的 100 个单字中，在声母、韵母均正确的前提下，只有 7 个字的调类无被试出错，其余的 93 个字的调类（除正确调类以外）均出现了至少 1 个以上的不同调类。

表6　声调标注错误统计表

声调标注情况	单字数量
声调全部被测标注正确	7
声调标注为1个错误声调	11
声调标注为2个以上错误声调	82
总字数	100

只有11位参培教师只错写一个调类，大部分教师都是错2个或3个调类。例如：

表7　声调标注错误例表

单字	普通话调类	被测标注错误调类
葬	去声	上声
眉	阳平	阴平，上声，去声

调类分辨不清是参与测试者普遍存的问题。单字标音时，除了声韵均标写正确而声调错误的情况外，还有很大部分是声、韵标写出现一致性错误，同时声调错误依然花样百出。比如“扔”，多标注为rēn、rén、rěn、rèn，混淆前后鼻韵母，声调则阴阳上去均出现，声调问题突出，这对其普通话语音面貌有重大影响。

（2）a韵腹音节韵尾混乱

a韵腹音节韵尾混乱有几种不同情况。

第一，韵尾脱落。主要是鼻韵尾-n、-ng脱落。凡是遇有n或ng韵结尾的字，都会有n或ng韵脱落的现象。例如：

表8　a韵腹音节韵尾脱落例表

单字	拼音	错误标注举例
惨	cǎn	cǎ
葬	zàng	zà
旱	hàn	hà
荒	huāng	huā

第二，添加或改变韵尾。主要是无韵尾韵母添加 -ng 韵尾，-n 韵尾变为 -ng 韵尾、-ng 韵尾变为 -n 韵尾。例如：

表 9　ɑ 韵腹音节添加或改变韵尾例表

单字	拼音	错误标注举例	错误类型
下	xià	xiàng	添加 -ng 韵尾
耍	shuǎ	shuǎng	
山	shān	shāng	-n 韵尾变为 -ng 韵尾
酸	suān	suāng	
然	rán	ráng	
葬	zàng	zàn	-ng 韵尾变为 -n 韵尾
荒	huāng	huān	

无论是韵尾脱落还是添加或改变韵尾，都反映出被测者对韵尾把握的不准确，这种特征是受到彝语影响的结果。彝语多数方言没有或少有鼻音韵尾，受此发音习惯的影响，带彝腔的汉语丢失复元音和鼻元音韵尾就成为一大特点。在拼写这些汉字时，被测者很难分清注音对象是否有韵尾，因此出现丢失韵尾、添加韵尾或改变韵尾这样看似矛盾的错误。

（3）撮口呼韵母与齐齿呼韵母相混

单字中共有 8 个撮口呼韵母字“略、驹、曰、运、谕、捐、劝、训”，95 位被测者中，14 位将“劝”拼写为齐齿呼，10 位将“捐”拼写为齐齿呼，其余的 6 个撮口呼韵母字有 3 到 7 位被测者拼写为齐齿呼韵母。

凉山州州府西昌及周边地区汉语方言撮口呼韵母读为齐齿呼，将撮口呼韵母字拼写为齐齿呼韵母，就是当地汉语方言语音特点影响的结果。但其错误的比例并不大，究其原因，是因为这种特点在与四川其他地区方言比较时也很明显，参培教师们对这种明显的语音差别有所警惕。

（4）前后鼻韵混淆

前后鼻韵相混主要是 en 和 eng、in 和 ing 相混。100 个单字中涉及这些韵母的有“林、沁、名、诊、肯、嫩、评、凝、影、扔、藤、风”等 12 个字，其中“风”的拼写错误最少，且基本与前后鼻韵无关，仅 2 位参与测试者拼写为前鼻韵。其余 11 种错误拼写情况如下表：

表 10　前后鼻韵标音错误统计表

	扔	林	名	评	嫩	藤	诊	肯	沁	影	凝
音节错误个数	64	26	38	31	60	35	54	44	52	50	44
前后鼻韵错误数	43	15	17	12	22	12	17	13	15	8	3
前后鼻韵错误所占百分比	67%	58%	45%	39%	37%	34%	32%	30%	29%	16%	7%

参培教师在口语中没有后鼻韵 eng、ing，只有前鼻韵 en、in，但注音时比较注意按照普通话读音拼写，这表明他们理论上清楚前后鼻韵有区别，但说话时仍然按照四川方言习惯发音，这是培训中必须注意的问题。

统计表明，混淆 en 或 eng 韵的百分比比较稳定，除了“仍”以外约占 30% 到 37% 之间，而混淆 in 或 ing 韵的百分比相差较大，这说明被测者对 en 或 eng 韵的掌握比对 in 或 ing 韵的掌握更稳定。虽然测验中涉及这一类韵母很少，但明确这种特征能启发我们对这两组韵母做更多的定量研究，以获取被测者错误的规律并找出解决之法。

（5）别字情况较为严重

因认错字而造成的注音错误现象比较多，主要有误认形近字和以同声符形声字判断读音两种情况。例如“旱、早”“遣、遗”“鳌、鳖”“摄、镊”“踹、端”“债、渍”“缀、辍”“锚、苗”“沁、心”相混，一些被测者因看错字而造成注音错误，还有一部分则是因自身识字量的限制，只能根据其谐声偏旁来判断读音。

（6）拼写和标调错误

被测者出现较多不合法拼写的错误，例如 zhǔen、zhǐn、xīog、shía、yùen、jūa 等不合普通话音节拼写规则的错误拼写，这些大都是因为不明普通话声母和韵母的拼合规律而导致的错误。

标调错误主要是声调标写位置错误，普遍存在的错误是不论有无主元音，标调都标在 i 或 u 上；若音节中同时出现 i 和 u，则声调随意标注。

2. 词语注音错误情况及分析

词语有 45 个双音节词语，2 个三音节词语和 1 个四字成语。单字注音中所出现的问题在词语注音时仍然存在，同时由于词语在口语中还有语流音变等问题，又给被测者带来了新的困扰。

（1）变调标注错误

变调标注错误最明显的是上声标注错误。普通话上声只有在单念或处在词语、句子的末尾才可能读原调，在阴阳上去声前都会产生变调，并且在听感上与上声原调有明显差异。但按照注音规则，变调应标原调。被测者上声标注错误有两类：

第一，两个上声相连前字标变调，测试词语中有 3 个上声相连的词语“场所、脑髓、总统”，相当多的被测者第一个音节按变调后的读音标调，如“脑髓 láosuǐ”“总统 zóngtǒng”“场所 cángsǒ”。这反映出不少教师对普通话拼音的掌握还不到位，但这种错误不影响被测者普通话语音面貌。

第二，词语末尾的上声音节，不变调却标注变调。词语末尾的上声音节标调系统性的错误是将其标成阳平，这是拼写错误中所占比例最高的一类。例如：

抓紧 zājí	修改 xīugaí		（阴平 + 上声）
南北 lánbé	旋转 xíanzúan	佛法 fúfá	（阳平 + 上声）
政党 zèdán	率领 súailín		（去声 + 上声）

无论前字是阴平、阳平还是去声后字上声均标为阳平。这类错误表面看来是读音错误导致的，但其根本原因是由于普通话语流中，上声常常变调，在非上声音节前一般变为半上 21 调，而低降调 21 调，恰与四川大部分地方的阳平调调型相同，不少地方阳平调调值即为 21，普通话水平相对较低的人群由此进行不正确的类推，因而阳平和上声两调相混成为比较普遍的现象。这种错误对说话人普通话语音面貌有很大影响，在培训中应充分重视。

“一、不”的注音也存在不标原调而标变调的情况，由于其标注的是实际读音，因此这种错误对普通话语音面貌影响不大。

（2）轻声词语的辨识问题

汉语普通话音节都有固定的声调，可是某些音节在词和句子中失去了它原有的声调，读成一种轻短模糊的调，这就是轻声。轻声词除了一些比较常见的语气词、助词等口语中的常用词以外，还有很多不被熟知的常用双音节词，第二个音节习惯上要读轻声，这就需要我们在学习中慢慢积累。本次测试共有“麦子 、闺女、作坊、养活”4 个轻声词。从对这几个轻声词的测试来看，很多被测者都对轻声词的积累不够。

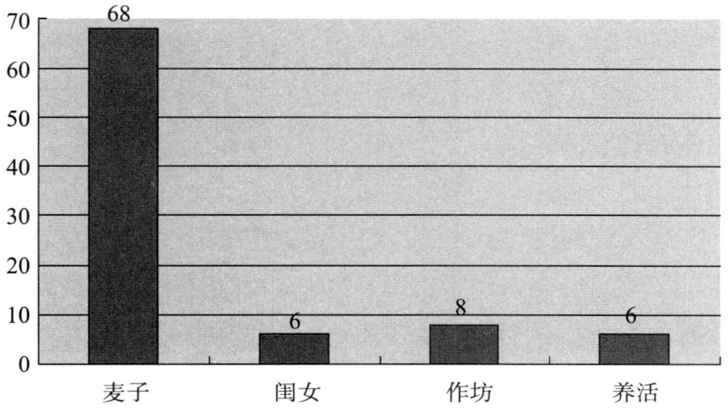

图 3　95 位参培教师轻声词语正确拼写情况示意图

95 位测试者中，有 68 位能正确拼写轻声词语“麦子”，其余的 3 个轻声词语只有个别参与测试者拼写正确。可见，被测者除了对“子”缀词“麦子”这个轻声词掌握比较好以外，对“闺女、作坊、养活”这几个常用轻声词都不熟悉，绝大部分参测者按单字原调注音。由于对大部分轻声词的判断没有技巧、规律可言，需要在教学中不断发现、积累，加之某些轻声词在读法上与其对应的非轻声词区别意义不明显，听话方能够根据语境了解其中的意思，不会造成歧义，所以对轻声词没有引起足够的重视，这也是被测者对轻声词把握不准的原因之一。

（3）儿化词拼写错误

儿化是一个音节中韵母带上卷舌色彩的一种特殊音变现象，它与词汇、语法等都有密切关系，具有区别词义、词性的作用。儿化的拼写是在韵母后面加上“r”，儿化以后字音仍然是一个音节，但一般由两个汉字来书写，比如“饭盒儿 fànhér”，“面条儿 miàntiáor”。本次测试儿化词有“小瓮儿、饭盒儿、面条儿、大腕儿”。儿化词的拼写涉及音节的声韵拼合、声调、前后鼻音等复杂因素，仅就书写形式来说，儿化词拼写最主要的问题是书写不规范，错误集中在把儿化直接写为一个独立的音节“er”，有的甚至还在“er”这个卷舌韵母上加声调。例如将“面条儿 miàntiáor”写为“面条儿 miàn tiáo er”。

表 11　95 位参与测试者儿化词拼写错误情况一览表

	小翁儿	饭盒儿	面条儿	大腕儿
拼写错误总数（个）	82	65	67	79
儿化书写不规范总数（个）	47	51	48	48
儿化书写不规范所占错误百分比	57.3%	78.5%	72.0%	61.0%

表中可见，儿化的书写不规范占到了错误总数的一半以上，“饭盒儿”这个词语的儿化不规范甚至占到了错误总数的 79% 左右，被测的错误大部分都由于对儿化的书写规则不清楚所致。

（三）语言使用情况调查分析

参培教师的语言使用状况也对其普通话水平有影响，我们对他们的日常生活用语、教学用语和教育用语的使用情况进行了调查。日常生活用语指参培者在日常生活中最常用的语言；教学用语是教师用于课堂的工作用语，是指参培者作为教师在课堂教学中主要使用的语言；教育用语这里指他们在课堂外与学生沟通交流的用语。

针对这三种用语的使用情况以问卷的方式对参培教师进行了调查，以下是这几种用语的使用分布情况：

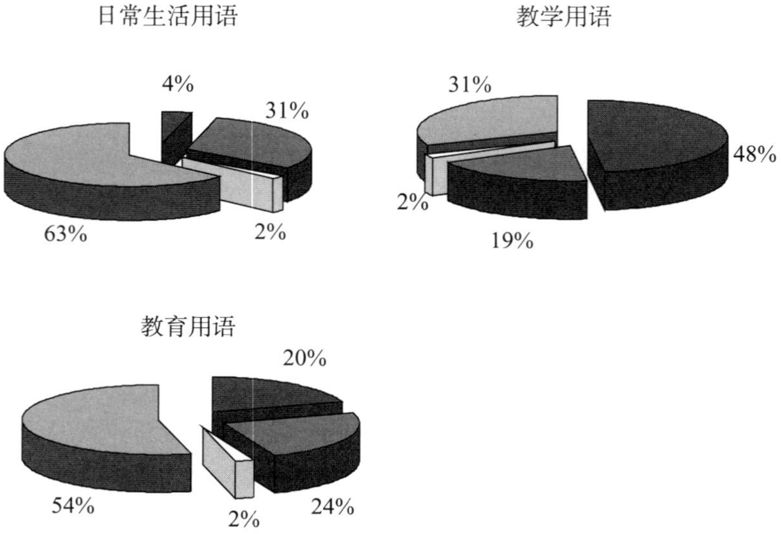

图 4　参培教师语言使用情况示意图

上图可见，参培教师语言使用状况根据交际场合、对象等外部因素有所选择，主要是当地方言、彝语、藏语、普通话四种语言形式，但是在不同场合其使用情况却有差别。由于语言交际的场合、对象的复杂多变性，他们在语言使用时也不是孤立地只在某种场合使用某一种语言，而是根据交际的实际情况使用某一种或一种以上的语言形式。

在几种语言形式中，当地方言（指当地汉语方言）是使用范围比较大的一种语言形式，是日常生活和教师教育学生的过程中使用的最主要的语言形式，在日常生活中使用最为广泛，约 63% 的参培教师在日常生活中使用当地汉语方言进行交际。54% 的教师也把当地方言作为教育用语之一，在对学生讲道理摆事实的时候，教师更倾向于使用有别于课堂语言的表达形式，这可以拉近与学生的距离，使之产生亲近感，达到理想的教育效果，这也体现了教育行为有别于课堂教学行为的特殊性。同时，这也反映出双语教师使用当地汉语方言最为熟练，在交际中更倾向于使用这种语言形式。教学中当地方言也是除了普通话之外使用比例最高的语言，占 31%。值得注意的是，63% 的教师在日常生活中都使用当地方言来进行交流，而根据统计他们中母语为彝语的只有 44 位，只有 31% 的教师在日常交流中会使用自己的母语彝语，由此可见，部分母语为彝语的教师已经转用当地汉语方言作为日常交际语言形式。可以看到，在民族杂居区，汉语方言的使用范围非常广泛，发挥着区域通用语的功能。

使用彝语和使用普通话的总体比例相当，其中彝语在日常生活、教学、教育这三种场合使用的比例也比较平均。参培教师有 53 位是彝族，大都是来自大小凉山的边远封闭山区，彝语在这些地区广泛使用。值得注意的是彝语也占了教学用语的一部分，这是民族地区的一大特点。民族地区，特别是一些相对较为封闭的民族地区，还有部分学生入学前只会说彝语，教学中需要教师在两种语言中不断地转换，确保学生对所学知识的掌握，逐步增加学生对汉语的熟悉度，因此彝语作为教学语言在凉山彝族自治州是非常有必要的。民族地区设置了民族语言的课程，根据少数民族的分布情况聘请专职彝语教师或者藏语教师给学生讲授本民族的语言，目的是为了本族语言和文化的传承，促进民族地区语言的和谐发展。

相比之下，普通话的使用比例分布不太均衡，主要使用场合是作为教学用语，48% 的教师使用普通话作为主要的教学语言，在教育学生过程中也有 20%

的教师可能选择使用普通话。日常生活中普通话使用的比例很低，只有约 4% 的教师会使用，并且据了解都只是日常生活中视交际对象偶尔使用。

三、培训对策、培训成效及培训建议

针对凉山彝族自治州双语教师普通话现状，我们及时提出培训建议，调整培训计划，力图突出培训重点，攻克培训难点，在有限的时间内达到最好的培训效果，并为今后长期进行民族地区普通话培训提出建议。

（一）培训对策

1. 及时调整培训内容

参培教师在拼音摸底中显示出的种种问题表明，汉语语音知识的缺乏成为阻碍普通话水平提高的一个重要因素，教师普通话基础理论水平亟待提高。我们在培训中加大了普通话语音基础知识的普及、普通话声母韵母的教学和辨正，以及声调基本知识的讲解和训练，普通话语流音变中主要变调类型（变调、轻声、儿化等）的讲解和训练，要让参培者明确标准普通话的发音并能结合方言进行辨正。在常规普通话训练基础上，针对民族地区双语骨干教师这一特殊群体，对教学内容作出了具体调整，主要是：特别增加了《汉语拼音方案》教学内容；声调教学提前介入，并贯穿始终，建立参培者正确的声调系统；调整课时，加大韵母教学比重；增加汉字教学内容，提高普通话教学效率，巩固教学成果。

参培教师在拼音测试和普通话口语摸底测试中均显示出他们的普通话受到自己民族语和当地方言的强大影响，培训中我们注意有意识加强民族语、方言和普通话语音对比，利用语言学习正迁移因素提高普通话学习效率，最大限度地消除负迁移的不利影响。

2. 制定个性化培训方案

少数民族地区教师普通话水平普遍不高，部分参训教师年龄偏大，自信心不足，但对培训的期望值又极高，我们前期调查问卷中填写的“对此次普培的要求”，有相当多参培者希望“千万别让我白来”，因此，培训中需要解决的问题很多。针对这种情况，除了采用一般普通话培训中使用的循环法、示范模仿法、定调法、对比法、类聚法、渐进法、提示法等，我们更加注重对不同水平、不同诉求的培训者制定不同的培训方案和目标。对二甲和二乙高分段的参培教师，培训目标是一级乙等和二级甲等高分，全面提升其普通话水平，使他们成为民族地区普通话推广的骨干力量；对二乙中段参培教师，以纠正其声母、韵母、声调以及语流音变的具体问题为主，克服难点音，改善其语音面貌；对三级水平的教师，则从声调入手，力图使之最大限度地弱化彝腔和当地汉语方言语调的影响，能自如地运用普通话进行交流。

这种个性化方案的制定和实施，使不同层次的参培者均能找到自己短期学习的可实现目标，增加学习动力，使之有信心达成自己的目标。

3. 教学形式多样化

由于省培计划无法长年实施，所以培训名额紧缺，班额较大，此次参培教师达 100 人，不利于语言学习，很难做到有针对性地做个别训练。为解决这个问题，我们采取白天大班授课、晚间小班个别辅导的方式，在晚上安排专任教师针对白天的授课内容和学员的具体问题进行辅导，最大限度满足学员的学习需要，巩固学习成果，收效显著。

（二）培训成效

在为期 10 天的培训之后，对参培教师进行了普通话水平等级测试，以此作为对培训成效的检测。培训后参加测试的教师共 98 位，其中达到二级甲等的 23 人，二级乙等的 52 人，三级甲等的 23 人。

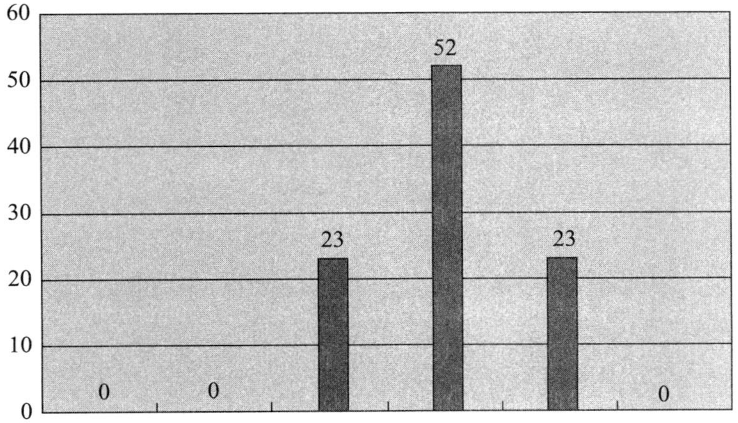

图 5　98 位参培教师培训后普通话等级分布示意图

培训之后，参培教师普通话语音面貌大为改善，测试成绩明显提高，约80%的教师普通话水平都达到了二级，有23位达到了二级甲等，三级甲等人数有所减少，消灭了三乙水平。

为了更科学地对比普通话培训测试前后的成绩，我们将同时参加培训前口语摸底和培训后口语测试的73名参培者成绩进行对比分析。

可以看到参培教师培训前后的变化，培训前二级甲等2人，只占被测人数的2.7%；二级乙等31人，占42.5%；三级甲等32人，占43.8%；三级乙等8人，占11%。培训后测试成绩明显上升，二级甲等17人，占被测人数的23.3%，比培训之前所占比例上升20个百分点；二级乙等38人，占52%，比培训前上升约10个百分点；三级甲等18人，占24.7%，比培训前人数减少近一半，无一人等级为三乙。培训之后骨干教师的普通话水平均比其原来的水平有较大提升。

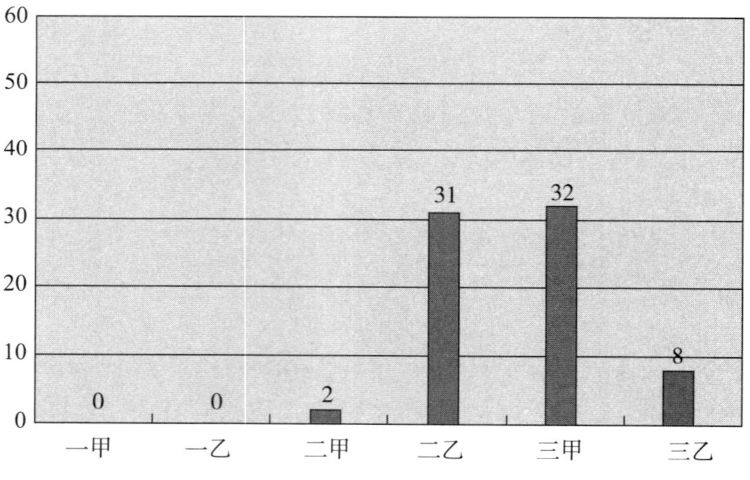

图6 73位参培教师培训前普通话等级分布示意图

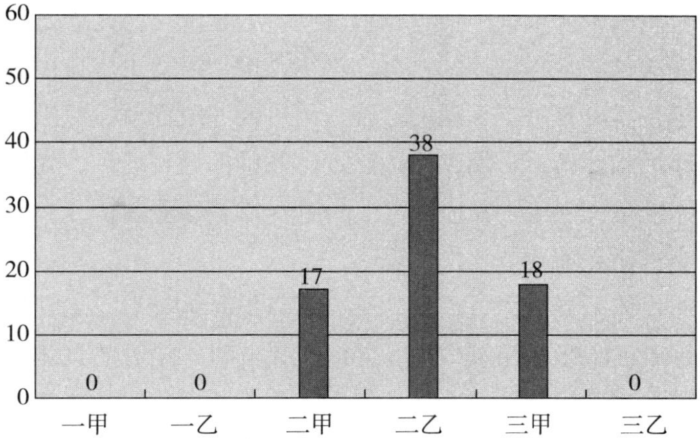

图 7　73 位参培教师培训后普通话水平等级分布示意图

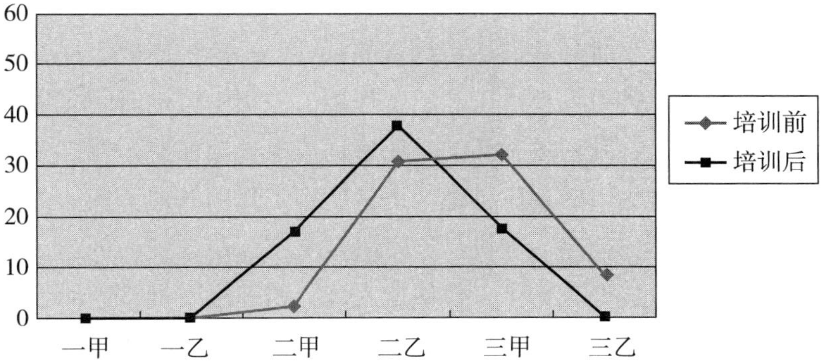

图 8　73 位参培教师培训前后普通话水平等级对比折线图

从折线图上可以看出，参培教师普通话水平整体提升。二甲、二乙两个等级的人数都有大幅度提高，三甲、三乙这两个相对较低的等级，人数都在下降。培训之后，教师普通话水平都比培训之前平均上升了约一个等级，低的等级都在向高一级的等级靠拢。

培训达到了比较理想的效果，这说明在培训前进行各项调查，并针对调查结果进行仔细分析，制订并落实新的培训计划，是行之有效的。

（三）培训建议

1. 民族地区普通话培训工作应长期化、常态化

培训过程中我们明显感受到参培教师学习普通话的积极性空前高涨，他

们纷纷表示，山区条件艰苦、信息闭塞、师资力量缺乏，尤其是高水平教师匮乏，他们接触这种高水平培训的机会非常少，迫切需要更多这样的扎实有效的学习机会。语言学习是一个长期的过程，不可能一蹴而就，应当利用民族地区教师学习普通话的热情，长期关注边远地区教师的语言培训，为提高民族地区的教育水平、构建民族地区和谐语言生活培养骨干力量。

2. 培训小班化，辅导个别化

语言学习个体差异较大，需要教师点对点的具体辅导。培训班人数过多，必然增加授课难度，影响培训效果，同时也无法对参培者的具体问题进行有针对性的指导。在实现民族地区普通话培训工作应长期化、常态化的前提下，将来的培训班人数可酌情减少，以更好地保证培训质量。建议每班人数不超过 50 人，以保证训练到位。

3. 通过多种形式带动民族地区语言文字工作的开展

少数民族双语骨干教师普通话培训班的举办，是为民族地区培养普通话骨干，使之在今后的工作中发挥种子和示范作用。但集中培训时间非常有限，因此必须采取多种形式，开展各种活动，使培训成果长期保持，并扩大其在民族地区的影响面和影响力，带动民族地区语言文字工作的开展。例如，不少地方就以语言文字示范学校创建为契机，通过语言文字示范学校的创建，树立一批典型，带动同类学校的语言文字工作快速发展，培养出一批普通话水平较高的教师，通过他们的示范辐射周围人群，带动区内教师学习普通话的热情，全面提高普通话水平。

参考文献

[1] 黄雪贞. 西南官话的分区 [J]. 方言，1986（4）.

[2] 马锦卫，蔡华. 四川民族地区民族语言文字应用情况研究 [J]. 西南民族大学学报，2006（8）.

[3] 木乃热哈，李晶. 甘洛彝族语言使用情况调查研究 [J]. 中央民族大学学报，2009（6）.

[4] 四川省语言文字工作委员会办公室. 普通话水平测试训练教程 [M]. 成都：电子科技大学出版社，2006.

[5] 宋伶俐. 川西民族走廊濒危语言概况 [J]. 暨南学报，2006（5）.

[6] 张富翠，取比尔莲. 论凉山彝语对普通话习得的负迁移 [J]. 四川师范大学学报，

2010（5）.

［7］朱文旭，木乃热哈，陈国光 . 彝语基础教程 [M]. 北京：中央民族大学出版社，2006.

作者简介

许丹雅，女，四川雅安人，教授。研究方向：语言学、高等职业教育。

袁雪梅，女，四川雅安人，教授。研究方向：语言学及应用语言学。

以推普为目标的MHK（三级）口试训练策略探析*

宋晓蓉
（新疆师范大学）

摘　要　本文通过考察中国少数民族汉语水平等级考试（MHK）与普通话水平测试参加人数、达标比例及成绩分差的相关性，提出将普通话训练与MHK（三级）口试训练融合的建议，分析将高校少数民族学生普通话测试与口试训练融合的可行性条件，并提出相关训练策略。

关键词　新疆高校　普通话训练　MHK（三级）口试训练　策略

一、问题背景

新疆少数民族普通话普及程度在全国处于低水平状态。2000年全国（除香港、台湾以外）普通话普及度为53.06%，新疆哈萨克族为47.7%，维吾尔族为19.6%，塔吉克族为6.6%。要实现《国家中长期语言文字事业改革和发展规划纲要（2012—2020年）》提出的“到2020年，少数民族双语教师达到国家通用语言文字教学要求，完成义务教育的少数民族学生能够熟练掌握国家通用语言文字”的目标要求，任重道远，新疆高校应成为推普重点。

---

*　本文为国家语委“十二五”重大招标项目（ZDA125—11）“新疆少数民族普通话普及度抽样研究”及新疆师范大学双语培训专项研究课题（XSJY（s）2013001）阶段性成果。

二、新疆高校推广普及普通话的现实意义

1. 普通话是法律规定的国家通用语言，它在全国范围内通用，包括民族自治区和少数民族聚居区。普通话作为国家通用语言是历史发展的必然结果。

2.《国家中长期语言文字事业改革和发展规划纲要（2012—2020 年）》明确指出：“推广和普及国家通用语言文字是落实国家法律法规的基本要求，是维护国家主权统一、促进社会经济发展、增强中华民族凝聚力和文化软实力的重要内容。”

3. 习近平总书记在第二次新疆工作座谈会上作出重要指示：“要高举各民族大团结的旗帜，在各民族中牢固树立国家意识、公民意识、中华民族共同体意识。”国家通用语言的学习和掌握，是提升国家认同感、中华民族认同感的重要表现。

在新疆高校，通过普及、推广和使用普通话，使少数民族大学生在掌握本民族语言的同时，学习、掌握和精通使用国家通用语言文字，使各民族建立起相互学习、彼此沟通联系的桥梁，是促进各民族交往、增进民族团结的有效途径。

4. 少数民族教育是国家教育体系的重要组成部分，语言文字能力是文化素质的基本内容，普及、推广和使用普通话，对提高少数民族大学生科学文化素质具有不可低估的作用。

5. 普通话水平等级达标要求已经成为新疆部分高校少数民族学生获得教师资格证书的基本要求。新疆师范大学 2014 年高等学校教师资格认定工作有关事项根据《教师资格条例》的有关规定，结合自治区教育厅新教传（2014）78 号文件有关规定及工作部署，将母语为非汉语者的普通话水平达到三级甲等（含）或汉语水平考试（HSK）八级（含）作为教育教学能力考核的基本条件。

综上所述，在新疆高校推普，提高少数民族学生国家通用语言文字能力势在必行。

三、MHK（三级）与普通话水平测试的相关性考察

MHK（中国少数民族汉语水平等级考试），是面向国内少数民族考生的国

家级汉语水平标准化测试，目的是“为满足少数民族地区汉语教学的需要，建立适合少数民族学习汉语的科学评价体系，全面推进汉语教学改革，包括教学目标、教学方法、教学管理等方面的改革，以便提高少数民族实际运用汉语的能力”。MHK 的作用主要体现在建立了适合少数民族学习汉语的科学评价体系，全面推进了少数民族地区汉语教学的改革，对民族教育起到了稳固和促进作用。

已通过 MHK 的新疆高校少数民族学生，国家通用语言运用能力如何？MHK（三级）口试与普通话水平测试有何关联，值得我们深入研究。

MHK 于 2010 年下半年起在新疆启动，并逐步推广。我们通过对 2011 年 4 月至 2013 年 11 月新疆师范大学少数民族学生 MHK（三级）口语考试与普通话水平测试成绩对比分析，探讨 MHK（三级）与普通话水平测试的相关性。

（一）两类考试参加人数及达标比例的相关性分析

表 1　新疆师范大学近三年普通话水平测试与 MHK（三级）口试少数民族学生考试情况统计表

年度	考试名称	参测总人数（名）	少数民族考生人数及比例		少数民族考生中获得普通话水平测试三级乙等以上/MHK（三级）口试 65 分以上人数及比例	
			人数	比例	人数	比例
2011 年	普通话水平测试	7557	2583	34.18%	1463	56.64%
	MHK（三级）口试	5541	5541	100.00%	3620	65.33%
2012 年	普通话水平测试	5966	1960	32.85%	1163	59.34%
	MHK（三级）口试	5370	5370	100.00%	2767	51.53%
2013 年	普通话水平测试	3995	1182	29.59%	704	59.56%
	MHK（三级）口试	6594	6594	100.00%	2369	35.93%

数据显示：

1. 2011 年至 2013 年，少数民族学生占参加普通话水平测试总人数的 32.2%，接近三分之一；参加 MHK 人数为 100%，远高于参加普通话测试人数比例。普通话水平测试不与毕业证挂钩，考生会选择性地参加测试。

2. 按照 MHK 等级体系的达标要求，三级为高中毕业生达到的水平。新疆师范大学近三年达到三级的平均比例为 50.9%，达标比例不容乐观。MHK 口语测试达到三级甲等的比例 2011 年为 65.3%，2013 年仅为 35.9%，达标比例波动较大。

3. 普通话水平测试达到三级乙等以上的比例在 56.6% 至 59.6% 之间，比例较为稳定；参加普通话水平测试的少数民族学生达到三级乙等的比例表面上高于 MHK（三级）口试比例，但由于参加普通话水平测试的少数民族学生数量小，总体达标比例仍然不高。

（二）两类考试成绩的相关性

针对部分考生两种考试均参加，但存在着考试时间不同的情况，我们将考生考试时间一致与时间不同两种情况分别进行考察，分析两类考试成绩的相关性：

表 2　新疆师范大学近三年少数民族学生普通话水平测试与 MHK（三级）口试分差统计表

序号	姓名	民族	班级	普测学期	普测分数	MHK 学期	MHK（三级）口试分数	分差
1	热依汗・卡德尔	维吾尔族	1003	2012 秋	60.0	2012 秋	68	–8.0
2	热比古丽・买买提	维吾尔族	0904	2012 秋	67.6	2012 秋	76	–8.4
3	阿仙古丽・萨比克	维吾尔族	0902	2012 秋	76.3	2012 秋	70	6.3
4	月尔古丽・吾斯曼	维吾尔族	0902	2012 秋	61.7	2012 秋	84	–22.4
5	赛比海・乌尔开西	维吾尔族	0902	2012 秋	64.3	2012 秋	68	–3.8
6	热比古力・台来提	维吾尔族	0802	2012 秋	60.4	2012 秋	86	–25.7

续表

序号	姓名	民族	班级	普测学期	普测分数	MHK 学期	MHK（三级）口试分数	分差
7	玛地娜·铁里亚孜旦	哈萨克族	1001	2012 秋	62.7	2012 秋	74	–11.3
8	托合提阿吉·马木提	维吾尔族	1101	2012 秋	61.1	2012 秋	90	–28.9
9	艾则孜姑丽·阿布都克热木	维吾尔族	1203	2013 春	65.1	2013 春	90	–24.9
10	阿依努尔·阿布都卡德尔	维吾尔族	1201	2013 春	53.5	2013 春	71	–17.5
11	努日曼古丽·艾则孜	维吾尔族	1201	2013 春	50.5	2013 春	81	–30.5
12	热孜万姑丽·色来	维吾尔族	1201	2013 春	49.5	2013 春	66	–16.5
13	木拉提汗·热合买多拉	哈萨克族	1201	2013 春	45.5	2013 春	31	14.5
14	艾散江·奥斯曼	维吾尔族	1201	2013 春	48.5	2013 春	72	–23.5
15	江俄勒·卡列尔汗	哈萨克族	1004	2013 春	52.3	2013 春	67	–14.7
16	努尔比亚·台瓦库力	维吾尔族	1202	2013 春	49.0	2013 春	69	–20.0
17	沙娜娃·艾力	维吾尔族	1202	2013 春	54.9	2013 春	64	–9.1
18	阿丽米热·麦麦提敏	维吾尔族	1202	2013 春	55.5	2013 春	76	–20.5
19	阿依帕夏·瓦哈普	维吾尔族	1202	2013 春	48.5	2013 春	61	–12.5

续表

序号	姓名	民族	班级	普测学期	普测分数	MHK 学期	MHK（三级）口试分数	分差
20	吐尼沙古丽·吐尔洪	维吾尔族	1202	2013 春	56.0	2013 春	61	–5.0
21	古力加马力·卡德尔	维吾尔族	1202	2013 春	52.0	2013 春	63	–11.0
22	艾合麦提江·依明	维吾尔族	1202	2013 春	47.5	2013 春	77	–29.5
23	阿依尼沙·牙生	维吾尔族	1203	2013 春	53.0	2013 春	87	–34.0
24	买尔旦 . 吐合达洪	维吾尔族	1203	2013 春	49.8	2013 春	63	–13.2
25	阿不拉·阿布都热西提	维吾尔族	1203	2013 春	53.5	2013 春	58	–4.5
26	布玛里亚木·吐尼亚孜	维吾尔族	1106	2013 秋	64.7	2013 秋	76	–11.3
27	艾斯克尔江·布尔汗	维吾尔族	1002	2013 秋	77.5	2013 秋	88	–10.5
28	艾克热木江·阿布力米提	维吾尔族	1002	2013 秋	67.1	2013 秋	88	–20.9
29	阿孜古丽·吾买尔	维吾尔族	1003z	2013 秋	73.3	2013 秋	74	–0.7
30	古再丽努尔·艾沙	维吾尔族	1003	2013 秋	60.7	2013 秋	70	–9.3

说明：下图为以上 30 个样本分数分布图。

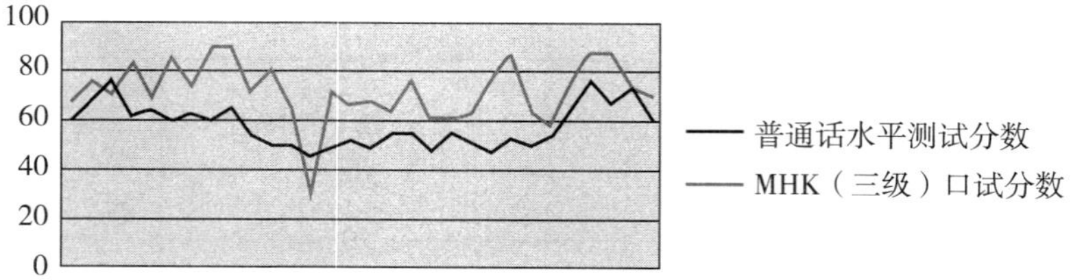

续表

序号	姓名	民族	班级	普测学期	普测分数	MHK学期	MHK（三级）口试分数	分差
31	欧日力加甫	蒙古族	0804	2012秋	63.1	2012春	74	−10.9
32	多那	蒙古族	0804	2012秋	70.5	2012春	82	−11.5
33	山图叶	蒙古族	1005	2012秋	66.2	2012春	96	−29.8
34	乌·巴音郭楞	蒙古族	1005	2012秋	65.5	2012春	90	−24.5
35	斯琴高娃	蒙古族	1005	2012秋	68.8	2012春	72	−3.2
36	苏德孟	蒙古族	0804	2012秋	34.7	2012春	47	−12.3
37	祖丽菲亚	维吾尔族	1006	2012秋	66.8	2012春	90	−23.2
38	阿曼尼沙汗	维吾尔族	0804	2012秋	53.0	2012春	68	−15.0
39	古丽加依娜	哈萨克族	0804	2012秋	51.4	2012春	99	−47.6
40	古丽斯旦	维吾尔族	0804	2012秋	46.3	2012春	66	−19.7
41	库尔班尼沙	维吾尔族	0804	2012秋	48.3	2012春	74	−25.7
42	穆乃外尔	维吾尔族	0804	2012秋	46.5	2012春	72	−25.5

续表

序号	姓名	民族	班级	普测学期	普测分数	MHK 学期	MHK（三级）口试分数	分差
43	阿布都沙拉木	维吾尔族	1005	2012 秋	61.5	2012 春	51	10.5
44	努热亚	维吾尔族	1102	2013 春	65.5	2012 春	86	–20.5
45	姑丽妮尕尔	维吾尔族	1102	2013 春	74.1	2012 春	82	–7.9
46	叶尔安	哈萨克族	1102	2013 春	74.1	2012 春	99	–24.9
47	斯琴高娃	蒙古族	1005	2013 春	70.5	2011 春	74	–3.5
48	乔龙	蒙古族	1005	2013 春	71.6	2011 春	78	–6.4
49	巴音图甫	蒙古族	1005	2013 春	74.6	2011 春	88	–13.4
50	山图叶	蒙古族	1005	2013 春	77.0	2011 春	86	–9.0
51	巴都木才次克	蒙古族	1005	2013 春	80.8	2011 春	76	4.8
52	孟克比力克	蒙古族	1005	2013 春	83.4	2011 春	76	7.4
53	乌·代吉特	蒙古族	1005	2013 春	63.9	2011 春	76	–12.1
54	吐儿逊阿依	维吾尔族	0904	2013 秋	65.8	2011 春	78	–12.2
55	如克耶姆	维吾尔族	0904	2013 秋	61.5	2011 春	74	–12.5
56	热西旦	维吾尔族	0904	2013 秋	65.3	2011 春	88	–22.7
57	布再那甫古丽	维吾尔族	0904	2013 秋	64	2011 春	66	–2.0
58	祖木热木	维吾尔族	0904	2013 秋	70.5	2011 春	62	8.5

续表

序号	姓名	民族	班级	普测学期	普测分数	MHK 学期	MHK（三级）口试分数	分差
59	孜拉也提	维吾尔族	0904	2013 秋	68	2011 春	74	–6.0
60	热依赛	维吾尔族	0904	2013 秋	71	2011 春	78	–7.0
61	若先古丽	维吾尔族	0904	2013 秋	65.5	2011 春	70	–4.5
62	美合日班	维吾尔族	0904	2013 秋	67.5	2011 春	90	–22.5
63	热西旦木	维吾尔族	0904	2013 秋	65.5	2011 春	72	–6.5
64	赛力古丽	维吾尔族	0904	2013 秋	66	2011 春	64	2.0
65	古丽皮耶姆	维吾尔族	0904	2013 秋	72	2011 春	76	–4.0
66	苏比努尔	维吾尔族	1104	2013 秋	83.4	2012 春	99	–15.6
67	玛依热	维吾尔族	1104	2013 秋	64.2	2012 春	82	–17.8
68	热沙来提	维吾尔族	1104	2013 秋	77	2012 春	86	–9.0

说明：下图为所有 68 个样本的分数分布图。

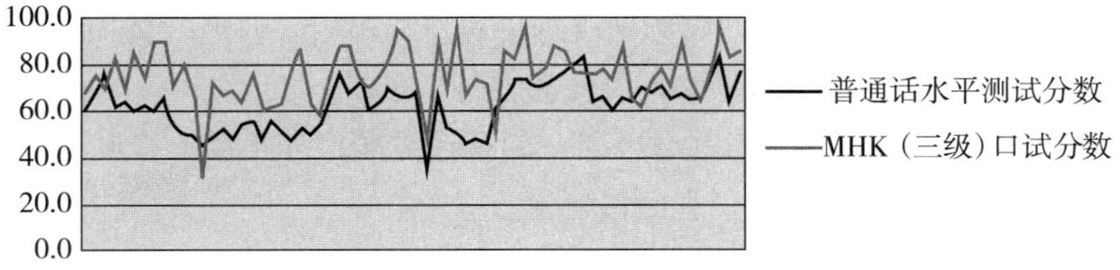

以上数据及走势图显示：

1. 时间一致参加普通话测试的平均成绩为 58 分，MHK 三甲口试成绩平均成绩为 72.3 分，分差为 14.2 分；时间不同参加普通话测试的平均成绩为 65 分，MHK 三甲口试成绩平均成绩为 77.9 分，分差为 11.9 分。普通话水平测试成绩与 MHK 成绩具有相关性，68 名考生中，能够通过普通话水平测试三乙的 46 名考生，只有 2 名未通过 MHK 三甲口语考试，另外 44 名考生均达到 MHK 三甲水平，通过率为 95.65%。二者高低趋势吻合。

2. 普通话水平测试难度大于 MHK（三级）口语考试。

三、普通话训练与 MHK（三级）口试训练融合的可行性

（一）MHK（三级）口试考点与普通话水平测试要点解析

《中国少数民族汉语水平等级考试（三级）大纲》（下文简称《大纲》）口试部分未见明确的考试要求。在《中国少数民族汉语水平等级考试（三级）应试指南》（下文简称《指南》）口试部分分项练习答题指南有如下提示："通过这部分练习，希望考生进一步巩固语音知识，提高朗读技巧，熟悉各类文章的朗读要领以及各类题目的答题思路，并且为提高口头表达能力积累更多语言知识和语言素材。"

与《指南》配套的《录音文本、答案和试题详解》（下文简称《详解》）口试朗读难点分析概括为：

1. 语音方面：（1）声母 j，q，x 与 zh，ch，sh；（2）单韵母：e，i，u。

2. 字词方面：（1）百分比的用法；（2）容易读错的多音字；（3）较难的字词。

3. 语调方面：（1）停顿；（2）重音；（3）句调；（4）语速。

根据《详解》，封闭性问题的回答训练重点：第一，捕捉关键信息，回答重点问题；第二，寻找关键词语，简要准确回答问题。

开放性问题的回答训练重点：第一，概括主题，多角度、多侧面回答问题；第二，理清思路，有条理地回答问题。

《普通话水平测试实施纲要》(下文简称《纲要》)：试题 1 读单音节字词，目的是测查应试人声母、韵母、声调读音的标准程度；试题 2 读多音节词语，测查应试人声母、韵母、声调和变调、轻声、儿化的标准程度；试题 3 朗读，测查应试人使用普通话朗读书面作品的水平，在测查声母、韵母、声调读音标准程度的同时，重点测查连读音变、停连、语调及流畅程度；试题 4 命题说话，考查应试人语音标准程度、词汇语法规范程度及自然流畅程度。

通过上述比较可以看出：普通话测试与 MHK（三级）口试的朗读共同点都是考查汉字声、韵、调的准确程度，篇章中语调、停连、朗读流畅程度，要求应试人在思路清晰的基础上，标准、规范、自然流畅地进行口语表达。

从 MHK 对少数民族学生国家通用语言文字运用能力要求来看，MHK 虽已成为新疆高校评价少数民族学生国家通用语言学习水平的重要手段之一，但远不能适应维护新疆稳定与长治久安的战略要求。普通话水平测试要求具体，测试体系规范，更具操作性，因此可借助 MHK 平台，将普通话训练的经验和方法运用于 MHK 口语训练，进一步推广普及普通话。

（二）MHK 口语考试与普通话水平测试训练融合的实践依据

表 3　新疆师范大学文学院 2010 春—2011 春小学汉语专业《普通话训练》课程问卷调查表（被调查学员共 92 名）

语言技能 / 人数	提高口语表达能力	提高阅读能力	提高写作能力	正音	扩大识字量
开设普通话培训课程对汉语学习的益处	79 人	39 人	33 人	54 人	37 人
所占比例	85.8%	42%	35%	58.6%	40.5%

上述统计数据显示：有85.8%的学员认为《普通话训练》课程开设最大的收获就是提高了汉语口语表达能力。除此之外，有三分之一以上的学员认为普通话训练加大了阅读量，提高了阅读能力和写作能力。可见将MHK口语考试训练与普通话训练结合，得到了学员们的普遍认同。

（三）普通话训练的师资保障

普通话水平测试在新疆开展已有十余年，为更广泛地普及、推广普通话，提高新疆高校学生国家通用语言文字应用能力，新疆各高校均设立了普通话水平测试工作站，拥有一支经过严格培训的国家级、省级普通话水平测试员队伍，是普通话训练的主要师资力量。

尽管新疆多数高校具备普通话课程开设的师资条件，但多数学校尚未针对少数民族学生开设专门的普通话训练课程。由于缺乏科学、系统、正规的训练，少数民族学生普通话水平测试成绩普遍不佳，这种状况也从某种程度上影响了少数民族学生参加普通话测试的积极性。因此新疆高校有责任和义务为普通话的普及推广提供基本师资保障，为新疆普通话推广普及做出努力。

四、普通话训练与MHK（三级）口试训练融合的相关策略

新疆高校学生普通话水平测试存在的主要问题：

第一，普通话语音不标准，且缺乏普通话语音的基本理论知识，尤其是声调掌握情况较差。

第二，在小学基础教育阶段，基层少数民族教师普通话水平普遍较低，学生在模仿和学习汉语过程中，语音、词汇、语法等各方面均存在明显的不标准、不规范现象。

第三，学生在话题表达时，不知道表达什么，应如何表达。

根据几年的教学实践，提出几点普通话训练与MHK（三级）口试训练融合的相关策略：

（一）普通话训练的理论依据

现阶段新疆高校少数民族学生普通话训练应以《纲要》为理论依据，主要原因是：

1.《纲要》由国家语委普通话水平测试中心编制，经教育部语用司组织审

定，具有权威性。

2.《纲要》具有标准型、规范性。普通话语音知识介绍，通过教师的系统讲解，可以帮助少数民族学生解决普通话语音的基本理论知识的问题，其配套的标准朗读录音，可以解决少数民族教师普通话水平有限，教授者汉语程度差异大等问题。

3. 《纲要》所收词语具有广泛性。《普通话水平测试用普通话词语表》（下文简称《词语表》）表一中带星号的词语是使用频率很高的最常用词语，也是《大纲》中要求掌握的主要词语。通过普通话训练，既能帮助学生进一步熟悉日常生活常用词语的声韵调，矫正语音，又能帮助学生掌握《大纲》中规定的词语。

4.《纲要》所附的《普通话水平测试用普通话与方言常见语法差异对照表》中语法要点具有典型性。"来、去、起来、形容词重叠、程度副词、范围副词、被动句、介词'从、在、到、向、往'、动态助词'着、了、过'、结构助词'的、地'、语气词、补语、比较句、把字句、关联词"等，既是普通话与方言之间比较突出的语法差异，也是新疆少数民族在日常口语交际中易产生错误的的语法学习难点，可以作为教师进行普通话口语语法训练的重点。

5. 《纲要》所附《普通话水平测试用话题》中的 30 个话题，与我们日常生活密切相关，包含了叙述文、说明文、议论文等基本文章形式，既可以作为口语表达训练的重要内容，也可以通过这些话题的训练，培养学生思维能力，提高学生口语表达能力。

（二）强化汉字系统学习，提高认读能力

从少数民族普通话水平测试情况看，朗读单音节字词、多音节词语得分普遍不高，其原因是应试人除语音、语调不标准之外，主要是汉字识字量太少。识字量是考察汉字认读能力的重要指标，因此应针对少数民族学生开设基础汉字识字课程，从形音义角度对《大纲》要求的汉字进行系统学习。许征教授主编的《常用汉字辨析》注重实用，对 3500 个常用汉字从笔画、结构意义、古今读音、易误辨析等四个方面进行辨析，可以帮助少数民族学生规范汉字书写，掌握汉字字音，正确理解字义，提高汉字认读能力。

（三）了解词汇教学重点，提高词汇教学效率

《大纲》中甲乙丙丁四个级别共 2910 个汉字、6202 个词语，字词比例为 1：

2.13。学习一个汉字，只能掌握两个词语，很不经济。《大纲》规定的识字量较大，多数民族学生难以达到《大纲》要求的识字量。6202个词语也难以满足汉语口语表达的需求，因此必须了解词汇教学重点，改善字词比例，扩大词汇量。词汇教学重点主要包括：

1. 核心语素，即构词能力极强的单音节汉字，《纲要》表一表二用字统计中标注了3795个汉字在《词语表》中出现的总次数，据统计，《词语表》中出现10次以上的高频核心语素共537个（见附表），构成15735个词语，平均字词比例为1∶29.3。这些核心语素作为普通话训练和MHK汉字教学的重点，原因有二：一是可以改善字词比例，扩大词汇量；二是以上537个核心语素，均为《大纲》甲级字，占全部甲级字的67.3%。掌握了以上汉字的形音义，再按照汉字构词法的特点扩大词汇量，能在词汇教学中收到事半功倍的效果。

2. 最常用词，指《词语表》所收词语，共17055条。表一中带星号的词语是使用频率在4000之前的最常用词，包含《大纲》中甲级词785个，乙级词1243个，丙级词633个，丁级词37个，共计2698个词语，占普通话水平测试常用词的67.45%。分别为甲级词（1022）总数的76.8%，乙级词（2051）总数的60.6%，丙级词（2285）总数的27.7%，丙级词（844）总数的4.4%。因此，掌握了4000最常用词语，就掌握了《大纲》规定的大部分甲级、乙级词语。

（四）重视伴随性词汇学习，扩大词汇量

伴随性词汇学习是指学习者的注意力集中在言语所传达的信息上，学习的目的不是为了获取词汇知识，词汇知识是学习者学习活动的副产品。伴随性词汇学习一般通过大量的阅读得以实现。伴随性词汇学习的主要目的是通过提高词语复现率，进而扩大词汇量。

1. 充分利用朗读录音材料，学生反复听录音并跟读，随着朗读词语出现频率的增高，在汉语语音识别（听音）和汉字字形识别（认字）能力提高的同时，扩大词汇量；

2. 通过结合语境的反复朗读，提高复现率，配合教师对朗读过程中学生遇到的生字和生词进行简要的讲解，提高复现率，生字和生词会逐渐成为熟字和熟词，逐步扩大词汇量；

3. 围绕家庭、集体、职业、爱好、家乡等内容，通过命题说话训练，引导学生正确使用 MHK 大纲中规定的词语，使学生不仅能认读字词，还能在命题说话中学会运用字词造句、作文，在实际运用中扩大词汇量。

（五）加强朗读训练，逐步培养语感

朗读是口语测试的方式之一，通过朗读可以检测应试者运用语言的能力。朗读的目的主要是培养语感。应试人需要反复朗读，加强听读训练，通过朗读入选普通话水平测试的作品，培养和形成正确的语感。

（六）科学指导命题说话，提高逻辑思维能力

从 MHK（三级）口试题型来看，主要考核三方面的内容：一是普通话朗读的标准程度，二是口语表达的基本能力，三是逻辑思维能力。可以将普通话水平测试中的命题说话作为主要训练内容，根据不同的话题，科学指导学生掌握记叙文、议论文、说明文等语体的基本语篇结构方式，提高学生的逻辑思维能力及口语表达能力。

（七）系统训练，全面提高国家通用语言文字应用能力

将《普通话训练》课程纳入新疆高校预科必修课程中，对学生进行系统的普通话训练，在有效提高少数民族学生 MHK（三级）口试成绩的同时，增强少数民族学生对国家通用语言文字的认同感和学习普通话的自觉性，全面提高他们的国家通用语言运用能力。

四、结语

在实施新疆长治久安战略的新形势下，在少数民族大学生群体中推广普及国家通用语言文字，是一项重要、长期而艰巨、繁重的工程，需要全社会高度重视，政府部门政策制定者、语言研究者、教育实施者之间应达成共识，形成合力，全力实施。

张春贤在 2012 年全区教育工作会议上明确指出："普及国家通用语言文字，实施双语教育，事关每一个少数民族家庭、每一个少数民族青少年切身利益，对促进各民族之间的交往，增进中华民族凝聚力和国家认同感意义巨大，要坚定不移地大力推行。"我们都必须充分认识到：MHK 不仅是一种考试形式，其实施的终极目标应该是推广和普及普通话，提高少数民族学生国家通用语言文字运用能力。

参考文献

[1]周珊 . 论新疆少数民族对国家通用语言的认同 [J]. 新疆师范大学学报，2010（2）.

[2]教育部民族教育司中国少数民族汉语水平等级考试课题组 . 中国少数民族汉语水平等级考试大纲（三级）[S]. 北京：北京语言大学出版社，2002.

[3]郭风岚，张世方 . 中国少数民族汉语水平等级考试（三级）应试指南 [Z]. 北京：北京语言大学出版社，2009.

[4]韩清林 . 语言的强势同化规律与强势语言的先进生产力作用 [J]. 语言文字应用，2006（1）.

[5]国家语言文字工作委员会普通话培训测试中心 . 普通话水平测试实施纲要 [S]. 北京：商务印书馆，2004.

[6]孙晓明 . 任务为导向的留学生伴随性词汇学习研究 [J]. 汉语学习，2012（8）.

[7]许征 . 常用汉字辨析 [M]. 北京：高等教育出版社，2013.

作者简介

宋晓蓉，女，重庆人，副教授。研究方向：汉语史、双语教学。

东乡族自治县双语教学现状调查与研究

樊霞会
（兰州市七里河区王官营中心校）

摘　要　东乡族有民族语言，无民族文字，以东乡语为母语的东乡族人基本不通汉语；在东乡族聚居地的学龄儿童，汉语教学更是零起点。为此，东乡县教育局根据当地的实际情况，在相关基金会的资助下，开展了一系列的双语教学尝试，特别是在引导东乡族儿童通过母语顺利过渡到汉语的学习和使用等方面，做了一些大胆的尝试和实践，也取得了一定成效。本文就当地的一些具体做法做了归纳和梳理，并对东乡县未来的双语教学发展做了一些理性思考与展望。

关键词　东乡语　双语教学　双语教材

一、东乡族概况及其语言背景

位于甘肃省中部、临夏回族自治州东部的东乡族自治县是全国唯一的以东乡族为主体的少数民族自治县，是东乡族的发祥地，东乡族是全国稀有少数民族，也是甘肃省三个特有的少数民族之一。东乡族自称“撒尔塔”，有民族语言，无民族文字，信仰伊斯兰教。现东乡族人口全国有51.38万人，居住在东乡县的有21万多人。在东乡县的24个乡镇中，除了4个乡镇是东乡族和汉族、回族杂居外，其余20个乡镇为纯东乡族乡。在语言方面，18个纯东乡族乡都以东乡语为母语，其他杂居乡的东乡族也大部分以东乡语为母语。以东乡语为母语的东乡族人基本不通汉语。对于东乡族儿童而言，由于生活在单一的母语环境中，在入学之前基本接触不到汉语。与此同时，有关数据显示，东乡族受教育程度在全国56个民族中最低，文盲率在56个民族中最高。究其原因，固然是因为山大沟深、居住分散和生活困难，但汉语学习滞后无疑也是导致东乡县民族教育事业长期落后的重要原因之一。

二、东乡县双语教学的实验历程

2001年6月，在美国福特基金会的大力资助和临夏州州政府的组织协调下，经过一年多时间的紧张准备，东乡县于2002年秋季成立了第一个双语实验班——那勒寺小学双语教学实验班。该实验班主要是通过东乡语来帮助学生学习现有的小学语文教材。

2006年7月，通过多方协调，在香港乐施会的资助下，扩大了双语教学的范围。自2007年3月起，在原那勒寺实验班教学研究的基础上，那勒寺、坪庄、韩则岭、阳洼、李牙、何家、和岘、高家等8个学校开设了双语教学的实验班，并将双语教学的班级从学前班跟进到一、二年级。

三、东乡县双语教学的实施办法与经验

（一）确立双语教学的教学目标

对于东乡族的很多学龄前儿童来说，汉语对他们是零起点。通过双语教学，使东乡族聚居地的孩子通过母语顺利过渡到汉语的学习和使用，是很有难度的。所以，在具体的教学实施中，就必须坚持由少到多、从简到难、循序渐进的原则。双语教学从学前班开始连续实施三年，力求让汉语零起点的学生，通过三年的学习达到一定的汉语水平。具体目标如下：（1）学生学会东乡语记音符号，能够读写东乡语。（2）借助本族语学习汉语，加速汉语听、说、读、写能力的培养，完成语言准备工作，基本达到能无阻碍接受汉语授课，为从三年级起开始使用现行汉语教材打下基础，完成一、二年级汉语识字教学任务。（3）教给学生一种新的学习方法，使学生感到学得有趣、学得轻松、学得进去，进而能进得来、留得住，提高入学率，尤其提高女童入学率，为顺利完成东乡族儿童九年义务教育服务，使尽可能多的孩子成才。

（二）积极组建专家团队，自主开发双语教材

东乡县根据《东乡语实用记音符号方案》，借助《东乡语汉语词典》，成立了教材编审组，开展了双语教材编写工作。县教育局多次召集有关专家、学者、校长、教师及教研员召开教材编审会，从内容、图片、编排顺序等方面进行了深入细致的研究讨论，使教材更加趋于完善，符合学生的认知规律和教学实际。截至目前，共编印《东乡语记音符号》及相配套的《东乡语记音符号练习册》各两册，《数学》及配套练习各六册，《听力故事》三册，《东乡语小故事》十二册，《汉语口语训练》三册，以及现行汉语文教材配有东乡语译文的《语文》及《配套练习》各四册，东乡语汉语对照的《东乡族民间故事》一册。在编写过程中坚持了理论与实践相结合、实验与评估相结合的原则，做到了边编写、边实验、边调整。

（三）大力开展教师培训工作，为双语教学提供师资保障

从2001年起，县教育局定期组织教师举行双语教学培训，先后13次培训教师共450人（次），培训形式为集中培训和分散培训相结合。集中培训主要以讨论、研究、试讲为主。分散培训主要以听课、评课为主。采用请进来、走出去的办法培训双语师资，并多次参加中国少数民族双语教学研讨会，到贵州实地观摩考察侗族的双语教学经验，请来贵州省有丰富双语教学经验的侗族教师进行现场指导、讲学的办法，有效地提高了当地双语教师的教学水平和课堂驾驭能力。

（四）努力探索教学模式，不断丰富双语教学方法

对于汉语是零起点的东乡族孩子而言，如何尽快地掌握和使用汉字，是一个极大的难点，因此，双语教学的教学方法就显得尤为重要。为了更好地激发学生的学习兴趣，双语教师用讲故事的方法和配图等多种方式，努力调动学生学习的积极性。故事教学法又分为经历故事和创造故事两种，老师把《东乡语小故事》和《听力故事》讲解给学生听，因为这些小故事是学生所喜闻乐见的，多为发生在身边的故事，又使用了他们十分熟悉的本民族语言，所以他们十分喜欢，很容易引起共鸣；然后启发学生根据故事情节，创作一个故事，或者讲一个亲身经历的故事，以提高学生的语言表达能力。对《东乡语记音符号》课，由于自己的语言能用符号写出来，孩子们表现出浓厚的学习兴趣。多采用结构法，从细微处分辨音节之间的异同、词与词之间的异同，为以后东乡语和汉语互译作准备，同时也为汉语拼音教学打下了基础。《汉语口语训练》的编写和教学我们注意了日常交际用语和学校及家庭生活用语，多采用对话形式和问答形式，叫学生分角色朗读或问答，然后又用东乡语陈述，以提高学生的理解能力和语言表达能力。

四、东乡县双语教学的实施效果

为科学评估东乡县双语教学，在第一轮和第二轮教学实验中，设立实验班的同时还设立了一个对比班，而且学生都是随机分班。实验班从学前班开始使用东乡语双语教材，对比班从学前班开始使用人教版统编教材。

通过三年的教学实践，县教育局教研室对两个班的学生进行了考核评估，认为实验班学生比对比班学生的思维活跃一些，实验班学生成绩普遍高于对比班的成绩。

与此同时，临夏州教育局教研室对双语教学实验进行了考察评估，认为实验班学生在学习态度、自信心、学习积极性等方面都有可喜的进步：（1）学生的学习态度发生了深刻的变化，自信心增强，学习积极性提高，他们表现得思维活跃，发言大胆。（2）师生关系得到改善，他们更容易相互沟通和交流。（3）学生成绩明显提高。评估组命题测试，实验班同学的语文数学平均分、及格率都高于对比班，尤其是语文成绩远远高于对比班，平均分接近对比班的两倍，及格率是对比班的三倍。（4）学生汉语表达能力、理解能力、写作能力、计算能力均有明显进步。（5）学生学习兴趣大大提高，他们更加喜欢上学。

2013 年 6 月 30 日至 7 月 3 日，教育局分管领导、督导室、教研室、双语办、有关学校校长、乐施会等人员组成的督查评估小组，依照县督导室制定的《关于对八所实验学校双语教学进行评估的实施方案》，分成两个小组，对那勒寺、阳洼、李牙、坪庄、韩则岭、汪集高家、何家、春台和岘等 8 所实验校的“双语”教学效果进行了督查评估。评估内容为：一年级实验班、对比班现场进行语文、数学两门学科各 100 分钟题量的统一试卷测试；用提前拟定的抽测提纲进行汉语表达能力、理解能力、计算能力等方面的师生面对面抽测；对实验班和对比班师生进行问卷调查及访谈；对实验班和对比班的教师教案、学生作业进行了检查。

测试成绩表明，实验班学生的语文数学平均分、及格率和合格率都高于对比班。详见下表：

实验班一年级评估测试成绩统计表

类别／学校	应考人数	参考人数	期末考试				
			语文平均分	及格率	数学平均分	及格率	双科合格率
坪庄	38	33	61.8	54.5	80.25	87.5	51.5
对比班	45	40	44.3	32.5	44.4	27.5	15
韩则岭	25	21	68.7	71.4	70.7	85.7	71.4
对比班	26	21	21.3	9.5	42.3	28.6	9.5
阳洼	17	15	45	20	69	73.3	20
对比班	42	34	18	0	31.3	17.6	0
和岘	17	15	64.6	73	64	53.3	40
对比班	23	18	45.5	27	50	39	17
那勒寺	50	38	62.6	60.5	70.3	73.3	55.3
对比班	57	48	52	47.9	65.4	64.6	37.5
李牙	18	14	52.4	57.1	62.3	64.3	50
对比班	40	19	18.3	10.5	24.3	21	10.5
何家	10	10	48.5	40	60.1	60	40
对比班	15	14	36.3	28.5	43.9	35.7	28.5
高家	20	19	68.5	68	82.3	94.7	68
对比班	34	30	34.5	20	60	60	20

从上表统计结果来看，实验班与对比班语文平均分最小差距 10.6 分，最大差距 47.4 分，及格率最小差距 11.5 个百分点，最大差距 61.9 个百分点；数学平均分最小差距 4.9 分，最大差距 38 分，及格率最小差距 9.1 个百分点，最大差距 60 个百分点。双科合格率最小差距 11.5 个百分点，最大差距 48 个百分点。

从以上的数据不难看出，实验班的成绩普遍高于对比班，为了更为科学地分析双语教学班与对比班的客观差距，笔者还就双语班和对比班的师资进行了分析。由于双语班的老师必须同时精通东乡语和汉语，所以，双语教师都是东乡族且从小居住在此的老师，其中临时聘用教师占38%，具有大专及以上学历的教师占62%；对比班因为没有对东乡语有特别的要求，所以汉族教师和一些大学毕业生也可担任，其中临时聘用教师占16%，具有大专及以上学历的教师占83%。也就是说，对于双语班和对比班而言，双语班的师资并不占优势，只是客观采用了双语教学模式后，极大地改善了东乡族适龄儿童初入学时不会汉语的问题，降低了他们学习的难度，增加了学习汉语的兴趣，从而提高了学习成绩。

五、东乡县双语教学今后发展的思考与建议

从8个乡的实验班与对比班的学习成绩看，东乡县的双语教学实践取得了明显的成效。东乡县的双语教学实践经验也说明，双语教学更为适合入学前以本民族母语为主的少数民族学龄前儿童。东乡县在双语教学实践方面的成功经验，尤其是结合少数民族自身语言特点，将汉语教学逐步迁移到学生的语言学习之中，以及使用故事教学法将本民族语言与汉语教学结合起来等教学方法的使用，对于其他少数民族开展双语教学都有直接的借鉴意义。

当然，从进一步推进东乡县的双语教学实践从而提升东乡县的义务教育质量与水平的角度，东乡县的双语教学还需要在以下几个方面做好工作：

一是要进一步发挥政府与社会力量的作用，积极推广双语教学实验成果，进一步扩大双语教学的辐射面，逐步在19个纯东乡族乡镇的158所小学全面推广双语教学，以此来解决东乡族适龄儿童初入学时的语言障碍问题。

二是积极加大宣传力度，进一步提升东乡族群众学习普通话的意识。目前，群众的思想还没有完全转变，他们对学习普通话的重要性还没有足够的意识，对于双语教学，也缺乏应有的理解，还没有完全接受，所以加大宣传，让老百姓真正接受它、认可它也是十分重要的。

三是加大教师培训力度，提高教师双语教学的能力。由于双语教学刚刚起步，受过正式培训的双语教师数量有限，利用双语手段教学的能力有限，所以，还应该进一步加强师资培训工作，为双语教学提供优良的师资保障。

四是完善双语教学评价评估机制，提高教育科研部门研究双语教学的能力，科学决策，有效指导双语教学。

五是提升教材编译水平，完善教辅教材内容。虽然，目前东乡县也编写了一些相关的阅读材料，但对于拓宽学生的知识面而言还是远远不够，所以，应该完善、加强教辅教材的编写，提升编写质量和编译水平。

六是要尽快修订印发《全日制民族中小学课程设置方案》，进一步明确民族中小学课时要求和教师工作量标准，更好地使民族聚居区的中小学校因地制宜地开展双语教学。

参考文献

[1] 王鉴，李文涛．民族地区双语教学成效与问题调查研究——以新疆疏勒县为例 [J]. 当代教育文化，2012（5）.

[2] 马永峰，陈玉梅．东乡族双语教学资源的开发与建设 [J]. 现代教育科学，2011（8）.

[3] 曹建华，陈其斌．东乡族双语使用与教学的人类学调查与思考 [J]. 青海民族研究，2011（4）.

作者简介

樊霞会，女，甘肃武威人，小学高级教师。研究方向：普通话教学。

浅议楚雄州边远山区学校民族学生普通话学习的困难

张泽建　李银梅
（楚雄州教育局　楚雄农业学校）

摘　要　边远山区少数民族学生的普通话教学一直是学校教学中的一个难点。良好的普通话表达能力有助于学生尤其是少数民族学生更好地进行学科知识的学习，也有助于学生对社会生活的良好适应。边远山区学校由于双语教师缺乏，教师普通话水平较低，教育教学水平低下，加上受当地少数民族语言习惯的影响，推广普通话任重道远。本文对楚雄州双语教学情况和边远山区学校民族学生在普通话学习中存在的困难和解决办法进行了简要的研究探讨，以期对促进边远山区学校民族学生的普通话学习有所助益。

关键词　边远山区　学校　民族学生　普通话学习　困难

语言文字是人类在漫长的社会生产生活中形成的最重要的交际工具和信息载体，是文化的基础要素和鲜明标志。语言文字事业的科学协调发展对促进教育公平，维护国家统一和民族团结，实现国民素质的稳步提高和人的全面发展起着至关重要的作用。大力推广和普及国家通用语言文字对促进云南等边疆民族地区经济社会的可持续发展，全面实现教育的现代化具有十分重要的意义。

云南省楚雄彝族自治州地处云南中西部，是全国仅有的两个彝族自治州之一。截至 2010 年，楚雄州各级各类学校普及普通话工作已经全部完成了达标验收，语言文字规范化工作也逐步从中心城市向乡镇、农村中小学和边远民族地区推进，并取得了显著成效。但由于楚雄州地处云南中西部，民族众多，经济社会发展相对滞后，全州少数民族人口占总人口的34.4%，山地面积占总面积的90%以上，楚雄州大量边远山区学校同时也是少数民族学生较多的学校，学校普遍存在着教学条件差、师资薄弱、教学水平不高等问题。其中，普通话教学尤其是民族学生学习普通话的困难最为突出。

一、楚雄州边远山区学校双语教学现状

（一）楚雄州双语教师情况

2010年7月，楚雄州从全州10县市选派了86名45岁以下的双语教师参加了云南省第七期少数民族双语教师普通话培训班，在全部86名参训教师中，少数民族教师84人，汉族教师2人，其中女性教师25人。

参训前，86名双语教师普通话口语等级达到二级乙等的34人，三级甲等50人，三级乙等2人。通过培训，参训教师的普通话口语水平有了明显提高，其中7人达到了二级甲等，占全部参训人数的8%；53人达到了二级乙等，约占全部参训人数的62%；26人达到了三级甲等，约占全部参训人数的30.2%。通过分析可见，尽管培训班整体上提高了教师的口语水平，但主要集中在二级乙等和三级甲等水平，整体等级偏低，距离口语教师二级甲等的差距较大，更有30%多的教师甚至还不能达到教师资格准入的普通话口语等级要求。

（二）楚雄州双语教学情况

根据楚雄州双语教学专项统计情况显示，2012年楚雄州少数民族双语教学班（教学班采用过渡式教学即三类教学模式）合计47个，在校生1324人，专任教师55名。其中学前教育双语班3个，在校生65人，专任教师2名；小学双语教学班44个，在校生1259人，专任教师53名。各县市、年级分班教学情况见表一、表二和表三。

表 1　楚雄州 2012 年少数民族双语教学学生、专任教师情况（总计）

单位：人

	班数（个）				在校生数				专任教师			
	合计	一类模式	二类模式	三类模式	合计	一类模式	二类模式	三类模式	合计	一类模式	二类模式	三类模式
楚雄州合计	47			47	1324			1324	55			55
楚雄市	26			26	720			720	38			38
双柏县	1			1	11			11	1			1
牟定县					72			72	6			6
南华县												
姚安县												
大姚县												
永仁县												
元谋县												
武定县												
禄丰县	20			20	521			521	10			10
其中：女					582			582	10			10

表 2　楚雄州 2012 年少数民族双语教学学生、专任教师情况（小学）

单位：人

	班数（个）				在校生数				专任教师			
	合计	一类模式	二类模式	三类模式	合计	一类模式	二类模式	三类模式	合计	一类模式	二类模式	三类模式
楚雄州合计	44			44	1259			1259	53			53
楚雄市	24			24	666			666	37			37
双柏县												
牟定县					72			72	6			6
南华县												

续表

	班数（个）				在校生数				专任教师			
	合计	一类模式	二类模式	三类模式	合计	一类模式	二类模式	三类模式	合计	一类模式	二类模式	三类模式
姚安县												
大姚县												
永仁县												
元谋县												
武定县												
禄丰县	20			20	521			521	10			10
其中：女					576			576	9			9
一年级	12			12	327			327				
二年级	12			12	337			337				
三年级	6			6	145			145				
四年级	5			5	147			147				
五年级	5			5	148			148				
六年级	4			4	155			155				

表 3　楚雄州 2012 年少数民族双语教学学生、专任教师情况（幼儿园）

单位：人

	班数（个）				在校生数				专任教师			
	合计	一类模式	二类模式	三类模式	合计	一类模式	二类模式	三类模式	合计	一类模式	二类模式	三类模式
楚雄州合计	3			3	65			65	2			2
楚雄市	2			2	54			54	1			1
双柏县	1			1	11			11	1			1
牟定县												
南华县												
姚安县												
大姚县												

续表

	班数（个）				在校生数				专任教师			
	合计	一类模式	二类模式	三类模式	合计	一类模式	二类模式	三类模式	合计	一类模式	二类模式	三类模式
永仁县												
元谋县												
武定县												
禄丰县												
其中：女					6			6	1			1
托班												
小班												
中班	1			1	4			4				
大班	2			2	61			61				

注：表 1、表 2 和表 3 均出自 2012 年云南省楚雄州教育事业统计公报。

从以上楚雄州双语教学统计资料可见，2012 年，楚雄州 10 县市中，小学阶段只有楚雄市、牟定县和禄丰县 3 个县市开展了双语教学，学前教育阶段只有楚雄市和双柏县开设了双语教学，其他县区都未开设双语教学。而据同年楚雄州教育事业统计资料显示：2012 年楚雄州小学教育阶段共有 839 所学校和 149 个教学点，班级总数 6612 个；学前教育阶段幼儿园 255 所，班级 2176 个。小学和学前教育阶段在校学生总数 243628 人，其中少数民族学生 100936 人。相对于楚雄州占在校生总数 41.43% 的民族学生而言，已经开始双语教学的 47 个班级 55 名专任教师和 1324 名民族学生只能说是少数，楚雄州 10 县市的广大边远山区学校，如小学教育阶段的 149 个教学点和众多的民族地区幼儿园，对双语教学的需求仍然是社会、群众期盼关心和急需解决的热点问题。

二、边远山区民族学生学习普通话的困难原因分析

楚雄州边远山区学校学生大部分来自高寒山区，民族种类较多，部分学校彝族学生比例超过了 80%，大多数民族学生家长都使用民族语和孩子交流。学

生除了在学校经常使用普通话之外，在家庭日常生活中很少使用普通话进行交际，普通话水平较低，用普通话进行交际的能力更加有限。边远山区学校学生学习普通话存在着很多困难。

（一）学校教学中低龄段学生民族语和普通话过渡衔接困难

由于地域环境的限制，学校普通话教学中，低龄段的民族学生（包含当地的汉族学生）由于受当地主流民族语和汉语方言的影响，接触普通话的机会较少，在过渡式双语教学之初，学生民族语和普通话过渡衔接困难比较突出，在课堂上听不懂教师用普通话讲课和布置作业的现象也时有发生。同时因为普通话与民族语在语法上的不同，比如彝语，使用者囿于彝语的表达习惯，在用普通话进行交际时常常出现谓语和宾语倒置等现象。语句不通顺、词语搭配不当、口语与书面语混淆等现象也经常发生，使用普通话进行口语交际不能顺利进行，影响了学生间信息传递和接受的效果，同时也制约了学生语文素养的提高和其他学科知识的学习。例如，在日常生活中我们经常听到学生说“弟弟在读县民中”“我饭吃了”，而用普通话表达则应该是“弟弟在县民中读书”“我吃过饭了”。

楚雄州边远山区学校教学中低龄段学生民族语和普通话过渡衔接困难，既增加了他们学习的难度，又影响了他们学习积极性的提高和社会适应能力的良好发展。

（二）双语教师师资不足，规范性示范教学水平不高

学前教育阶段是幼儿语言发展和形成的关键时期，这个时期的语言习得将会影响孩子一生的语言习惯和语言能力的发展。楚雄州学前教育阶段和小学阶段双语教学由于师资短缺、双语教师普通话口语水平较低两个主要原因，使得全州双语教学严重不足，教学的规范化和示范性不高。例如，楚雄州武定、永仁、元谋等县区的民族语和汉语方言中，因为字调不同，“回家、红色”用普通话发音时常念成“灰家、烘色”；牟定、南华、大姚等县区 ian、yuan 等发成 ie、yue；还有很多县市区普遍存在前后鼻韵母分不清楚，缺少轻声、儿化等。这些民族语和方言的发音习惯对普通话的教学存在着显著的负迁移，教学中如果教师没有标准的示范性、缺乏足够的教学技能和方法，将会极大地限制双语教学水平的提高，长此以往，势必影响交际的效果，也影响学生的书面表达。如果双语教学不能有效解决民族语和汉语方言对普通话正确发音的负迁移，边远山区的民族学生将对学习普通话产生畏惧、自卑心理，失去对普通话学习的兴趣，过渡式教学的目的也就不能很好达成。

（三）观念意识不足，缺乏普通话交流应用的机会

在边远民族地区，人们基本上使用方言进行交际，孩子在家与家人交流多用母语和汉语语方言。虽然主流电视媒体都采用普通话播音，但受当地民族语和汉语方言习惯影响，孩子从父母和家庭习得的语言基础主要是民族语和汉语方言，加上家长的普通话水平也相对较低，对说普通话不够重视，幼儿也很少有进行普通话学习和交流的机会，很难从小学学到标准的普通话。有些家长觉得说方言还可以传承当地的民族文化，说普通话觉得别扭、不合群，有“忘祖”之嫌。如果家长不能着眼孩子将来的长远发展，甚至意识不到孩子终归会走出大山接触社会，与人沟通交流，去了解社会或接触形形色色的人，势必影响孩子的健康成长和长远发展。

（四）少数民族学生在普通话口语交际方面存在消极的心理因素

语言思维的形成和发展与心理因素的关系非常紧密。人的思想感情大多数情况下是通过语言来表达的，少数民族学生由于母语和普通话之间的差异及学习普通话的难度较大，在学习普通话口语的过程中容易产生消极的态度，特别是在与别人交流时，因为担心说不好普通话而出现害羞害怕等心理因素而不太愿意主动和别人进行交流。一方面，学生对学习不感兴趣，这种情况与学生自身普通话基础差，学习存在着较大困难有关；另一方面，学生因为身处民族语和当地主流语言之中，对普通话口语训练抱着无所谓的态度。有一名学生的父母都是上世纪八十年代初的中师毕业生，尽管在中师学习时具备了较好的普通话口语能力，但回到家乡任教后，却基本还是使用母语授课，使得原有的普通话交流能力基本丧失殆尽。这样的情况在民族地区并非个例。大量农村外出务工人员在外地工作时也习得了相应的普通话应用能力，但回到家乡后也很少使用普通话，有些地方甚至对说普通话的家乡人产生抵触情绪，说“土不土、洋不洋，就如本地毛驴学马叫”。类似常见的“排外”现象必然使得学生在学习普通话时的消极心理有了负面的经常性暗示，学习的主动性和积极性缺乏应用的土壤。

（五）双语教学培训研究不足

楚雄州双语教学采用的是过渡式教学模式，双语教学主要集中在小学教育阶段，初中以上则统一采用普通话教学。由于楚雄州山区面积大、学校分散，边远地区学校因民族种类多，各族别分散且人数较少，加之学前教育阶段没有全面开展双语教学，小学教育阶段双语教学也因师资不足，教学水平低，所以进入初中和中等职业教育阶段后，仍有少数学生不能用普通话进行交流，学习也异常困难。

目前，楚雄州针对学科教育教学和学校管理的培训较多，但对双语教学特别是针对边远地区学校双语教学的研究较少，对双语教师的培训也主要侧重于普通话的研习提高，而对非少数民族教师民族语和通用语的双向培训研究不足，对双语教学的管理、教学方法、教学技能、考核等方面的研究培训严重滞后，这都极大地制约了楚雄州边远山区学校民族学生普通话的学习提高。

三、解决边远山区学校民族学生学习普通话的应对措施

（一）统一思想认识，依法推进边远山区学校双语教学

2014 年 3 月 28 日云南省第十二届人民代表大会常务委员会第八次会议批准实施的《云南省楚雄彝族自治州民族教育条例（修订）》明文规定：在自治州内的民族乡镇应当设立民族中、小学；在少数民族人口较多的乡镇或者少数民族聚居区可以设立民族中、小学。自治州行政区域内的高等院校可以根据需要，面向少数民族聚居区举办少数民族预科班、双语师资班。在少数民族聚居区，应当举办少数民族语言文字和国家通用语言文字同步教学（以下简称双语）幼儿园，并在学前教育和小学三年级以前开展适合少数民族学生特点的双语教学。

要进一步提高边远山区学校民族学生普通话学习水平，双语教学是必不可少的重要保障。推进双语教学，要牢固树立科学发展观，充分认识双语教学工作的重要性、长期性和艰巨性，坚持以人为本，不断增强工作的自觉性、责任感和使命感，在思想上、组织上和制度上采取积极有效的措施，要坚决防止和克服双语教学工作中存在的会议提一提、会后不落实，当作阶段性工作而不作长期工作来抓的形式主义倾向，并对双语教学中存在的热点和难点问题进行深入的调查研究，以期开辟出新的路子，找出新的方法，切实解决双语教学的重点和难点问题。

推进双语教学，提高边远山区学校普通话教学水平，还要进一步加强对推广普及国家通用语言文字政策的宣传，加大《国家通用语言文字法》的宣传教育力度。让广大民族地区师生和社会人员全面认识国家语言文字的政策和方针，深刻理解大力推广普及、规范使用国家通用语言文字和科学保护各民族语言文字相辅相成，其目的是为了构建全社会和谐语言生活，促进经济社会持续健康和全面发展。学校实行双语教学也是为教育现代化服务，为促进学生全面发展服务，以此解除民族地区群众观念认识的不足和偏差，保障民族地区语言文字政策的落实和教育事业的稳步推进。

（二）加强边远山区学校师资的培养、培训和考核，为提高普通话教学水平提供智力保证

由于地处边远，很多学校师资不足，教师教学水平较低，从事双语教学和其他学科教学的教师参加语言文字知识技能的培训较少，教师普通话等级水平普遍偏低，还有部分教师处于三级甲等水平，距离楚雄州普通话口语教师普通话二级甲等水平还有很多差距。

提高边远山区学校普通话教学水平，加强教师队伍建设势在必行。一是要继续推进推普工作力度，不断提升边远山区学校教师特别是双语教师的普通话水平和双语教学水平；二是要严把质量关，对学科教师和双语教师的选拔要提高标准和要求；三是充分利用云南省楚雄州民族教育的有利政策，通过教师交流、设立双语教师特岗和人才引进的鼓励政策，加强边远山区学校教师队伍建设，尽快培养一支业务能力强、综合素质高，具有丰富的民族地区教育经验的高素质教师队伍；四是充分依托云南民族大学、大理学院、楚雄师范学院等 8 个州市高校的省级双语教师培训基地和州市级双语教师培训基地 ，通过外派师资培训，开办语言班，重点对边远山区学校教师进行培训提高，同时积极研究开发完善小学六个年级的民语文教材和部分双语教学指导参考书的编写审定，并不断加大对双语、双文音像教材编译制作的工作力度。

（三）加强普通话教学的研究，开拓学生普通话学习训练的有效方法

普通话教学的目的是培养学生使用普通话进行交际的技能和习惯，在此过程中口语教师应该用标准的普通话授课。如果教师普通话等级较低，或者不能熟练运用民族语和普通话进行双语教学的过渡，必然会影响学生对普通话标准语音的习得和口语能力的提高，也必然影响学科知识的学习。

加强普通话教学的研究，既要深入研究教材教法，还要全面研究学生，遵循教育和学生身心发展规律，针对边远山区学校实际，运用有效的教学策略，探索科学的训练方法，促进学生普通话的学习提高。

1. 民族学生在用普通话进行学习交流过程中常伴随着许多心理问题，对此，教师应及时掌握学生的心理变化，帮助他们克服种种不利的心理因素。一方面，教师应与学生建立良好的师生关系，注重培养学生的自信心，保护孩子的自尊心，积极参与到学生的学习生活中，为学生创设宽松和谐的“敢言”之境，鼓励学生敢说，不怕说错，对学生取得的进步和成绩及时进行表扬和肯定，引导学生大胆开口，经常练习，从敢说能说一步步过渡到会说、说好。另一方面，继续加强学生思想教育工作，使其端正学习态度，树立远大的学习目标。每个人的学习都不是盲目的，而是建立在学习态度和学习目标之上，针对部分学生学习目标不明确不稳定，学习态度不端正等情况，教师应该进行思想教育，帮助他们树立远大的学习目标。

2. 培养少数民族学生的中华文化意识是提高少数民族学生普通话口语能力的一种重要途径。文化素质的影响是一个综合性因素，它对民族学生的学习有很大影响。对于来自边远民族地区的学生，在上学时由于受到当地各方面条件的限制，对其他民族文化的了解较少，对中华文化的认识、趋同和接纳融合意识不足。培养少数民族学生对中华文化知识的学习势必要以国家通用语言文字为主要桥梁，充分认识民族文化和中华文化间的相互关系并通过语言文字进行实践学习，才有助于学生的全面发展和健康成长。其中尤其要注意以下几点：一是要结合语言教学本身对和语言密不可分的文化内容进行文化教学；二是要开设与所学的共同语有关的文化课，增强少数民族学生对中华文化的认同意识，排除母语的文化负迁移；三是学生在课外时间应多看一些关于各民族文化方面的书，了解丰富多彩的中华文化；四是要加强不同民族学生之间的沟通交流，增强对中华优秀文化的认同感。

3. 为少数民族学生学习创设有利的普通话学习环境。对有普通话语言环境的民族学生，比如在民汉合校的环境里读书，我们就要利用好这个条件争取学一句就用一句，用一句就会一句，逐步培养学生用普通话进行学习交流的习惯。对缺乏汉语语境的民族聚居山区学校，也要充分利用课堂教学、多媒体条件、电视网络等教学手段，创设有助于学生进行普通话学习、交流的语境和条件，让学生在宽松愉悦的普通话语言环境中，大胆进行实践训练，让每一个学生都得到口头表达训练的机会。课堂是学生学习的场合，也是学生用普通话进行学习交际的主要场所。充分利用课堂教学和课外阅读时间，引导鼓励学生多参加朗读、朗诵和演讲训练，培养训练学生普通话的语感和语言思维能力。其中，朗读教学既是教学示范的过程，也是学生学习知识、掌握知识、语言习得的一条重要途径。普通话是我国通用的交际用语，学好普通话，有助于人们更好地交往。从学生个人来说，朗读的功能已经远远超出了普通话学习提高的范围，成为了语言运用和提升的有效途径。

参考文献

[1] 德宏州民族语文教研室．开展双语双文教学改革，提高民族小学质量[J]. 云南民族语文，1989（2）．

[2] 艾嘎德·扬荣．双语文教学是克服民族教育中语言障碍的有效方法[J]. 云南民族语文，1990（4）．

[3] 张晓林．创设阳光教育，成就灿烂人生[J]. 师资建设，2012（6）．

[4] 张颂．朗读学[M]. 北京：广播学院出版社，1998.

[5] 常彦．西部中小学师资不均衡配置问题调查研究[J]. 现代中小学教育，2008（6）．

[6] 吴敏娜．西部大开发新阶段下西南民族地区基础教育发展的成就与问题[J]. 西藏大学学报，2012（12）．

[7] 云南省教育委员会教育志办公室．云南民族教育发展概况[M]. 昆明：云南大学出版社，1992.

作者简介

张泽建，男，云南禄丰人，中学一级教师，主要从事教育管理、语言文字和普通话培训测试工作及研究。

李银梅，女，云南武定人，讲师，主要从事教育管理和语言文字工作及研究。

蒙古族青年的语言态度与语言使用状况研究

英　君　董晶晶
（内蒙古警察职业学院）

摘　要　语言态度直接影响着语言的变化和发展。通过对蒙古族大学生对普通话和蒙古语的态度进行调查，发现被调查者非常热爱自己的民族语言，对蒙古语的情感认同度高于汉语，对汉语普通话的认知评价较高，对蒙汉双语使用持肯定积极态度。蒙古族大学生在家庭、学校、社会选择语言与交谈者双方的亲疏度、环境氛围以及交谈目的有关。民族杂居、语言政策、社会需求是双语现象形成的原因。

关键词　蒙古族　语言态度　语言使用

语言态度是人们对语言的功能、地位及其发展前景等的看法，是个人对某种语言的价值评价及行为倾向，是社会心理的反映。语言态度直接影响着语言的变化和发展。在多语言地区语言接触必然会出现语言影响，而语言影响会导致语言功能的变化。

民族语言是民族特征的重要标志，也是民族文化的重要载体和有机组成部分。蒙古族是内蒙古的主体少数民族，蒙古语是蒙古族主要的交际工具。在内蒙古地区，由于地区经济社会的发展和国家通用语言文字宣传的加强，蒙古族青年使用蒙汉双语现象非常普遍。对蒙古族青年对汉语标准语普通话和母语蒙古语的态度进行考察，对少数民族语言政策的制定和语言文字工作的开展等有重要的参考价值。

青年作为社会群体的重要组成部分，他们的语言态度在一定程度上显示了社会语言生活的发展趋势。城市蒙古族青年处在一个多语（多方言）的社区环境，青年时期也是语言认知的重要阶段，人们的自然习得的语言已经相当成熟并且具备了很好的稳定性。这为研究语言态度提供了有利的条件。我们主要以蒙古族年轻人的构成主体——呼和浩特在校大学生为被试群体进行考察。

我们选择了呼和浩特地区的100名大学生作为调查对象。调查对象按从小学开始接受蒙古语教育（以下简称蒙授生）还是汉语教育（以下简称汉授生）分成两类，每个类别各75人。我们通过问卷和访谈的形式从情感评价、地位评价、实用评价三个方面调查被试的语言态度。

一、对蒙汉双语的情感与认知评价

语言态度的构成因素包括情感因素和认知因素。情感因素主要指被调查者在使用某种语言时引起的情绪上的反应。它常常是下意识地出现，这种态度往往与使用者的语言环境、文化传统、生活经历有关。调查问题中关于对特定语言是否好听、亲切的评价属于情感因素，考察群体认同感和亲和度。认知因素属于理性评价，主要指对特定语言的实用价值和社会地位进行评价。调查问题中关于对特定语言是否有用和有社会影响力的评价属于认知因素。

表1　对蒙汉双语的情感与认知评价情况表（统计单位%）

	普通话		蒙古语		英语	
	蒙授	汉授	蒙授	汉授	蒙授	汉授
好听、亲切	43	95	99	95	45	67
实用	89	95	87.2	24	86	93
社会影响高	87	95	80	27	24	64

（一）对蒙古语的评价

在情感因素方面无论是蒙授生和汉授生对蒙古语的评价都很高。几乎所有的蒙授生都认为蒙古语最好听，只有不到一半的人认为普通话和英语也好听。

汉授生认为蒙古语和汉语都好听，对蒙古语和普通话的情感评价基本相当，但是对英语的评价比蒙语授课生高。

大多数蒙授生对蒙古语、普通话和英语的认知评价都较高，蒙古语居首。汉授生则对普通话和英语的评价很高，有超过 90% 的人认为普通话和英语“有用”，但他们对蒙古语评价一般，只有 24% 的人认为蒙古语“比较实用”。由于在实际生活中蒙古语在蒙授生的学业发展、就业前景及人际交往中起着非常重要的作用，因此蒙语授课学生比汉语授课学生对蒙古语认知因素上的评价更加肯定。但在心理上，汉语授课生对蒙古语仍然有强烈认同感。

为进一步诱导被试更深层的语言心理，我们还设计了主观开放性题目。调查中对于“你认为蒙古语是什么样的语言？蒙古族人必须会说蒙古语吗？为什么？”这个问题的回答，几乎全部被调查者都对蒙古语给予了充分的肯定。

蒙授生普遍认为蒙古语是蒙古民族身份的象征，是蒙古民族的灵魂。在是否必须会说蒙古语的问题上，大多数人态度比较坚决，而且一部分人表现出对母语保护的危机感。他们认为，“不会说蒙古语就不算是蒙古族，没有真正的民族信念”，“不会说母语的人是被别的民族融合的表现”，“目前少数民族同化现象很严重，我们要保护母语”。

汉授生普遍认为蒙古语很亲切，是蒙古族的标志，是蒙古民族的文化遗产，应该保留并继承，但对于不会说蒙古语体现出一种宽容。一部分人表现出一种无奈与遗憾。有很多人表示了学习蒙古语的意愿。只有极少数人认为蒙古语没有太大用处。也有 12% 的汉授生认为“语言不是最重要的，但一定要有民族意识和民族自尊”。也有人认为“民族、文化间的融合和影响在所难免”。

调查显示被调查者非常热爱自己的民族语言，体现了他们强烈的民族情结和民族自豪感。他们认为蒙古语是一种民族身份最显现的象征，同时还具有和其他蒙古族人建立和保持亲密关系的重要功能，是蒙古族抒发情感和交流的工具，可以作为知识来源和物质利益来源。

（二）对普通话的评价

在情感因素方面汉授生对普通话的评价高于蒙授生，他们对普通话和蒙古语的认同感基本一致。蒙授生对普通话的评价在情感因素上明显低于认知因素，但有 89% 的人对普通话的社会价值给予充分肯定，认为普通话比较实用。

汉授生认为普通话“是一种很重要、使用很广、不可或缺的工具语言”。

对于“你觉得普通话怎么样？为什么要学普通话？”的问题，蒙授生主要认为“用处比较多，是各民族人交往的工具，必须学”，“以后能够顺利找工作”，“社会环境的需要，没办法”。

蒙古族大学生普遍认为普通话是中华民族身份的象征。作为我国的标准语，普通话是和其他民族交流的工具，有利于经济的发展，它承担着政治、经济甚至文化传播交流的时代任务，应该得到大力的推广和普及。学习普通话也是提高自身能力的途径。在社会地位价值层面上，普通话要高于蒙古语。

二、对蒙汉双语的使用

被调查者的双语态度决定其语言使用和语言能力。蒙授生和汉授生使用普通话和蒙古语的频率不同，运用普通话和蒙古语的能力不同，他们对待双语使用持有不同的语言态度。

（一）语言功能的运用

1. 交际功能

社会语言学研究表明语言使用的场合对语言的选择具有很大影响。我们把交际语言使用环境分为家庭环境、学校环境和社会环境。

（1）家庭语言使用情况

所有被调查者，在家里的语言使用都有代际差异，家庭中使用的语言随着谈话对象的改变发生变化。大多数蒙授生在家里使用蒙古语，汉授生在家里大多数使用汉语。汉授生在家庭中也有使用当地汉语方言的现象。

（2）学校语言使用情况

校内语言场合分为情感交际场（与同学、老师交往）和需求交际场（办事、购物、就医、图书借阅等）。考察发现蒙授生情感交际场以蒙语为主。需求交际场大多数场合使用蒙汉双语，汉授生基本使用普通话。汉授生双语人不到10%，蒙授生使用蒙汉双语多。

（3）社会语言使用情况

在社会语言环境中，普通话是蒙古族学生的主要交际语。只有4.5%的被调查者选择普通话和蒙古语，而双语使用也只在一些有民族特色的餐厅、土特产小店等场所。

表 2　不同场合语言使用情况表（统计单位 %）

	蒙古语	普通话	双语
家庭	75.6	10.8	43.
校内	19.9	32.8	19.7
校外	1.0	93.5	12.9

（二）信息获取

双语是蒙授生获取信息的主要语言，主要选择汉文和蒙文读书和上网，因为专业需要才上蒙文网页。音乐欣赏和影视观看方面汉语仍然是最主要的语言。汉授生选择通过汉文汉语获取信息，上蒙文网页的主要目的是下载歌曲。

（三）文化传承

蒙授生主要通过蒙古语了解蒙古历史文化，且来源广泛。汉授生通过汉语了解蒙古历史文化，来源是长辈口授，且对蒙古文化仪式缺乏了解，基本上不了解其文学、历史学、蒙古学等。

三、对蒙汉双语使用价值的评价

双重语言现象是指在一个言语社区，在日常生活的各种不同场合人们普遍使用两种或两种以上不同的语言来进行口头表达或交流思想。随着社会的发展，各民族之间联系日益紧密、交流日渐频繁，蒙古族人不仅要使用蒙古语，更要使用普通话与其他民族进行交际。

表 3　蒙汉双语使用问题调查表（统计单位 %）

	同意		无所谓		反对	
	蒙授	汉授	蒙授	汉授	蒙授	汉授
使用双语很重要	83	31	5	65	12	4
使用双语有助于找工作	78	28	14	71	8	1
使用双语会有更多朋友	56	31	23	57	21	11
只需懂一种语言就够	15	29	11	64	73	7

蒙授生和汉授生绝大多数反对把蒙汉两种语言割裂的观点，说明他们的双语观点是积极的、正面的。蒙授生比汉授生更加同意“会说蒙汉两种语言很重要”，“会说蒙汉两种语言有助于找工作”这两个观点，而汉授生基本持无所谓态度。

蒙授生普遍认为掌握双语很重要。由于蒙授生就业方向大多为从事本民族语言文字方面的工作或需要直接使用蒙古语作为工作语言，所以他们很重视蒙古语。同时，汉语作为我国国家通用语，是工作与生活必不可少的，蒙授生普遍意识到使用双语有助于职业发展，有助于拓宽知识面和增进社会交往。汉授生在扩大知识面、日常生活、拓展社会交际圈等方面不太依赖蒙古语，在职业定位与发展过程中，用到蒙古语的机会很少，因此虽然在理性上他们对双语持肯定态度，但是对双语态度的支持率低于蒙授生。

四、社会变量语言态度相关因素的影响

（一）城乡环境与语言态度

一个人成长的语言环境、文化传统乃至特殊经历往往也会影响其语言态度。在亲和力层面上，在农牧区度过童年的被试对蒙古语有更深的感情。在被问及蒙古语在城市的发展前景时，在不同地区度过童年的被试也有较大分歧。农牧区的被试表现出了对蒙古语在城市的前景的信心，有约一半的人认为蒙古语不会被替代。

由于社会经济等原因，普通话是城市地区的强势语言（或者说是优势方言），社会地位较高，有着潜在的声望。城市母语环境相对薄弱，母语语言功能受限。在城市度过童年的被试的态度看起来比较矛盾，城市群体的母语使用频率、程度很有限。他们不认为必须得会说，另一方面又表示比较喜欢蒙古语。这种既认同又回避的语言行为显示了他们对蒙古语的一种矛盾的态度，表现出语言忠诚与语言兼用的冲突。

（二）父母民族与语言态度

父母亲是族内婚的被调查者虽然认为使用蒙汉两种语言很重要，但对蒙古语情感评价和认知评价均高于族外婚。父母亲是族外婚的被调查者对这个观点的认同度一般。基础教育阶段就接受蒙古语教育的人有 98.3% 父母亲是族内

婚。父母亲是族内婚还是族外婚，对于普通话的认知评价无明显差异。被调查者父母亲民族和家庭语言使用情况有显著关联，父母是族内婚的在家里使用蒙古语的高于族外婚。父母亲是族外婚的被调查者在家庭、学校、社会交际场合全部使用普通话。

（三）文化程度与语言态度

我们对比了文化程度差异对语言态度的影响。由于被试所处的环境不同，日常人际交往领域不同，不同文化程度的被试的语言态度也呈现一定差异。高职组在亲和力层面上对蒙古语的肯定评价高于大学组。对普通话的认知评价大学组高于高中组。因为大学组的日常语言环境比较复杂，同学来源广泛，语言背景不同，语言接触更显突出，较多的人际交往使大学生判断比较理智。高职被试日常语言环境比较单一，他们表现出了更深的母语情结。对于蒙古语在城市的发展前景，大学组比高职组显示出更多的焦虑。

五、结语

语言既是交际的工具，也是团体认同的符号。在双语状态下继续保持本族语，还是随着外来语的使用放弃自己的本族语，在很大程度上取决于语言群体的语言态度。如果语言群体能够充分正确地认识本族语的价值，对本族语的使用持积极的态度，将有利于本族语的留存；反之，则不利于本族语的留存，而会促使双语状况向语言转用的趋势发展。

调查显示蒙古族大学生对本民族语言有着明确的认同感和向心度，有自觉的语言传承意识，但是普通话的强大社会功能和普及性也是毋庸置疑的。蒙古族在兼用汉语态度上表现出一种族群社会的认同。绝大多数人都兼用汉语，属于双语型。这种积极、开放的语言态度使他们热爱本民族语言的同时并不排斥对汉语的价值认同，并表现出学习和掌握汉语的强烈愿望。在语言使用中呈现出双语使用的普遍性，这是社会文化转型、全球一体化和市场经济所带来的语言生存环境更迭所导致的结果。对此，我们应既肯定民族语言的核心价值，即蒙古语仍然有很高的使用价值和很强的生命力，它在交际中的地位不会被动摇，又不能否定汉语的学习和掌握，应尽量使其处于一种共生共存的和谐状态。

六、余论

语言是在使用中受社会因素影响而产生变化的。双语是一种社会现象，它的形成和发展受各种社会因素的制约。国家从政策层面对蒙古语的使用给予了充分的保障。但蒙古族人口在内蒙古总人口中相对较少，全区常住人口中，汉族人口占 79.54%，蒙古族人口占 17.11%；蒙古族虽是自治民族，但蒙古语未成为区域优势语。汉语在行政、立法、司法、教育、出版、传媒、文艺、宗教、经济、信息等社会领域中都有较高程度的使用。50 多年来，语言文字的规范化、标准化水平也有明显的提高。语言的官方使用范围保持稳定，但社会使用程度不容乐观，这种现实状态并不是由于现实中实施民族歧视或民族同化政策所导致的，主要是大小民族的差异，这是经过长期文化发展的结果，完全是一种现实状态和客观事实。

有些人从维护本民族语言权利和发展本民族文化教育事业角度考虑问题，对轻视或者忽视使用少数民族语言文字的现象比较敏感。鉴于少数民族当中语言态度有差异，我们对一些敏感问题要慎重对待，既要坚持使用和发展少数民族语言文字，又要提倡各民族互相学习语言文字，把二者很好地结合起来。采取改革、调整的举措宜缓不宜急，要充分体现自愿自择的精神，照顾到不同人群的不同需要。

本文的研究在研究方法上，受人力、物力的限制，某些社会特征的被试在范围和数量上抽取不多，在一定程度上影响了结果的说服力。语言态度研究是一项复杂的课题，我们将在今后的调查中，探索更科学的方式，将静态分析与动态调查、定性分析与定量分析结合起来，力求得到更科学、客观的数据与结论。

参考文献

[1] 桂诗春，宁春岩．语言学方法论 [M]. 北京：外语教学与研究出版社，1997.

[2] 王远新．中国民族语言学理论与实践 [M]. 北京：民族出版社，2002.

[3] 戴庆厦．社会语言学教程 [M]. 北京：商务印书馆，2004.

[4] 郭熙．中国社会语言学 [M]. 南京：南京大学出版社，1999.

[5] 真田信治．社会语言学概论 [M]. 上海：上海译文出版社，2002.

[6] 沈依青 . 语言态度初探 [J]. 清华大学学报（哲学社会科学版），1997.

[7] 王远新 . 论我国少数民族语言态度的几个问题 [J]. 满语研究，1999（1）.

[8] 邬美丽 . 内蒙古达拉特旗散居蒙古族语言使用情况调查 [J]. 中央民族大学学报，2006（5）.

[9] 邬美丽 . 语言态度研究述评 [J]. 满语研究，2005（2）.

[10] 游汝杰，邹嘉彦 . 社会语言学教程 [M]. 上海：复旦大学出版社，2004.

[11] 张素杰 . 云南省彝族大学生语言使用及语言态度探析 [J]. 今日南国，2008（6）.

[12] 邬美丽 . 在京少数民族大学生语言使用及语言态度调查 [D]. 北京：中央民族大学，2007.

[13] 胡炯梅 . 新疆民族杂居区的语言使用特点及其成因分析 [D]. 乌鲁木齐：新疆师范大学，2008.

作者简介

英君，女，蒙古族，辽宁建平人，教授。研究方向：应用语言学。

董晶晶，女，内蒙古呼和浩特人，讲师。研究方向：应用语言学。

北川羌族自治县双语使用现状调查与研究

张兴明
（绵阳市文化广播影视新闻出版局）

摘　要　民族双语教育是传承羌族文化、延伸羌族文脉的必由路径，也是保护语言生态、构建和谐社会的实践载体。本文通过调查中国唯一的羌族自治县（北川羌族自治县）的双语使用现状，进一步梳理北川羌语传承的历史脉络，分析北川双语教育面临的机遇和挑战，探讨北川双语教育的路径和对策，提出了实现“羌汉兼通”的双语教育目标、构建羌族和谐语言生活的相关对策，具有语言教育的学术意义和实践意义，有助于推动北川双语教育健康持续发展。

关键词　羌族　双语教育　和谐语言生活

北川羌族自治县是中国唯一的羌族自治县，位于川西北向藏东高原过渡的大山区，辖区内有羌族、藏族、回族等 17 个少数民族。全县现有人口 24.13 万，其中，少数民族 88216 人，占 36.65%，羌族 83945 人，占少数民族人口的 95.16%。北川羌族的日常用语是汉语和羌语。

一、北川羌语传承的历史脉络

羌族是一个古老的民族，羌是外部对其称谓，族内则称“日麦（mei 入声）”、“麦”或“尔玛”、“玛”，“日”是发语词，没有实际意义，“麦”或“玛”是实词，意思是“本地人”。羌族有自己的语言，但是没有文字。

羌语有很强的地域特征，有南羌语和北羌语之分，南北羌语内部又有许多土语，方言土语的语音和语义都有差别。北川羌语属于北羌语支，因与藏区接壤，故多用藏语借词来表现羌族游牧生活；北川羌语没有声调，有复辅音韵尾，语法形态也比较丰富。例如，名词“大米”、动词“买”，在南部羌语方言中分别读作“ceimi”、“ker”，而在北川羌语中则读作“cei”、“bu”或“bea”，语音差异明显。

北川羌语传承的主要方式是“打乡谈”，即口口相授，内部传习，“不与外人道也”。清乾隆版《石泉县志》（北川古称石泉）有载：“番民无文字，点划随其天籁，相口授而不迁焉。”[①]据称，时任石泉知县的姜炳璋进入羌寨，需带翻译才能与羌民交流，为此，姜氏作《白草歌》感叹：“咿嘤杂嘈难为听，唤译译来为予说……纷纷父老皆点头，赭汗津津额头流。”[②]《北川县志》也曾记载，解放初期，羌语仍是羌族内部交流沟通的常用语，汉族干部进入北川羌族地区开展土改运动，因听不懂羌语，常误认羌民是在传播不利言论；而到了“文革”时期，说外人听不懂的羌语更是被指为“封建残渣”，甚至遭到批斗。[③]史志所载，既是过去北川羌语复杂语音面貌的形象表述，也是现代北川羌语传承困境的真实写照。

羌语在交流沟通上的巨大障碍，最终成为了从明朝万历年间到清朝末年绵延五百年“去羌化”的导火绳。据《四川通志》记载，明朝万历年间，羌汉矛盾日益加剧，川西总兵何卿对石泉羌族实行武力弹压，使雄踞北川白草、青片一带的羌人迅速归化，接着又更改羌人姓氏为汉姓，并以朝廷“赐姓”的方式固化汉姓，使羌人逐渐汉化。到了清朝，知县李茂元、姜炳璋等又不断施以政治教化，使羌族在心理上“以番为耻，以汉为荣”，纷纷“改土归流”，划入汉族，“示不复为羌”，导致羌族人口的急剧减少。[④]据研究显示，清嘉庆十七年，茂汶两地羌族人口尚有 26 万人，到 1952 年仅剩 6.5 万人。[⑤]这种“去羌化”演变在北川尤显突出，北川作为羌族主要聚居地之一，1982 年第三次全国人口普

① 《石泉县志》（清乾隆版），乾隆三十三年（1768 年）刻本，北川县图书馆影印本。

② 北川县志编撰委员会《北川县志》，方志出版社 1995 年。

③ 《四川通志·西域志》（清嘉庆版），北川县图书馆影印本。

④ 徐铭《羌族人口的数量变化及其地理分布（1397—1952 年）》，西南民族大学学报，1998 年第 5 期。

⑤ 《北川羌族自治县基本概况》（2013 年版），北川政务府网。

查时，全县羌族人口仅剩区区2001人。“去羌化”演变，也使羌语传承遭到毁灭性的重创，原本使用羌语的人开始改用汉语交谈，汉语逐渐取代羌语成为羌民对外交流的日常用语。

新中国成立后，党和政府实行民族平等和语言平等政策，从恢复羌族身份、创立羌族文字入手，推动羌语走上了漫长而曲折的复兴之路。一是羌族身份逐渐恢复。从1982年到1989年，北川县有42878人恢复羌族身份，7年间羌族人口总数增长了25.4倍；2003年6月，国务院批准北川成为全国唯一的羌族自治县，北川羌族的身份得到全面恢复，截至2013年底，全县羌族人口总数增加到83945人，较1982年增长了近42倍。[①]二是羌族文字逐步创立。从1956年中国科学院派出民族语言工作队川北组深入北川调研，到1993年国家民委、国家语委审定《羌族拼音文字方案》，国家帮助尚无文字的羌族创立了自己的文字，并在羌族聚居区试点推广，羌语保护传承收到了明显成效。然而，2008年“5·12”汶川特大地震，又使北川遭受惨重损失，一大批北川羌语传承人在地震中不幸离世，羌语传承再次陷入难以为继的艰难境地。为抢救保护羌族文化，2008年12月，文化部设立羌族文化生态保护实验区，将羌语作为非物质文化遗产纳入灾后文化重建总体规划，指导省、市、县制订了羌语传承实施方案，自此，北川羌语传承再次踏上了由式微到复兴的新征程。

二、北川双语使用现状调查

第三次全国人口普查（1982年）统计资料显示，北川县2001名羌族人口中有4.1%只使用羌语，17.6%使用羌汉双语，而完全使用汉语的则高达78.3%。以汉语为日常用语的羌族人口中，有6.9%能够讲普通话，其余93.1%只能讲四川方言。[②]这表明，在上世纪80年代，羌语和汉语都是北川羌族的日常用语，以汉语（四川方言）为主，羌语为辅。

2008年秋，绵阳市文化局启动羌族文化生态保护实验区前期调研，对北川羌语保护传承现状进行了专题调查。调查显示，“5·12”大地震后，北川羌

① 北川县第三次全国人口普查统计资料，北川县统计局内部资料，1982年。

② 《设立国家羌族文化生态保护实验区前期调研报告》，绵阳市文化局，2008年。

族自治县经认定的羌语传承人仅剩 3 人，羌族聚居区能够讲羌语的人口已不足 5000 人（约占 0.6%）。[①] 这表明，这一时期北川羌语传承已进入历史“低谷”，汉语（四川方言）是北川羌族的日常交流用语。

2013 年 12 月，绵阳市语委对北川羌族双语使用现状进行了专项调查。调查显示，北川羌语传承人已增加到 6 名（从茂县引进 3 名），0.3% 的羌族人口只使用羌语（偏远山寨老年人），11.2% 的羌族人口能够使用羌汉双语交流，89.5% 的羌族人口只讲汉语。其中，使用汉语的羌族人口中，有 35.8% 常用普通话，64.2% 常用四川话，80% 以上的羌族人口既能讲四川话也能讲普通话。这表明，近 5 年来，北川双语使用情况有了较大变化，羌语和普通话的使用率均有较大幅度增长。

梳理调查统计情况，不难看出，从 1982 年到 2013 年，北川羌族自治县双语使用经历了“过山车”般的变迁，呈现出了三种变化态势。一是羌语使用“兴盛—式微—复苏”。上世纪 80 年代，北川羌族人口经常使用羌语者达到 21.7%，“5・12”大地震后下降到 0.6%，灾后重建 5 年后又上升到了 11.5%。二是普通话推广“式微—兴盛”。上世纪 80 年代仅有 6.9% 的羌族人口使用普通话，使用者主要是机关干部、学校师生，到 2013 年，常用普通话的羌族人口达到 35.8%，能说普通话的羌族人口则达到 80% 以上，普及率上升较快。三是汉语（四川方言）一直长盛不衰，受影响很小。

导致这一变迁的原因，主要是羌族生活环境和语言环境的深刻变化。一是生活环境改变导致羌语使用大落大起。上世纪 80 年代，改革开放刚刚起步，北川羌族作为聚居在大山深处的“云朵上的民族”，还处于相对保守和封闭的环境中，羌族的语言、文化、习惯、风俗等得到了较完整的保护，羌语作为本民族的共同语在生产生活中仍能普遍应用。随着经济社会的快速发展，北川羌族逐渐走出大山，或外出求学、打工，或迁徙、通婚、进城，尤其“5・12”大地震后，羌族生态环境破坏严重，许多羌寨已不适合继续居住，只能异地重建，移居到交通方便、生活条件较好的乡镇或城镇的周边地带，由小聚居变成大杂居，生活环境的改变导致语言使用“入乡随俗”，羌语逐渐式微。其后，随着北川 5A 级文化旅游区的成功创建，羌语作为民族文化的重要构成，逐渐

① 《北川羌族自治县双语使用情况调查报告》，绵阳市语委，2013 年。

成为文化旅游的核心要素，羌语传习的热潮再次兴起。二是语言环境改变使普通话迅速得到普及。从上世纪 90 年代中期开始，北川县启动了中小学教师和县级部门公务员普通话培训测试，在党政部门和各级各类学校大力推广使用普通话，普通话逐渐成为校园日常用语和党政机关工作用语。尤其 2008 年“5·12”大地震后，全国支援北川，山东对口援建北川，在为期 3 年的灾后重建中，数以万计的北方人长期驻扎北川城乡，一直用普通话与当地群众交流沟通，使普通话在北川得到快速普及。到灾后重建结束，北川群众已基本习惯了用普通话交流，甚至连偏远山寨的羌族群众也能使用普通话进行简单对话，普通话普及率达到 80% 以上。

三、北川双语教育的机遇和挑战

北川是推行民族双语教育的重点地区，肩负着挖掘、保护、传承羌族语言和推广使用普通话的双重历史使命。目前，正面临着羌语传承的两大机遇和双语教育的三大挑战。

羌语传承的两大机遇。一是羌语传承的外部环境不断优化。在新的历史时期，羌语传承不仅是宪法赋予的权利，还是弘扬羌族文化、促进经济社会发展，推动民族复兴的重大举措。经过灾后重建，北川逐步从悲壮走向豪迈，从恢复走向振兴，业已建成以羌文化为主题的 5A 级文化旅游区，正加快建设羌族文化生态保护实验区和藏羌彝民族文化走廊，包括羌语在内的羌族文化正源源不断地为北川跨越发展注入新品质和新内涵，羌语传承不仅纳入了当地经济社会发展总体规划，还成为了当地党委政府和羌族群众的共同愿景。二是羌语发展的内在动力不断增加。近年来，当地党委政府和语委、教育、文化、广电等职能部门通力合作，不断加大羌语挖掘整理和保护传承的力度，以推广使用《羌族拼音文字方案》为突破口，加快制订从幼儿园到小学、初中、高中的羌语教学方案，相继开设了羌语培训课程，开办了羌语教学电视节目，营造了羌语传承的浓厚氛围，为传习羌语创造了十分有利的条件，迎来了羌语发展的最佳时期。

双语教育的三大难题。一是羌语教学的学科体系还没有形成。目前，北川羌语教学依然停留在由传承人口口相授的初始阶段，只有《羌语 500 句》等简易学习材料，还没有统一的羌语教学大纲，没有编写出羌语专用教材。尤其《羌族拼音文字方案》还未在整个羌族聚居区普及使用，南北羌语方言区语音差异明显，同一词汇的不同发音依然是羌语推广的“拦路虎”。二是羌语和普通话语音系统差异较大。相对于普通话，北川羌语有声母95个，韵母253个，声韵配合方式多样，且有复辅音和辅音韵尾，语音系统自成一体。这对于习惯用四川方言表达的羌族人来说，同时学习羌语和普通话的难度比较大。三是普通话整体水平还不高。全县现有46所中小学（幼儿园），包括1所普通高中、1所职业中学、8所初级中学、2所九年一贯制学校、25所小学、9所幼儿园，截至目前，还没有建成一所省级以上语言文字规范化示范学校，全县仅3名省级普通话水平测试员，教师普通话水平一级乙等以上仅27人。另外，在3年灾后重建中，来自全国各地的援建人员使用带有明显方音色彩的普通话与羌族群众交流，既推动了普通话的普及，也带来了不同的方言口音，使北川羌族群众呈现出了纷繁复杂的普通话语音面貌，为提升北川羌族整体普通话水平增添了难度。

四、北川双语教育的路径和对策

民族双语教育有“汉兼民”“民兼汉”“民兼民”等不同类型。北川是“汉兼民”类型。其双语教育目标定位为“羌汉兼通”，即大力提升国家通用语言文字应用能力，使羌族群众能够面向未来获得更大发展；积极保护羌族语言文字，使羌族传统文化得以发扬光大。

从实施路径看，当代北川双语教育经历了起步、曲折、发展三个阶段，形成了无组织的教育和有组织的教育两条路径。起步阶段（1950—1966年），北川羌族兼用汉语和羌语，羌语传承以无组织的教育为主，主要通过羌族家庭习得和羌寨内部交流，在生产生活中身传言教。曲折阶段（1967—2008年），由于“文革”影响，北川羌族汉语交流渐成主流，羌语使用逐渐边缘化。上世纪90年代《羌族拼音文字方案》出台后，北川并未纳入试点地区，只有少数传承人参加专业培训，没有在羌族聚居区得到大面积推广，羌语传承仍以小范围无组织的教育为主。2003年成立北川羌族自治县以后，羌族群众的民族认同感普遍增强，当地党委政府和文化教育部门大力挖掘整理释比经典、羌族神话、大禹传说、古羌寓言等羌族语言文化资源，以及萨朗、锅庄、羌笛、口弦、酒歌、情歌等羌族艺术资源，形成了比较完整的羌族文化体系，羌语教育由无组织的教育转变为有组织的教育，羌语推广普及有了较大起色。但在“5·12”大地震中，北川羌族伤亡惨重，羌文化资料也损毁殆尽，羌语传承再次陷入停滞状态。在发展阶段（2008年以后），抢救、保护和传承羌族文化被列入灾后重建和发展振兴的总体规划，语言文字规范化也被提上重要议事日程，羌语传承和普通话学习成为羌族文化教育的重要内容，并以有组织的教育方式落实到文化教育改革及经济社会发展的方方面面，北川民族双语教育迈入了全面普及和大力提升的新阶段。

新时期北川双语教育应秉持“羌汉兼通”理念，不断吸收羌语研究新成果，借鉴其他地区羌语教育成功经验，加快建立和完善以学校教育为主、社会教育为辅的有组织双语教育模式，构建羌族和谐双语生活。主要对策包括：

（一）明确双语教育目标，搭建双语教学平台

北川作为中国唯一的羌族自治县，要清醒地认识到保护民族语言的重要性和紧迫性，切实增强羌语传承的使命感和责任感，将羌语传承作为民族地区文化建设、教育改革、经济社会发展的强力助推器，积极引导羌族传统文化与现代文化接轨，建立由党委政府牵头、相关部门协作、社会力量参与的双语教育机构，构建职责清晰、分工明确、组织有力的双语教育管理体制，形成学科齐全、师资配套、实施有序的双语教学工作机制，逐步实现“羌汉兼通”目标。

（二）发挥行政推动优势，营造双语生态环境

县委、县政府要强化政策引领，将双语教育纳入全县经济社会发展战略，列为文化教育类民生工程，鼓励全社会积极参与双语教育。宣传、文化、新闻出版、旅游，尤其是语言文字等职能机构要主动跟进，采取切实有效的措施，协助教育部门开展双语教学实践；报刊、广播电视等传统媒体以及数字、网络等新兴媒体要积极配合，营造有利于双语教育的宣传舆论环境和语言生态环境。

（三）培育骨干教师队伍，突破双语人才“瓶颈”

羌语专业师资紧缺，普通话骨干师资不足，“羌汉兼通”双语师资匮乏，是制约北川双语教育发展的难题。一是要通过本地培养、外地引进等方式，壮大羌语教学骨干师资队伍。近期目标是羌语传承人由目前的6名增加到30名，确保每一所中小学和幼儿园至少有1名专（兼）职羌语教师；长期目标是建立一支业务精良、结构合理、数量足够的羌语教学师资队伍，使各个行业、各个层面都有专（兼）职羌语教师指导。二是要通过自培、送培等方式，壮大普通话教学骨干师资队伍。争取省、市语委支持，选送一批优秀中小学教师参加普通话提升培训，力争全县省级以上普通话水平测试员数量达到10名以上；在中小学、幼儿园、文化、旅游、广播电视等行业定向培养100名普通话水平达到一级乙等以上的专（兼）职普通话教师，使每个窗口行业（部门、单位）都有至少3—5名普通话教学骨干。三是以县教师进修学校为依托，建立北川双语教师培训基地，有计划、有步骤地培养一支“羌汉兼通”的双语骨干教师，使每一所中小学（幼儿园）至少有1名“羌汉兼通”的双语骨干教师。

（四）深化羌语教育实践，开展双语教学实验

抓住建设羌文化生态保护实验区的契机，设立羌语保护和传承基金，从政策、项目、资金等各方面给予支持，鼓励科研院所、高校、文化部门、教育机构和社会团体，从教育学、心理学、语言学、文化学、民族学等各个层面推进羌语理论和应用研究，积极推广国家民委、国家语委等部门审定的《羌族拼音文字方案》，逐步形成羌语教育的学科体系。同时，选择有条件的中小学、幼儿园和文化、旅游等窗口行业，开展羌语和普通话双语教学试点，着重进行羌汉双语习得规律和学习方法研究，探索北川双语教学的有效模式和推广路径，加快实现“全面普及羌语、大力提升普通话整体水平”的实践目标。

（五）编写北川羌语教材，形成羌语课程体系

充分吸收已有羌语研究和教育成果，聘请国内、省内知名羌语研究专家，收集和整理一批有关北川羌族文化的羌汉双语读物，研究和编写一套分别供幼儿园、小学、初中学生阅读使用以及供社会读者学习使用的北川羌语教材。目前，北川已编写出供社会读者使用的《羌语500句》等初级羌语教材，并制作成教学视频，通过广播电视、学校多媒体系统、继续教育网等推广使用，下一步应着手编写包括羌语课文、课堂活动、课外活动、延伸阅读等在内的小学羌语校本教材。羌语教材审定后，将羌语课正式纳入小学课程内容，每周至少安排一课时羌语课，之后还将在幼儿园、初中陆续开设羌语课。

（六）推进语言文字规范化，构建和谐语言生活

与其他少数民族地区不同，北川羌族自治县在“去羌化”过程中受影响大，汉化严重，汉语已成为北川羌族第一语言，羌语退化到第二语言。因此，必须将推进通用语言文字规范化和传承普及羌语有机结合，切实做到“两手抓、两促进”。一是要巩固和强化汉语教学成果，以创建省级、市级、县级语言文字规范化示范学校为载体，以大力开展普通话和规范汉字培训测试为手段，使全县各级各类学校师生语言文字规范化意识和通用语言文字应用能力得到全面提升。二是要积极倡导和大力推进羌语传承工作，通过羌语传承，弘扬羌族文化，增强民族情感，激发民族创新活力，推动羌民族在新的历史时期跨越发展。

结束语

羌族是中国56个民族大家庭的成员之一，中国约三分之一的羌族人口集中在北川。作为中国唯一的羌族自治县，抓好羌语传承工作，推进民族双语教育，既是保护和传承羌族历史文化的题中之义，也是推动羌族现代化进程的必由路径，理应成为当地党委政府的重要职责、相关部门的重要职能以及社会各界的共同责任。作为语言文字工作者，我们更有责任、有义务，与羌族同胞一道，主动承担起北川羌语传承的历史使命和推进通用语言文字规范化的教育责任，积极推动民族双语教育实践进程，加快实现“羌汉兼通”的双语教育目标，为构建羌民族和谐语言生活做出新的贡献。

参考文献

[1] 孙宏开. 羌语简志 [M]. 北京：民族出版社，1981.
[2] 林惠祥. 中国民族史 [M]. 上海：商务印书馆，1936.
[3] 吕思勉. 中国民族史 [M]. 北京：东方出版社，1996.
[4] 孙宏开. 古代羌人和现代羌语支族群的关系 [J]. 西南民族大学学报，2011（1）.
[5] 周毓华. 汶川大地震之后的羌族文化重建研究 [J]. 西藏民族学院学报（哲学社会科学版），2009（5）.
[6] 闻宥. 川西羌语的初步分析 [A]. 华西大学中国文化研究所集刊 ,1941（2）.
[7] 申向阳. 羌族文化重建中羌语的保护和抢救 [A]. 文教资料，2012（8）.

作者简介

张兴明，男，四川绵阳人，副调研员。研究方向：语言文字、文化发展。

西藏双语教学现状及对策研究

陈冬梅
（南木林县教育局）

摘　要　西藏自治区是一个以藏民族为绝对多数的少数民族聚居地区，人们在日常生活中主要使用藏语和汉语，在西藏推行汉语普通话教学是十分必要的。汉语作为藏族青少年学习科学知识的工具，在培养藏族双语型人才中发挥着巨大的作用。本人就西藏自治区双语教学中存在的问题进行了论述，揭示西藏双语教学的特点，并提出对策。

关键词　西藏　双语教学

双语教学是伴随着双语现象的出现而产生的，目的是让学习者在学龄前就掌握另外一种本地或者本国通用的语言，促进人们的交流和交往。在西藏自治区，双语教学则是指汉语和藏语的教学，使不懂汉语的藏族学生由藏语思维向汉语思维转化，使学生由藏语和汉语双语教学向纯汉语教学转变，将汉语作为其学习和交流的重要工具。双语教学必须坚持“以人为本”原则，以推进素质教育为目的。

双语教学有三种不同形式：浸入型双语教学、保持型双语教学、过渡型双语教学。西藏的双语教学属于过渡型双语教学。西藏的双语教学就是将汉语普通话，通过教学和环境，经过若干阶段的训练，使之能代替或者接近藏语的表达水平。在西藏进行藏汉双语教学就是用两种语言作为教学媒介语，通过学科知识来达到掌握汉语普通话的目的，也就是从听说读写练上培养学生的汉语普通话的综合能力，培养学生用第二语言思考、解决问题的能力，其实质就是用教学语言来促使学生语言能力的发展。

随着西藏人口流动和与内地交流的加深，西藏藏汉双语教育更加受到重视。在一些偏僻地方，甚至出现了忽视藏语的现象。西藏双语教学是一项系统工程。双语教育是西藏双语生活的需要，是提高民族教育教学质量的有效途径，是保存和传递藏民族优秀传统文化的必要手段。

在西藏，当地政府根据实际提出了“以藏语为主，藏汉结合，藏汉并用”的原则，在基础教育阶段以藏语文教学为主，同时让学生学好汉语文，逐步做到在学生高中毕业时能够藏汉兼通。

一、西藏自治区学校双语教学存在的问题

（一）师资短缺和师资水平偏低制约普通话的普及

专业双语教学师资的缺乏是双语教学所面临的瓶颈问题。西藏的汉族教师有一部分在西藏长大，具有较强的藏语会话能力，但是绝大多数从小在内地长大，毕业后才分配到西藏工作，不具有藏语基础，不能胜任双语教学工作。除部分经历过内地西藏班初中班、高中班和内地高校毕业的藏族教师外，当地藏族教师汉语水平不能适应双语教学的需求，其汉语教学水平有待提高。当地藏族教师习惯于完全用藏语进行教学，导致学生普通话水平除在上汉语文课外没有机会得到训练和提高。藏族教师绝大多数使用藏语授课，汉语基础较差，即使是汉语水平较高的藏族教师也因为长期不使用汉语，导致汉语水平下降。

（二）语言环境对普及汉语普通话影响重大

各种语言是在特定的环境下形成和习得的，如果没有基本的语言学习和应用环境，就会严重影响当地群众语言的习得和应用。西藏藏语分为安多语、拉萨语、康巴语等多个语种，现在西藏拉萨、日喀则等地区所在地工作人员、商人、居民都能熟练运用汉语普通话进行交流。但是广大牧区、农区居住人员，除部分受过小学、初中教育的人员外，基本不能运用汉语普通话进行交流和表达。

（三）教材和教辅材料短缺

教材和教辅材料是在校进行双语教学的重要媒介和核心因素，教材和教辅材料决定教什么、如何教的问题。题材适应、体例科学、逐级进阶的教材是有

效有序开展双语教学并取得良好教学效果的重要载体。西藏的学生来自于不同的乡（镇），教学水平和普通话应用水平参差不齐。统一编制的教材和教辅材料难以适应不同水平学生的学习需求。难度偏易的教材、教辅材料对于基础好的藏族学生没有提高汉语普通话水平的实质意义，而基础较差的学生则难以适应较高难度的双语教材。

（四）初高中双语教学存在衔接问题

在西藏幼儿园、小学和初中运用乡土教材进行教学，而高中、大学阶段则除藏语文外都采用纯汉语教材。广大藏族教师在教学中习惯于使用藏语进行课堂教学，这就导致学生上高中后难以适应纯汉语教学，成绩直线下降。

（五）汉语普通话语音存在方言特点

由于西藏（特别是昌都、林芝等地）有大量来自四川、西北的经商人员，导致西藏日常工作生活中汉语南腔北调，与普通话存在较大差别。这些藏族群众具有一定的汉语基础水平，但是汉语普通话化工作也亟待解决。

（六）高考选拔制度的配合

双语教学的推广与应试是有矛盾的。西藏双语教学旨在提高藏族学生的语言应用能力，属于素质教育的范畴，与目前仍然存在的追求高升学率的应试教育存在较大矛盾。如果学校完全追求升学率，那双语教学就很难开展。所以需要各教育机构和学校转变教育观念，树立“以人为本”的教学理念，将双语教学作为教学考核的重要内容，将双语水平作为学生升学的重要科目加以考核。

二、西藏普通话教学研究的特点

通过分析西藏自治区双语教学中存在的问题，我们能从中发现西藏双语教学存在其显著特点：

（一）双语双文化特点

西藏的双语教育是随着与内地的交流扩大化、人口流动频繁化所带来的双语现象的产生而产生的。西藏藏汉双语教育的存在和发展，也是藏汉族文化和社会融合的一个重要方面。藏汉双语教学既是两种语言的教育，也是两种文化的教育，涵盖了两种文化的冲突和融合。西藏双语教育就是把受教育者培养成为两种语言相关联的双语双文化人。

（二）学科综合性、交叉性特点

西藏双语教育涉及教育学、语言学、民族学、社会学、人口学、政治学、管理学、法学等多学科，是多学科综合交叉的边缘学科。对西藏双语教育进行研究就必须对相关学科进行综合交叉研究，对双语教师和学生也要进行相关学科知识的培训和教育。

（三）民族性特点

西藏双语教育的形成发展融合了藏民族的个性和中华民族的共性，是西藏社会、传统、风俗、文化、心理等在语言方面的表现，必须对相关藏民族现象进行研究，才能形成科学的西藏双语教育研究体系，正确指导西藏双语教育实践。

（四）区域性特点

语言的形成具有显著的区域性特点。藏语根据语系不同，分为安多藏语、康巴藏语、青海藏语、拉萨藏语等多个类别，藏族用不同地区的藏语难以进行交流，只能用汉语进行交流。所以对教师和学生的教育必须制定有针对性的方针措施，促使各地区普通话的普及和教育。

（五）政策性特点

作为中华民族重要组成部分的西藏，经历了很长的历史阶段，经历了很多的历史性事件。西藏双语教育也受到国家民族、语言政策的较大影响，经历了要求以藏语言为主到藏语和汉语并重，再到藏语和汉语教育自由选择等不同阶段。

1984 年 10 月 1 日施行的《中华人民共和国民族区域自治法》明确规定：招收少数民族学生为主的学校，有条件的应当采用少数民族文字的课本，并用少数民族语言讲课；小学高年级或者中学设汉文课程，推广通用的普通话。1986 年颁布的《中华人民共和国义务教育法》也作出了规定：学校应当推广使用全国通用的普通话。招收少数民族学生为主的学校，可用少数民族通用的语言文字教学。

三、提高西藏自治区中小学双语教学质量的对策与建议

（一）加强师资培训

教师是教学活动的主体之一，在教学过程中发挥着主导作用。教师的职业道德、职业技能、教学水平和教学能力都影响着双语教学实施的效果。所以，

必须对双语教学教师进行定期的系统培训，分三个方面对教师进行培训：

一是提高教师汉语水平。在西藏，双语教师的选择必然是具备扎实的藏语文应用水平的藏族教师，而其汉语应用水平通常低于汉族教师，就需要对其进行培训，培训内容以汉语音标、汉语常用字、汉语组词造句写文、汉语阅读表达能力为主体，提高其汉语应用水平。

二是提高教师教学能力。对双语教师进行双语教学技能培训，使他们学会多种教学方法和多项教学技能，提高教学效果。

三是对教师进行教育理论培训。双语教学涉及语言学、教育学、心理学、社会学等多种学科，要对教师进行相关理论培训，提高其理论水平，进而在教学实践中加以应用，提升教学成效。

（二）创新双语教学方法

教学方法的灵活应用是教学活动有效开展的重要载体和媒介，双语教学也必须创新教学方法。

一是转变教学思维。采用专题教学和观摩课的方式，发现学生学习中存在的问题，研究应对方法。不仅研究教学方法、教学技巧，还要结合新课程改革精神，在研究教学的同时研究教学对象即学生，针对不同学生对症下药，采取不同教学对策。教师从原来的主导型转变为导演型，结合学生兴趣，创设教学方案，激发学生学习兴趣，引导学生自觉学习普通话。

二要营造双语教学环境。在课堂以创设情景进行情景对话的方式进行教学，在课外要求教师、学生利用汉语普通话进行日常交流。在教研工作中，要求教师和学生使用汉语，创造良好的汉语交流氛围。

三是创新教学媒介进行教学。采用听说读写练的方式进行教学，利用多媒体影音、图像等现代化教学手段进行教学，增强学生汉语普通话学习的语境感和立体感。通过视觉、听觉等感官的多方位刺激，激发学生汉语普通话学习的主动性，增强教学效果。

（三）提高教材质量，开发教辅材料

要加大双语教学教材的开发力度，教材要适应学校的教学需求，难度适中可调，便于师生在教学中根据学生双语水平加以组合应用，以逐级进阶的方式提高双语水平。教辅材料也应既具有综合性的特点又具有方便组合应用的单项训练的特点，作为检验教学效果、巩固教学内容的重要工具。

（四）做好双语教学过渡工作

西藏双语教学的目的就是为了使学生从完全的藏语学习过渡到能够应用藏汉双语进行学习，最终达到汉语水平超过或者相当于藏语水平，能够以汉语为媒介学习各项专业知识。这就需要学校和双语教师有意识地在教学中调节藏汉双语使用比例，使学生实现良好的过渡，最终实现熟练应用汉语进行学习的目的。

（五）创新形式提高普通话水平

普通话的日常应用和课堂教学是一个学习普通话的重要载体，同时也必须创造条件让教师和学生接受更高层次的普通话训练。通过开展国旗下讲话、演讲比赛、汉语知识问答等形式，提高师生的普通话应用水平，激发师生学习应用普通话的自觉性和主动性，进而形成全民学习应用普通话的良好氛围。

参考文献

[1]赵燕.关于少数民族地区语文双语教学的双重性思考[J].现代汉语，2014（2）.

[2]马军.少数民族地区双语教学师资建设研究[J].内蒙古统计，2007（8）.

[3]库尔班.少数民族地区实行双语教学的必要性[J].语文教学与研究，2009（7）.

[4]许欢.浅析少数民族双语教学中存在的问题及解决措施[J].成功，2012（3）.

[5]王鉴，黄维海.少数民族双语教师跨文化适应问题研究[J].民族教育研究，2008（10）.

作者简介

陈冬梅，女，黑龙江大庆人，中学二级教师。

天龙屯堡景区普通话推广及方言保护现状调查分析

苟　雨

（遵义市航天小学）

摘　要　安顺是一个少数民族聚居地区，拥有很多观赏价值较高的风景名胜。民族风情景区、自然景观景区和红色旅游景区在安顺广泛分布。近年来四方游客接踵而至，对当地推广普通话工作提出了更高要求。为了能够分析当地推广普通话的经验、出现的问题，帮助当地人们提高自己的普通话水平，促进当地旅游业的发展，使当地方言得到更加全面的保护，笔者以安顺天龙屯堡景区为例进行了走访、访谈、问卷等调查，并且对结果进行统计分析，详细了解当地的人口组成、常用语言、大众的普通话水平、推广普通话的方法、方言保护情况以及旅游业发展现状等。

关键词　屯堡　普通话　屯堡话　旅游

引言

从1998年开始，我国将每年9月的第三周定为全国推广普通话宣传周。第一届以“大力宣传，积极普及，逐步提高”为主题，第八届以“实现顺畅交流，构建和谐社会”为主题，到2012年第十五届以“大力推广和规范使用国家通用语言文字”为主题。从主题的变化中可以看出国家在推广规范的通用语言文字上的步伐以及所取得的成效：从普及到提高再到规范，从利用普通话实现个人理想到奔向小康、构建和谐社会。

商业活动最离不开的就是沟通。作为“朝阳产业”的旅游业中沟通尤为重要，普通话是全国通用语言，是旅游活动中最重要的沟通工具。换而言之，景区内工作人员普通话水平的高低一定程度上决定了景区整体服务质量的高低。各个旅游景区的具体情况不一：有的景区少数民族风情浓厚，语言组成多元，学习普通话困难较大；有的景区开发较晚，大力推广普通话的时间比较短；有的景区当地人所说的方言和普通话差距较小，推广和学习普通话都比较容易。在推广普通话的过程中我们也不免会遇到这样的质疑：宣传和大力推广普通话是要消灭方言吗？即使出发点不是消灭方言，但是在实际的操作中是否会对方言的保护和传承造成不利影响？面对这些声音我们更应该制定出合理的推广方案，做到在推广普通话、提高人们普通话沟通能力的同时也要制定出更加合理、全面的保护文化多样性的方案。《国家中长期语言文字事业改革和发展规划纲要（2012—2020 年）》中也将科学保护各民族语言文字列为主要任务。

安顺市自古便是贵州商业、交通、政治和军事重地，是贵州最早开发、最有文化底蕴的地区之一，也是我国最早的甲类旅游开放城市，坐拥黄果树大瀑布和龙宫两个国家 5A 级风景名胜区，旅游产业也已经成为了安顺的代表性产业之一。这里有 42 个少数民族聚居，在安顺平坝还有一群特殊的汉族在此聚居，那就是屯堡人。因为特殊的历史文化背景，他们与周围的其他汉族和少数民族融合度较低，其语言“堡子话”也自成系统并且保存完好，具有较高的调研价值。安顺屯堡尤以云峰八寨和天龙保存得最为完整，因此笔者选择天龙屯堡景区作为实际调研地，进行分析研究。

一、天龙屯堡景区基本情况概述

明初，朱元璋着手解决了四川、贵州的归属问题后，准备攻打由元梁王掌控的云南。因此，军屯制度在贵州得以推广运用，既巩固了新归顺的川、黔地区，又将贵州打造成攻打云南的后勤保障中心。朱元璋“调北征南”，从江西、浙江、南京等地调军驻守贵州，军属随军而至，“三分戍守，七分屯种”，在贵州安顺、黔东南等地落地生根。至永乐末，军屯开始废弛解体，但安顺一带的军屯却得以保存下来。征南之时，颍川侯友德为南征将军，在他的队伍中四位南京籍官兵结为异姓兄弟，并且一齐改名为张征定、陈征定、沈征定、郑征定，他们便是今天龙村张、陈、沈、郑四大家族的先祖。现在天龙村一共一千多户人家，四千多人，屯堡人居多。除了屯堡风貌之外，这里还有沈万三故居、吴三桂之叔吴风出家的伍龙寺等旅游资源，旅游业已经成为这里的支柱产业。由于有这样的特殊状况，天龙景区的普通话使用情况以及方言使用情况也比较特殊。

（一）天龙屯堡人普通话使用情况

天龙村一半左右的人居住在景区内，其中三分之一的人口从事的是与旅游无关的工作。景区内的村民和景区外的没有从事旅游相关工作的村民的普通话水平是不一样的。景区外的村民基本以务农为主，勉强能说两句普通话或者是完全不会说普通话，他们自己也不愿意花时间去学习普通话。少量的外出务工人员的普通话水平稍微高点儿，可以与人进行基本交流。通过调查我们了解到，天龙屯堡景区内 35 岁以下的人群已经基本普及了普通话，即达到了交流无障碍的标准。当地旅游活动中为游客服务的大多数人都是这一群体，在这一群体当中基本普及普通话，就是在天龙屯堡推广普通话攻坚战的首捷。景区内大多数人能使用普通话为游客服务，只有极少数人的普通话非常标准，一半人只是勉强会一点。

造成景区与非景区村民普通话水平这种差异，有两方面的原因。首先是景区内外的村民们自身对普通话学习的动力不同，学习的要求也不同。景区内的村民们大多数从事的都是旅游相关行业，在做生意的过程中哪怕是 70 岁左右的老年人，也被迫要学习两句吆喝生意的普通话。景区内的人们去学习、提高自己普通话水平的主动性更强。其次，就客观原因来说，政府和村委会在非景区人群中的推普力度小于对景区内的人群的推普力度，只是对外出打工人员进行过少量的培训。

（二）天龙景区方言使用情况

在天龙镇和天龙景区中，屯堡人占到四成左右，他们非常看重自己的“屯堡人”身份，有着一种优越感，并且几百年未曾衰减。600 年前的明朝军屯制度不同于一般的军事制度和户籍制度。在熊宗仁所著的《六百年的延续与变易——屯堡文化研究之我见》一文中就描写道：“卫所有特定的区域、疆界，与所在府、州、县严格分开，多数卫所建有卫城，守御千户所则建有城堡……俨然一个独立存在的社会系统……列入军籍后，父子承袭，不得脱籍。”这种特殊制度确保了屯军的稳定，形成了他们对自己生活方式和精神家园的固守，使得他们的语言在周围其他语言系统的包围、融合下最大限度地得以保存。龙潜庵主编的《宋元语言词典》中收编了一万一千多条的宋元常用语词，历经宋、元、明、清、民国以及现代近800年的时间淘洗，现在的屯堡话中还继续在使用的词条就达到一千两百条左右。例如《伍员吹箫》第三折中写到的："虽然本事只如此，跌打相争可也不怕死，众人不识我名姓，则叫我做无路子。自家无路子的便是……"这里的"无路子"意为无赖、闲汉，这个词在贵州其他地方已经不见人们使用，只有在屯堡话中还保留着。

在日常生活中，4%的人与家庭成员沟通使用的是普通话，绝大多数的人使用的是屯堡话。这种固守给推广普通话增加了难度。在中老年人群中推广普通话所遇到的抗拒力尤其大。年纪在35岁以上的人对于普通话的学习兴趣已经不像年轻人那样浓厚，再加之中老年屯堡人对传统文化的保护和传承意识比年轻人更加强烈，有些人甚至对学习普通话还有一点排斥。天龙屯堡一些年龄在70岁以上的老人自己经营着一个手工艺品的摊点，她们只会用普通话进行简单的吆喝、问好，几乎不能与游客交流，在经营时，她们与游客讨价还价只能借助计算器来完成。她们从内心里是排斥普通话的，认为屯堡话是最好的语言。屯堡人的祖先大都来自南京，所以屯堡方言现在都还有着一股"南京味"。另外,35岁以上的屯堡人最喜欢的娱乐休闲活动也还是看地戏、唱山歌、闹花灯。这些活动极具感染力，当地人也不会用普通话来进行，这些活动间接成为了当地方言传承的最为重要的方式之一。

二、实际调查结果分析

为了真正全面地了解天龙屯堡景区人们的普通话和方言的推广使用、保护传承情况，笔者在天龙镇进行了为期七天的实地调查。此次调查以问卷调查为主，并结合走访、访谈调查和实地测验等方法来进行。问卷调查共发放问卷200份，收回有效问卷192份。问卷调查的受访者中18周岁以下的占24%，18至35周岁的占60%，35周岁以上的占16%。在职业上，学生有16%，公职人员有16%，农民有8%，个体商户有32%，从事其他职业的有28%。实地测试是在天龙村的各个中、小学中采用随机抽取测试的方法进行，能更为直观地了解当地中小学生的普通话水平。在调研过程中我们与天龙村村委会主任、天龙中学语文教师各进行了一次访谈，并且在天龙村景区外的村民家中进行了走访调查，希望多角度地了解当地的推普现状。

（一）天龙政府的推普和方言保护工作开展现状

政府对于推广普通话和方言保护工作的重视程度，在很大程度上就决定了当地人民群众的重视程度。在调查走访中很多人表示，他们希望政府能有更多的作为，并且起到领导带头作用，还有10%的人认为政府工作是推普的最好途径。

1. 推普工作开展现状

88%的受访者觉得在景区和镇上推广普通话非常有必要，当地政府也逐渐重视推广普通话这一工作。通过对天龙村委会的访谈了解到，从2004年开始当地政府和村委会就对商户进行培训，每年两到三次，为提高商户们的积极性，还向参加培训者每人每次发放三十元的补助金。这项被称作“阳光培训计划”的工作已经列入村委会的常规工作之一。另外，天龙政府还要求公务员在推广使用普通话上起模范带头作用，公务员在公开场合必须使用普通话，还会不定期接受普通话培训。这些举措都对当地的推普工作起到一定的助推作用。

但是问卷调查的受访者中只有76%的人知道当地的推普工作已经开展起来了，因为这些培训惠及的范围有限，不够深入。多数人都是自己在经商过程中遇到困难后开始学习的。对于“怎样学习普通话”这一问题，受访者中12%是通过专业的学习，48%是自学，32%的人则是通过电视媒体来学习，8%的人完全没有学习。由此可见政府并没有真正帮助那些急于改变自己语音面貌的人找到合适的学习场所，教他们学习方法。让这些人处于一种自己摸索、自由学习的状态，学习效率也就可想而知。由于天龙屯堡特殊的语言环境，政府在推广普通话上的投入和回报是不成正比的。

2. 屯堡方言保护工作开展状况

对屯堡方言的保护与传承，单靠当地人精神上的固守和口耳相传是远远不够的。在市场经济繁荣发展的今天，年轻人的思维越来越活跃，接触的前卫的文化越来越多，学习到的流行语言越来越多。如今的天龙镇能够说一口纯正的堡子话的也只有七八十岁的老人家们，保护屯堡话的工作任重而道远。为此，政府也在积极地为保护屯堡话做出自己的贡献。例如，对屯堡村镇进行规划，出资举办每年一届的山歌大赛，每年重大节庆时举行花灯表演，为民间组织的地戏和花灯团队保驾护航等。但是政府在全面保护屯堡方言上所做的努力还远远不够。政府没有能够帮助民间组织、团体解决资金、人才的短缺问题，也没有对这些组织、团体实行规范的管理。

（二）天龙景区旅游公司的推普现状

十年前来屯堡旅游的基本都是安顺本地人或贵州省内的游客，外地游客以学者、研究人员居多。而今，安顺旅游业发展步伐加快，黄果树大瀑布、龙宫景区和王若飞故居等已然成为了安顺的一张名片，屯堡旅游影响日益扩大，不仅国内游客猛增，世界各地的游客也纷至沓来，2011 年到屯堡旅游的外省、外国人占到游客总数的 70%。这些人中 95%听不懂屯堡话。这样的现状对旅游公司员工的普通话水平提出了较高要求。

天龙景区的旅游公司过去招聘的导游基本上就是当地的年轻女孩。她们大都是中小学毕业，文化水平不高，没有专业导游知识，普通话水平不高。但是她们的优势就在于从小生活在景区，对当地情况熟悉，对当地历史、传说、奇闻趣事知道得详细，讲解得生动。另外，穿上宽衣大袖的屯堡服装的她们本身也就是一道风景。近几年来，当地旅游公司着力提高导游素质。现在在职的导游们都要有大专以上导游专业文凭，身高 1.6 米以上，普通话在二级乙等以上。旅游公司对本地导游们定期进行普通话、导游业务等方面的培训。但是进行横向对比就不难发现，与丽江、黄龙、井冈山等景区的导游相比，天龙屯堡景区导游的素质还有待提高。导游们不能很好地将普通话讲解与当地的特色相结合，其实当地的方言完全可以在他们的口中变成一门艺术。

（三）学校、学术研究团体推普和保护屯堡方言的现状

进行基础教育的中小学是推广普及普通话和保护屯堡方言的最为重要的战线。语言智能发育关键时期的 3 岁到 9 岁的孩子们，应该接触到更加标准的普通话。在中小学阶段将“保护当地特色文化”这一理念深深根植于孩子们的心中，一切从小做起。学术研究团体则应该担当起深层次的推普和保护方言工作，从资料整理、制定保护方案等方面来工作。

1. 天龙屯堡学校的推普状况

我们所调查的天龙镇中学有学生 534 人，教师们都参加过相应的国家普通话水平测试，基本上都能达到相应的普通话级别要求，只有极少数年纪较大的老教师不能达到要求。语文教师的普通话水平要求较其他科目教师高，但只有三分之一达到二级甲等水平，全校没有一级乙等普通话水平的老师。学校每年推普的主要阵地就是举办的朗诵比赛、辩论赛、演讲比赛和老师之间的公开课评比。教育局也会不定期地对教师进行普通话培训，集训结束以后老师们回到原来的生活工作环境，一段时间后留给老师们的就只剩下些理论知识，普通话的实际水平并没有多大改善。在受访者中56%的人都认为推广普通话的最佳途径是学校教育。但是学校并没有充分发挥其在推普中应有的作用，孩子们缺乏良好的普通话学习环境，也缺乏主动学习普通话的动力。学校应该让孩子们从教师身上受到良好的语言启示，让教师为孩子们的语言智能的开发做一个好的标杆。当地的中小学不仅要成为儿童的普通话学习基地，也可以成为当地想要提高普通话水平的人们学习的场所。

2. 学校和学术团体对屯堡方言的保护现状

学校方面，为保护和传承屯堡文化，天龙屯堡的中小学里开设有屯堡文化课，让孩子们从小较为系统地学习屯堡文化，从而也对屯堡话起到一定的保护作用。

贵州省成立了屯堡文化研究中心，对屯堡方言有了越来越多的研究，研究方向涉及其自身的语言结构和社会语言学、语言文化学。语言是不能够脱离实际生活，但是从各个研究团体或个人的研究方法上来说，现在的屯堡方言研究中抽象理论研究远远多于田野调查，个人研究多于团体研究，孤立的研究多于与实际经济生活相联系的研究。研究与保护的实际行动脱节，不能系统地整理屯堡方言各方面的资料，成为学术团体保护屯堡方言中亟待解决的问题。

三、对旅游景区普通话推广和方言保护的思考

旅游产业依托旅游资源，将游客作为主要服务对象，满足游客的相关需求。天龙屯堡景区2001年9月开始正式接待游客，发展的步伐却较为缓慢。为什么不能吸引游客？为什么游客在这里的停留时间短暂？要想吸引游客，最主要的就是有丰富的旅游资源，那么保护原汁原味的屯堡文化就是首要任务。要想让游客宾至如归，就要做好服务工作，那么实现无障碍的沟通就是首要条件。所有的旅游景区在推普和保护地方特色语言这两方面都要重视，并且两手

都要硬。

（一）对在景区推广普通话的思考

要让人主动学习普通话，首先是要找到人们学习普通话的动力，确定自己的学习目标，这样才能朝着自己设定的目标前进。其次就是要有合适的方法和良好的环境氛围。政府和学校可以联合起来对景区内的商户们进行长期的固定的培训。不论是政府、学校还是旅游公司，都应该给要学习普通话的人们创造好的语言环境。再次，旅游公司可以将导游的工资和普通话等级、讲解水平、游客评价挂钩，以经济来侧面刺激导游们的进取之心，提升导游们学习普通话的积极性，在公司内部形成良性竞争机制。

《国家中长期语言文字事业改革和发展规划纲要（2012—2020年）》中要求到2020年，少数民族双语教师达到国家通用语言文字教学要求，完成义务教育的少数民族学生能够熟练掌握国家通用语言文字。另外，还必须加大《汉语拼音方案》的推行力度，加强学校汉语拼音教学。学校应尽快提高教师的普通话水平，尤其是语文教师，在有条件有能力的情况之下与政府联合开展更多的有益于推广普通话的活动。在有条件的中学内，讲普通话作为一门技能课开设起来，学生以后不论是要在当地从事旅游产业相关工作、外出务工还是继续上学，都是有极大好处的。安顺市是贵州省内最早推广普通话水平测试计算机辅助测试的地区之一，安顺、镇宁等地的计算机辅助测试站已经基本建立，为普通话的推广打好了一定的基础，为大量的教师、学生、窗口服务行业人员、公务人员参加普通话水平测试提供了保障。应加快民族地区国家通用语言文字的推广和普及，加大宣传培训力度，积极稳妥推进双语教育。

（二）对保护地方方言的一些思考

任何一个想要向着好的方向发展的旅游景区都必须要有自己的特色，要有自己区别于其他景区的独特性。景区本身的风景、服务质量和文化底蕴都是吸引游客的因素。保护地方方言也就是在塑造地方特色。

因此，首先要壮大研究机构。对研究机构的数量、人才的延续、高水平研究刊物、研究保障等方面给予更多的支持。其次要保证研究方法多样化。语言方面的研究需要进行更多的田野调查，对方言方音进行录音整理，收集整理书面语，并且结合实际，联系当地经济发展现状。再次，要采取规划和保护措施。例如，对特色建筑和村落等进行规划修整，在现在保护的进度上进行高级别的文化遗产申报，对家谱进行整理修复等。第四，要加快相关文化产业体系发展。例如在天龙屯堡就可以对屯堡地戏、花灯、山歌等进行整合开发，进行商业化演出，将花灯、山歌、地戏、民俗等开发成品牌。第五，要加大宣传力度。从家庭传承、学校教育、社会教育全方位地来宣传保护屯堡文化、屯堡方言。还要加强对文化传承人的可持续保护，加大对各类语言能手的保护，在生活、研发资金上给予帮助。可以结合现代科技，进行数字留音，把现存语言能人的技能整理后转换成为便于保存、分享的计算机语言。

结语

通过此次调研，笔者清楚地认识到，推广普通话会让人与人之间的交流更加轻松。在推广普通话的基础上传承地方方言，不仅是保护文化多样性的要求，也是为了将文化优势转换成为经济优势。在天龙屯堡，普通话、少数民族语言和屯堡方言相互融合、相互辅助，不存在谁要消灭谁、谁要抵制谁的问题，可谓是“和而不同”。我们应借着创建贵安新区的东风提高屯堡文化知名度，更好地保护屯堡文化，发展当地旅游业。

附录

（一）关于天龙镇推广普通话的调查问卷

您好！为了解当地普通话的普及情况，以及普通话对当地旅游、文化发展的影响，特做此问卷调查，我们希望得到您真实的答复。感谢您的支持，谢谢！

1. 您的年龄（　）

A. 18 岁以下　　B. 18 岁至 35 岁

C. 35 岁以上

2. 你的职业是（　）

A. 公职人员　　B. 个体经营户

C. 农民　　D. 学生

E. 其他

3. 您觉得普通话对自己的事业发展有多大帮助（　）

A. 完全没有帮助　　B. 帮助不大
C. 很有帮助　　D. 它已经制约了事业的发展

4. 到当地来旅游的外地游客能听懂方言吗？（　）
A. 完全可以　　B. 基本可以
C. 基本不能　　D. 完全不能

5. 景区和镇上的人为游客服务有多少可以使用流利的普通话（　）
A. 全部都可以　　B. 大多数可以
C. 少数可以　　D. 基本没有

6. 您觉得在镇上、景区推广普通话有必要吗？（　）
A. 很有必要　　B. 说不清楚
C. 无所谓　　D. 完全没有必要

7. 您觉得自己的普通话说得怎么样？（　）
A. 非常标准　　B. 比较流利
C. 勉强可以说一点　　D. 一点儿不会

8. 您和家庭成员沟通使用的是（　）
A. 普通话　　B. 方言
C. 多数时间用方言　　D. 多数时间用普通话

9. 推广普通话的工作在本镇和旅游区（　）
A. 早已开展　　B. 曾经开展
C. 尚未开展　　D. 已经列入计划

10. 您自己有兴趣提高自己的普通话水平吗？（　）
A. 很有兴趣　　B. 工作生活所逼
C. 无所谓　　D. 一点不想

11. 您自己提高普通话水平的方法有哪些呢？（　）
A. 没有　　B. 专业学习
C. 通过电视等媒体　　D. 自学

12. 您觉得推广普通话的最佳途径是（　）
A. 领导带头　　B. 学校教育
C. 多开展活动　　D. 设立监督机制

（二）访谈纪录

时间：2010 年 7 月 19 日 11：30

地点：天龙镇天龙村天龙中学教师办公室

访谈对象：天龙中学语文教师陈菊

访谈内容：

问：请问您知道《国家通用语言文字法》《贵州省通用语言文字条例》和即将到来的国家第十三届推普周吗？

答：嗯，知道。不过对具体的这一届推普周的主题不了解，只知道今年是颁布《国家通用语言文字法》的第十周年。

问：那请问在你们学校目前对这一届推普周工作有具体安排吗？或者说你们学校每年都会举办推广普通话、规范汉字的活动吗？

答：会，学校每年都会有诗歌朗诵、辩论赛、书法比赛、演讲比赛这一类的活动来推广普通话和规范汉字，但是今年的具体方案还没有下来。

问：学生的积极性怎样？会不会出现老师强行分配任务的情况？

答：不会，学生的积极性很高，因为学校一般都会有奖励的嘛，基本上是名额不足。

问：学校老师的普通话水平怎样？是否都达到了国家所要求的相应标准？

答：可能四十岁以上的老师会差一点，年轻老师是都达到了相应标准的。语文老师和英语老师的普通话相对较好。

问：语文老师中达到二甲水平的比例有多大？有一乙水平的吗？

答：能占到三分之一，不过没有一乙水平，不光我们学校，周边的几所中小学都是没有的。

问：教育局会定期对教师进行培训吗？

答：会，像去年、前年都有培训。不过这种培训是不定期的，也不是年年都有，根据需要来的。

问：学校有强行要求老师上课一定使用普通话吗？有什么奖惩制度吗？

答：学校会要求老师上课使用普通话，但是没有奖惩制度，不过老师会很自觉地使用普通话，像公开课这些，普通话也是打分标准，而且普通话水平证书是和职称挂钩的。

问：学生呢？上课、课间都使用普通话吗？

答：上课肯定是使用普通话的，课后学生还是不愿意的，大环境的关系。不过一般女生的情况好过男生。

问：那学生使用规范汉字的情况怎么样？

答：这个问题就很严重，错别字满天飞，很多字会认会读但一写就错。

问：您觉得我们推普对当地的民族特色的保存有影响吗？特别是在语言、语音方面，像山歌？

答：我觉得这个是不冲突的嘛，没有影响的，因为屯堡文化中屯堡语音之所以保存这样完整，几百年以后的今天你也依旧可以听出江淮口音、闽粤口音、南京口音，就是因为屯堡人的坚持，大家在生活中都是使用方言的，在唱山歌的时候也不会把山歌改成普通话版，而且这几个地方的口音和普通话本身也很接近，周边的少数民族，对自己的语音更为坚持。

参考文献

[1] 李建军 . 屯堡文化研究 [M]. 贵阳：贵州人民出版社，2011.

[2] 袁本良 . 安顺屯堡方言研究之我见 [J]. 安顺师范高等专科学校学报（综合版），2006（1）.

[3] 匡健 . 导游业务 [M]. 上海：复旦大学出版社，2011（1）.

[4] 贵州省语言文字工作委员会办公室 . 贵州省普通话培训测试指南 [M]. 贵阳：贵州人民出版社，2009.

[5] 李建军 . 学术视野下的屯堡文化研究 [M]. 贵阳：贵州科技出版社，2009.

[6] 郭丽云 . 在方言与普通话并存中求索 [J]. 浙江电视广播高等专科学校学报，2000（1）.

[7] 伍安东，吕燕平 . 屯堡方言初探 [J]. 安顺师范高等专科学校学报，2004（1）.

[8] 严春燕，廖鹏程 . 民族地区高校普通话推广的困难与对策研究 [J]. 南宁师范高等专科学校校报，2009（4）.

[9] 吕静 . 推广普通话与保护方言 [J]. 伊犁教育学院学报，2005（4）.

[10] 杨东升 . 黔东南州旅游业发展的制约因素分析 [J]. 黔东南民族师范高等专科学校学报，2004（6）.

[11] 张遵东，彭倩 . 黔东南州旅游业发展的制约因素及对策探讨 [J]. 中共贵州省委党校学报，2010（2）.

[12] 李雅翠 . 浅论普通话的推广与方言的保护 [J]. 运城学院学报，2006（6）.

[13] 冯萍 . 浅析铜仁地区旅游业发展的制约因素与对策 [J]. 铜仁学院学报，2011（4）.

［14］周端明 . 普通话推广的经济学分析 [J]. 安徽师范大学学报（人文社会科学版），2003（4）.

［15］谢琳 . 普通话推广与方言文化保留——以桂林方言为例 [J]. 中共桂林市委党校学报，2009（3）.

作者简介

苟雨，女，贵州遵义人，省级普通话水平测试员。

海南民族地区高等院校普通话教学现状及对策

刘　婧
（琼州学院）

摘　要　海南省是一个多民族省份，不同民族之间的相互接触形成了多元化的语言生活，“双语现象”便是其中之一。本文以海南民族地区高校琼州学院为例，分析了双语现象普遍的高校在普通话教学中存在的问题：学生普通话基础不同，普通话水平参差不齐，总体上形成了中间大两头小的橄榄形格局；民族地区的普通话教材针对性不强，训练效果不明显；传统教学模式陈旧单一。针对这些问题，根据民族地区的实际情况，提出了“分层教学、分组教学”的创新教学模式。另外，加强少数民族语言、方言与普通话的对比研究，强调课堂训练和课后练习相结合、平时练习与考前集中培训相结合，也是改善普通话教学的有效措施。

关键词　海南　普通话教学　现状　对策

海南省是一个语言资源的宝库，在语言使用的种类上极其丰富。黎、苗、回是岛上世居的少数民族，有着各自的民族语言。汉族人民除了使用民族共同语——普通话以外，还离不开共同语在各地域上的分支——方言。在海南，使用人数在 6 万人以上的方言多达 8 种，有海南话、军话、临高话、儋州话、客家话、村话、迈话和疍家话，其中海南话是使用人数最多也最广泛的方言。岛内人民由于经济发展和生活交流的需要形成了不同语言集团的成员“大杂居、小聚居”的分布格局，不同语言或方言的接触不可避免地形成了多元化的语言生活，“双语现象”便是其中之一。

学术界对双语的概念还没有统一的说法，总的来说有广义和狭义之分。狭义指人们熟练地使用两种不同的语言，广义还包括熟练地使用标准语和某一方言。按照陈恩泉先生的分类，中国双语的类型有五种：汉语普通话—少数民族语言，汉语普通话—外国语，少数民族语言—外国语，普通话—汉语方言，少数民族语言—外国语。以笔者所在高校琼州学院为例，学校所在地三亚是海南境内较为复杂的少数民族和方言杂居地之一，少数民族语言与方言并用、方言与普通话并用、少数民族语言与普通话和方言并用的语言现象较为普遍。在这样一个双语现象较为普遍的地区推广和普及普通话面临着诸多困难，也存在着一些不同于其他地区的特点。

一、海南民族地区高校普通话的教学现状

琼州学院原为海南省通什师范专科学校，位于原海南州府所在地五指山，2006年升为本科院校，同年合并了海南民族师范学校。虽为综合性本科院校，但还是以师范教育和与师范相关的专业为主，另外一些与口头表达密切相关的专业如汉语言文学、对外汉语、新闻学、旅游管理等也有较高的普通话达标要求。学校面向全国招生，但海南生源还是占了一半多，学生普通话受少数民族语言和方言影响较大，各种“地方普通话”聚集于校，使得学校形成了一个小型的双语区。笔者通过几年的普通话教学，发现在普通话教学上面临这么几个问题：

1. 学生的普通话基础不同，水平参差不齐，来自省外内陆城市尤其是北方地区学生的普通话水平明显高于海南岛内学生的水平。大学入学后，普通话的教学对象基本可以分为三类：第一类，学校、社会语言环境较好，大学前接受过较正规的普通话训练，这类学生基础扎实，语音纯正，仅占少数；第二类，能说一口带方言腔调的地方普通话，虽有一定的语音基础，但较标准普通话还有一定差距，这类学生所占比例较大；第三类，入学前很少接触普通话，这类学生多来自方言势力较强的偏远闭塞的农村，所占比例较小。总体上形成了中间大两头小的橄榄形分布格局，而海南岛内学生的普通话水平大部分属

于后两类。

2. 教材针对性不强，缺乏适合当地的行之有效的普通话教材。目前很多高校使用的都是统一的普通话教材，但这种统一的教材基本是面向某个省或者是全国编写的，并不完全适用于语言使用状况复杂的地区，没有针对性，教学也达不到理想的效果。海南民族地区不仅少数民族语言和方言众多，而且在语言的使用中还会出现语言的借用、混合、语码转换等语言接触现象，语言接触又可能会导致语言产生变体。全国通用的教材无法提供针对性强的练习。

3. 传统教学模式陈旧单一。高校基本沿袭了“一锅煮”的传统教学模式，按专业分班授课，一个班学生水平往往差异巨大，从一乙到三甲不等。对于课堂上相同的教学，语音水平好的学生觉得没有挑战性，提不起兴趣，而语音基础差的学生觉得平均到个人的练习时间太少。教学方式上教师创新较少，基本沿袭“声母—韵母—声调—语流”的传统教学顺序，语流语调的训练时间不够，导致学生读字词没有问题，朗读和口头说话时还是难改其方言腔调。

二、提高普通话教学效果的对策

以上诸多问题，只有对症下药才能解决。如何结合普通话水平测试，改革民族地区高校的普通话教学模式和方法，改善教学效果，是摆在我们面前的重要课题。针对普通话教学的问题，我们提出了以下几点对策：

1. 根据学生的基本情况和语音特点进行“分层次教学”，一改以往“一锅煮”的教学模式。在正式上课前对学生进行摸底测试，将学生按普通话水平等级分成不同的班级，按不同的教学内容、教学重点、教学方法授课。高级班的学生水平差不多能达到二级甲等，语音错误不多，主要表现为语音缺陷，为这类学生设立的基本目标是二级甲等，最终目标是一级乙等。教学主要任务不在于各个语素的讲解和练习，而是帮助学生找出语音缺陷，纠正个别难点音，教学重点在于语流教学，练习语流音变，操练语调，模仿语感。除了普通话水平测试中朗读、口头说话等一般项目外，还可以安排朗诵、演讲、辩论等更高级的口语训练项目，强化普通话的口头运用。一般班级的学生语音基础薄弱，方音较重，他们是普通话教学中的重点，为这类学生设立的教学目标是二级乙等。教学内容首先从音素教学入手，循序渐进过渡到语流训练，从字到词再到段落最后进入语篇的训练，鼓励他们多说普通话，少说方言，打好基础，养成说普通话注意语音语调的习惯。

除了分层次教学，还要进行分组教学。由于学校教学规定或教学资源的限制，没法做到小班教学。对于一般班级的普通话教学，可在正式上课前根据学生的方言特点进行分组，以琼州学院的生源为例，可分为黎语组、西南官话组、湘方言组、粤方言组、海南话组或闽方言组、东北方言组和其他方言组。之所以实行分组教学和训练，是因为相同民族区域和方言区域的人们在学习普通话时会出现类似的典型错误。比如舌尖前音 z，c，s 与舌尖后音 zh，ch，sh，r 不分是很多方言区都存在的现象，这对黎语组、西南官话组、湘方言组、粤方言组、海南话组的同学和东北方言组的部分同学来说都是训练的重点；湘方言和西南官话中 n，l 不分，前后鼻音不分，所以这两组语音的对比训练是训练的重点；使用粤方言和海南话的人容易在舌面音 j，q，x 的发音时出现“尖音”问题，舌面音的训练可以让这两组一起做；海南话中送气音发音困难，撮口呼易发成齐齿呼，西南官话中的云南片区也存在 i，ü 不分的情况，可以跟海南话组的同学一起训练撮口呼的发音；东北方言中单元音 o 易发成 e，声调中阴平调值偏低，这是东北方言组同学的练习重点和难点。抓住这些典型错误，让有着共同语音偏误的方言区的学生一起训练，既可以有针对性地改善学生的语音面貌，又可以使学生相互合作，在一定时间的课堂内提高训练的有效性。

2. 加强少数民族语言、方言与普通话的对比研究。鉴于学校生源中海南籍学生数量大和地处民族地区的特点，重点加强海南话与普通话之间、黎语与普通话之间的对比研究。大部分民族地区的学生在学习普通话之前已熟练使用海南话，普通话的学习受海南话影响大，加强海南话与普通话的对比研究又是重中之重。

海南话属于闽语系，是海南岛内居民使用最多最广泛的方言，语音跟标准的普通话有很大的差异。声母方面，很少有舌尖后音 zh，ch，sh，r，舌尖后音常常读成舌尖前音 z，c，s，很少有送气音，送气音常常发成不送气音，另外常将团音发成尖音，即声母 j，q，x 跟 i，ü 或以 i，ü 开头的韵母相拼时，常常发成 z，c，s。韵母方面，常常将单韵母 ü 或以 ü 为韵头的音节读成单韵母 i 或以 i 为韵头的相应音节，比如拒绝—季节，学生—鞋生。基本没有儿化韵，碰上儿化韵常常将其读成两个音节。声调方面，阳平和上声容易混淆。调值方面的毛病是发音时起点不够高，升降或降升不明显，很难发出曲折调。没有轻声的概念，很难发出轻声。另外，词语的轻重音格式也是经常出错的地方。

双语双方言区的高校普通话教师应根据当地的实际情况，运用相关理论调查当地普通话、少数民族语言和主要方言的使用状况，加强普通话与方言、普通话与少数民族语言的对比研究，引导学生找到普通话与方言或少数民族语言在声韵调以及词汇、语法等方面的对应规律，运用语音理论知识有针对性地训练学生语音，选择恰当的教学内容和教学方法，编写适合当地普通话教学的训练教材。

3. 课堂和课后教学相结合。语言的练习是一门技能的训练，必须要达到一定的练习时间才能出效果。目前普通话教学的课时安排是一周两个课时，课堂上的练习时间对语音基础不太好的学生来说是远远不够用的，这就必须得与课后的练习相结合。课后可组成练习或辅导小组，给语音不太好的学生足够的机会和时间练习，比如读绕口令、诵读。诵读可以让学生在语流篇章中把握普通话发音的语感，不仅仅是练习单个字词的发音，更重要的是练习篇章中的句调、轻重音格式、停顿连接等。语音面貌较好的同学可以参与难度较大的练习，比如朗诵、演讲、电影配音等。只有科学的发音方法加上大量的练习，才能改善学生的语音面貌，切实提高学生的普通话水平。

4. 课堂教学与考前培训相结合。普通话水平测试虽然不是普通话学习的最终目的，但确实是检测普通话水平和学习效果的有效方式。为了顺利通过普通话水平测试，考前集中辅导培训也是必要的。让学生们了解测试的扣分标准，指出学生典型的语音缺陷或错误，有技巧地准备三分钟的口头说话，这些都可以有助于学生顺利地通过普通话水平测试。

三、结语

海南省民族地区的高校由于处于典型的双语双方言区，普通话的教学情况复杂，任务艰巨。只有改变传统的教学方法，根据学生的语音特点进行分层分组教学，加强少数民族语言、方言与普通话的对比练习，强调课堂教学与课后练习相结合、课堂练习与考前培训相结合，才有可能提高普通话的教学效果，解决民族地区高校中普通话教学面临的问题。

参考文献

[1]宋欣桥．普通话水平测试员实用手册[M]. 北京：商务印书馆，2000.

[2]刘新中．海南岛的语言与方言[J]. 方言，2001（1）.

[3]文静．民族地区高师院校普通话教学面临的问题及改革思路[J]. 三峡论坛，2011（5）.

[4]张惠玲．青海民族地区普通话教学改革之探讨[J]. 教育科学，2008（12）.

[5]陈善．海南方音与普通话语音的异同比较[J]. 海南大学学报（社会科学版），1995（1）.

[6]苏金智．中国语言文字使用情况调查中的双语双方言问题[J]. 语言文字应用，2002（1）.

作者简介

刘婧，湖南永州人，讲师。研究方向：对外汉语教学。

新疆少数民族幼儿教师汉语口语使用情况调查研究

张　萍

（新疆师范高等专科学校）

摘　要　本文以问卷形式调查新疆少数民族幼儿教师汉语口语使用情况，并针对幼儿教师汉语口语使用过程中存在的问题提出建议。

关键词　少数民族幼儿教师　汉语口语　使用情况

一、前言

幼儿教师口语是幼儿教师从事教育科学活动时的工作用语，是用标准的普通话表达的符合教育教学要求的幼儿教师专业用语。由于幼儿教师口语交际对象、环境、目的较为特殊，为了能够激发幼儿的学习兴趣，吸引幼儿的注意，幼儿教师要具有良好的语音面貌及专业素质。在新疆的学前双语教育中，教师的汉语能力对新疆少数民族学前儿童汉语能力的发展有重要影响。教师为学前儿童创设的语言环境、教师在教育活动或日常生活中与学前儿童的言语互动等，均为少数民族学前儿童提供了汉语学习的机会。教师在日常教学、生活和游戏中所体现的汉语语言能力尤其是汉语口语能力对少数民族学前儿童的汉语习得有重要影响。研究幼儿教师汉语口语有利于提高学前双语教育质量。

二、教师口语

“教师口语”是研究教师口语运用规律的一门应用语言学科，是在理论指导下培养学生在教育、教学等工作中口语运用能力的实践性很强的课程，是培养师范类各专业学生教师职业技能的必修课。“教师口语”课程标准内容包括普通话训练、一般口语交际训练和教师职业口语训练三部分。其中，普通话是教师的职业语言，普通话训练是前提，贯穿课程始终。普通话训练教学要求包括：了解新时期国家语言文字工作的方针、政策、任务，认识推广普通话是我国宪法规定的语言文字基本政策，明确普通话是合格教师必须掌握的职业语言；正确掌握《汉语拼音方案》和普通话语音系统，能熟练地发准普通话声母、韵母、声调、音节，能直呼音节，正确拼写，并掌握音变；熟练掌握 3755 个一级汉字的标准读音，词汇、语法较少差错；有一定的用普通话辨正方言的知识和技能。

三、调查设计

（一）调查对象

本调查采用随机抽样的方式，从新疆幼儿师资培训的骨干教师中选取 76 人进行调查。本调查所选对象来自南北疆各地双语幼儿园，学历层次从中专到大学不等，现均在当地幼儿园一线工作。调查对象的选取具有一定的代表性，据此我们可以推知全疆其他双语幼儿教师汉语口语的使用现状。

（二）调查方法

本研究采用问卷进行调查。该问卷是在借鉴有关学者所使用问卷的基础上，结合本论文的研究目的而制定的。问卷内容分两部分：第一部分是关于幼儿教师基本情况的问题，要求被试填写自己的汉语水平考试等级、学历层次、专业、教龄等基本信息；第二部分是试卷主体部分，包括 13 道题目，涵盖 5 个方面。答卷前先对被试讲明调查目的，要求其认真客观地填写，以避免随意和应付。为保证问卷结果的真实有效，本次调查采取被试在课堂做完问卷后当堂收回的方式，共发放问卷 76 份，收回 76 份，有效问卷 73 份。

四、调查结果与分析

（一）汉语口语使用情况

被试中 57.5% 的幼儿教师会经常使用汉语交流，32.9% 的幼儿教师较少使用汉语，另有 9.6% 的幼儿教师很少使用汉语进行交流。被试中 50.7% 的幼儿教师会在其所有工作中使用汉语进行口头交际，有 49.3% 的幼儿教师只在教学活动中使用汉语进行口头交际，这其中有 30.6% 的教师仅在语言教学活动中使用汉语，其他教学活动中使用母语。

调查显示学前双语幼儿教师汉语口语使用率不高，相当一部分教师仅在语言教学活动中使用汉语口语。在新疆一些地区，幼儿教师的汉语输出是少数民族学前儿童获取汉语输入的唯一来源，幼儿教师汉语使用率偏低直接影响幼儿汉语水平的提高。

（二）幼儿教师现有汉语口语水平

被试中 61.6% 的幼儿教师认为自己的汉语口语水平能就各种社会问题及幼儿教育专业问题自如表达交流，5.5% 的教师仅能就日常生活和个人话题进行简单表达交流，32.9% 的教师能就一般社会问题较顺利地表达交流。

对话能力方面，67.1% 的幼儿教师能轻松自如地和别人互动交流，28.8% 的教师能较为顺利地与人进行一般性交流，4.1% 的教师仅能和他人进行简单交流。

成段表达能力方面，56.2% 的幼儿教师能灵活运用多种形式，准确、流畅地表达自己的思想感情，24.7% 的幼儿教师能用较复杂句子进行描述，能清楚表达自己意见，19.2% 的幼儿教师只能用简单的句子叙述一件事或表达自己的意图。

从上述调查结果不难看出幼儿教师在汉语口语对话能力方面和成段表达方面水平不高，尤其是成段表达方面存在不能灵活运用多种表达方式准确流畅地表达自己的思想意图等问题。

（三）用汉语开展教学活动中存在的问题

首先，在教学内容上，67.2% 的幼儿教师对专业用语存在把握不准的情况，13.8% 的幼儿教师在课堂用语方面会遇到问题，另有 10.3% 的幼儿教师在日常用语使用方面存在困难，1.7% 的教师无论在专业用语、课堂用语还是日常用语使用方面都存在问题。

其次，在发音方面，49.3% 的幼儿教师发音较为标准，49.3% 的幼儿教师在声调方面存在问题，另有 1.4% 的幼儿教师在声韵调三方面都存在问题。

此方面调查显示双语幼儿教师在教学内容上专业词汇匮乏，使用模糊，这主要与当前双语教师中存在一定比例的非学前教育专业的教师有关；在发音方面有近一半的教师声调没有很好地掌握，个别教师声韵调都存在问题。幼儿模仿能力极强，他们会全盘接纳教师所教内容，如果教师误教误导，幼儿会深受其害，尤其是在语音方面。

（四）幼儿教师希望在口语方面加强的地方

54.8% 的幼儿教师希望能加强专业用语的使用能力，5.5% 的教师希望在课堂用语方面更加准确，9.6% 的教师希望在日常用语使用方面得到提升。

此部分调查呼应前一部分教师在用汉语开展教学中存在的问题，反映幼儿教师基本能认清自己的薄弱面，并提出希望改善现状、提高汉语口语的诉求。

（五）幼儿教师对汉语口语应有水平的认识

84.9% 的教师认为双语幼儿教师汉语口语水平应达到自如地就各种社会问题及幼儿教育专业问题进行表达交流的水平，13.7% 的教师认为应能就日常生活及一般社会问题较顺利地表达交流，另有 1.4% 的教师认为能就个人和日常生活问题进行简单交流即可。

汉语对话能力方面，83.6% 的教师认为双语幼儿教师应能轻松自如地和别人互动交流、11% 的教师认为应能清楚地表达自己意见，另有 5.5% 的教师认为能和别人进行简单交流、能通过提问获取信息即可。

汉语成段表达方面，80.8% 的教师认为双语幼儿教师应能灵活运用多种形式，准确、流畅地表达自己的思想感情，13.7% 的教师认为应能用较复杂的句子进行描述，能清楚表达自己的意见，另有 5.5% 的教师认为能用简单句子叙述一件事或表达自己意图即可。

词句准确性方面，84.9% 的教师认为双语幼儿教师应做到词句准确，可偶有失误，12.3% 的教师认为词句基本准确、错误较少即可，另有 2.7% 的教师认为只要别人能听懂就行，不必在意词句是否准确。

语音、调音方面，91.8% 的教师认为双语幼儿教师语音调音方面都应准确，另有 8.2% 的教师认为语调、声韵基本准确即可，允许声调有少量错误。

80% 以上的幼儿教师能够清楚地认识到双语幼儿教师汉语口语各方面应达到的水平，幼儿教师只有明确现实和目标的差距才会有努力提升的可能。但仍有一小部分幼儿教师对汉语口语重视不够，这必将对其自身发展、幼儿语言发展甚至整个双语教育产生负面影响。

五、对策

新疆少数民族双语幼儿教师在汉语口语使用方面存在专业知识欠缺和普通话不标准的问题。针对这两个问题，我们建议将职前教育与职后培训相结合，以期提高幼儿教师的汉语口语能力。

（一）注重职前汉语口语教育

这里的职前汉语口语教育指幼教专业学生在校期间汉语口语方面的教育。学校应将普通话训练作为贯穿始终的内容。第一阶段，强化普通话训练，使学生毕业时普通话水平测试成绩不低于二级乙等，吐字发音清晰圆润饱满，语流顺畅，语调生动，富有表现力。第二阶段，在进行普通话训练的同时进行一般口语交际训练，养成良好的听话说话习惯。建议在此阶段即学生入学第二年增加学前教育专业性术语的知识，此阶段学生普通话达到一定水平，又有在幼儿园保育见习的体验，对专业知识渴求欲强。第三阶段，教师职业口语训练，要求学生在达到一般口语表达要求的基础上，做到科学严谨，简明生动，具有启发性。

（二）强化职后汉语口语培训

职后培训是教师职业专业化的要求，也是个人发展的需求。职后培训不同于职前教育，汉语口语课的教学应符合学员的学习现状，这样才能有效提高学员汉语口语表达和交际能力。针对学前教师普通话语音语调存在的问题，继续强化普通话培训，培训结束时进行测试，不合格者不予结业。在学员离开培训学院前，培训教师针对学员普通话现状给出具体建议，便于学员在今后工作中继续加强训练，不断提高。针对学前教师专业词汇匮乏、使用模糊的问题，培训课中可以模拟特定情景，让学员在近于真实的环境中使用特定的词语和句式，并不断强化。

六、小结

少数民族幼儿教师汉语口语使用率的多少、口语质量的高低直接影响学前双语幼儿语言学习的效果，因此，师范学校、幼儿园和幼儿教师都应重视汉语口语的学习，扎实学好普通话，为学前双语教育事业做出贡献。

参考文献

［1］罗常培，王均．普通语音学纲要（修订本）[M]. 北京：商务印书馆，2004.

［2］北京大学中文系现代汉语教研室．现代汉语 [M]. 北京：商务印书馆，2012.

［3］孙德金．对外汉语词汇及词汇教学研究 [M]. 北京：商务印书馆，2006.

［4］严春艳，廖鹏程．谈民族地区高校的普通话教学及推广 [J]. 佳木斯教育学院学报，2009（2）.

作者简介

张萍，女，山东济宁人，讲师。研究方向：双语教育与双语教学。

第 28 期中央普通话进修班学员承担民族地区双语教师培训授课工作情况统计总表

2014 年 6 月—12 月，52 人承担相关培训工作，共培训 16834 人次。

姓名	工作单位	参加培训活动名称	组织培训单位	培训起止时间	担任课程	培训人次
樊霞会	甘肃省兰州市七里河区王官营中心校	国培计划甘肃省少数民族双语教师普通话培训	甘肃省语委	2014 年 7 月 15 日—23 日	普通话声母韵母发音难点突破、声母韵母及语流音变训练、朗读及说话训练、普通话水平测试综合训练	200
谷亚萍	甘肃省兰州市第五十五中学	普通话水平测试培训	兰州市语委	2014 年 9 月 18 日—19 日	普通话培训	100
马小萍	兰州城市学院	甘肃省双语教师普通话培训课程	甘肃省语委	2014 年 7 月	普通话培训	98
奉红英	广西壮族自治区富川瑶族自治县莲山镇初中	普通话水平测试培训课程	富川福星幼儿园	2014 年 11 月 9 日—14 日	普通话水平测试测前培训	72
梁力	广西壮族自治区贺州市实验中学	学前教育普通话培训课程	梧州农校	2014 年 5 月—6 月	普通话培训	1312
		普通话培训课程		2014 年 9 月—12 月	普通话培训	1880
韦芳	钦州学院	普通话语音培训课程	钦州学院	2014 年 10 月 18 日—26 日	普通话培训与测试	200

续表

姓名	工作单位	参加培训活动名称	组织培训单位	培训起止时间	担任课程	培训人次
韦柳玲	广西壮族自治区柳江县壮语文学校附属小学	参加第28期中央普通话进修班学习汇报	柳江县壮语文学校附属小学	2014年6月2日	民族地区语文教师如何进行语文教学	138
苟雨	贵州省遵义市航天小学	教职工普通话培训课程	遵义市航天小学	2014年7月8日	普通话培训、双语教学的特殊性、中央班学习心得分享	132
潘向学	贵州省册亨县者楼中学	册亨县教师普通话培训课程	册亨县教育局	2011年6月1日—30日	普通话培训	500
蒋薇	贵州省毕节市幼儿师范学校	织金县2014年暑期小学教师全员培训课程	织金县教育局	2014年7月16日—17日	普通话培训	400
		织金县2014年暑期小学教师全员培训课程	织金县教育局黑土乡教育管理中心	2014年7月21日—22日	普通话培训	150
韩洪雷	贵州省广播电视台	国培计划贵州省少数民族双语教师普通话培训	贵州省语委	2014年7月13日—20日	普通话培训	87
刘星星	贵州省黔东南州黎平县第五中学	参加第28期中央普通话进修班学习汇报	黎平县第五中学	2014年9月1日	普通话培训	129
				2014年9月15日	一线教师应注意课堂用语的准确性	129
				2014年9月29日	怎样为自己的普通话正音	129

续表

姓名	工作单位	参加培训活动名称	组织培训单位	培训起止时间	担任课程	培训人次
陈载联	贵阳职业技术学院	普通话水平测试考前培训课程	贵阳职业技术学院	2014年9月—10月	普通话水平测试测前培训	200
毛润民	内蒙古师范大学	汉语国际教育硕士培训课程	内蒙古师范大学	2014年10月14日—11月8日	对外汉语语言要素教学之语音、语法教学	108
		国培计划中小学语文教师培训	内蒙古教育厅	2014年10月29日	小学语文教师教材助读系统研究	42
袁丽媛	包头师范学院	普通话培训课程	包头师范学院	2014年10月15日—30日	普通话培训	90
英君	内蒙古警察职业学院	国培计划少数民族双语教师培训	内蒙古自治区汉语委办	2014年10月20日—29日	普通话培训、汉语口语表达	100
张继红	通辽职业学院	国培计划双语教师普通话培训	通辽职业学院	2014年7月13日—21日	普通话培训课程说话部分、教师交际口语训练、教师口语表达训练	104
卢志娟	包头师范学院	普通话培训课程	包头师范学院	2014年10月14日—28日	普通话培训	93
舒心心	内蒙古民族大学	普通话培训课程	内蒙古民族大学	2014年4月—6月	普通话培训	220
		普通话培训课程		2014年10月—11月	普通话培训	180
王津京	内蒙古师范大学	学生普通话水平测试培训课程	内蒙古师范大学普通话测试站	2014年6月—10月底	学生普通话水平测试培训	280
杨立杰	通辽职业学院	国培计划内蒙古少数民族双语教师普通话培训	教育部语用司	2014年7月12日—21日	普通话音变、经典诗文诵读技巧等	94

续表

姓名	工作单位	参加培训活动名称	组织培训单位	培训起止时间	担任课程	培训人次
雷逢春	青海师范大学	普通话培训课程	青海师范大学民族师范学院	2014年9月—12月	普通话培训	64
		成人专升本课程	西北师范大学	2014年8月	中学语文教学法	49
乔婕	青海师范大学	青海省尖扎县少数民族双语教师培训	青海师范大学成教学院	2014年7月28日—8月8日	普通话语音训练	25
		国培计划青海省少数民族双语教师普通话培训	青海师范大学学工处	2014年9月14日—21日	普通话概说、普通话语流音变现象、普通话说话训练	100
赵君	青海师范大学	国培计划少数民族双语教师普通话培训	青海师范大学普通话水平测试站	2014年9月13日—27日	普通话韵母、语流音变、口语表达	80
黄立佳	西昌学院	普通话水平测试培训课程	西昌学院	2014年10月26日—11月1日	普通话水平测试测前培训	120
张兴明	四川省绵阳市文化广播影视新闻出版局	2014年四川省民族地区（阿坝州）中小学及幼儿教师普通话培训	四川省普通话水平测试中心	2014年7月26日—8月5日	普通话培训	110
		2014年北川羌族自治县羌汉双语教学师资培训	绵阳市语委、北川羌族自治县教师发展中心	2014年7月10日—15日	普通话培训	87
		2014年绵阳市中小学教师及社会人员普通话测试培训	绵阳市语委普通话测试中心	2014年6月—10月（每周六、周日）	普通话培训	1878
朱丽	成都理工大学	2014年少数民族培训班（汶川）	四川省普通话水平测试中心	2014年7月13日—18日	普通话语音训练及测试	160
		2014第三期幼儿及小学教师普通话培训（凉山）	四川省普通话水平测试中心	2014年7月20日—30日	普通话语音训练及测试	72

续表

姓名	工作单位	参加培训活动名称	组织培训单位	培训起止时间	担任课程	培训人次
米晓梅	四川省普通话水平测试中心	乐山、绵阳民族地区小学及幼儿教师普通话培训	四川省普通话水平测试中心	2014年7月6日—16日	普通话培训	60
		阿坝州民族地区小学及幼儿教师普通话培训	四川省普通话水平测试中心	2014年7月14日—24日	普通话培训	80
		凉山州民族地区小学及幼儿教师普通话培训	四川省普通话水平测试中心	2014年7月21日—31日	普通话培训	70
		甘孜州民族地区小学及幼儿教师普通话培训	四川省普通话水平测试中心	2014年7月27日—8月5日	普通话培训	100
		阿坝州民族地区小学及幼儿教师普通话培训	四川省普通话水平测试中心	2014年7月28日—8月6日	普通话培训	100
		凉山州民族地区小学及幼儿教师普通话培训	四川省普通话水平测试中心	2014年8月9日—19日	普通话培训	90
唐明钊	四川民族学院	普通话水平测试（机测）培训	四川民族学院	2014年6月10日—15日	普通话水平测试测前培训	500
王韦皓	西南石油大学	四川省2014年第一期中小学及幼儿教师普通话培训班	四川省普通话水平测试中心	2014年7月6日—16日	普通话语音基础及普通话水平测试指导	60
		四川省2014年第二期中小学及幼儿教师普通话培训班		2014年7月15日—24日	普通话语音基础及普通话水平测试指导	80
		四川省2014年第四期中小学及幼儿教师普通话培训班		2014年7月26日—8月5日	普通话语音基础及普通话水平测试指导	100

续表

姓名	工作单位	参加培训活动名称	组织培训单位	培训起止时间	担任课程	培训人次
王韦皓	西南石油大学	四川省2014年第五期中小学及幼儿教师普通话培训班	四川省普通话水平测试中心	2014年8月10日—19日	普通话语音基础及普通话水平测试指导	80
		国家少数民族中小学及幼儿教师普通话培训班	四川省语委办	2014年7月15日—24日	普通话语音基础及普通话水平测试指导	75
许丹雅	四川商务职业学院	四川省2014年第二期中小学及幼儿教师普通话培训班（汶川）	四川省普通话水平测试中心	2014年7月15日—24日	推广和规范使用国家通用语言文字讲座、普通话声母学习	80
		四川省2014年第三期中小学及幼儿教师普通话培训班（西昌）		2014年7月22日—31日	推广和规范使用国家通用语言文字讲座、普通话声母学习、普通话韵母学习	80
		国家少数民族中小学及幼儿教师普通话培训班（成都）	四川省语委办	2014年7月8日—16日	推广和规范使用国家通用语言文字讲座、普通话声母学习、普通话韵母学习	80
		国家少数民族中小学及幼儿教师普通话培训班（汶川）		2014年7月15日—24日	普通话培训	75
杨绍林	西华大学	四川省培计划（乐山、绵阳）	四川省教育厅民族处、四川省语委办、四川省普通话水平测试中心	2014年7月6日—16日	普通话语音基础及普通话水平测试指导	60
		四川省培计划（汶川）		2014年7月14日—24日	普通话语音基础及普通话水平测试指导	80
		国培计划（汶川）	四川省语委办	2014年7月14日—24日	普通话语音基础及普通话水平测试指导	80

续表

姓名	工作单位	参加培训活动名称	组织培训单位	培训起止时间	担任课程	培训人次
杨绍林	西华大学	阿坝州州培计划（汶川）	阿坝州语委办	2014年7月26日—8月5日	普通话语音基础及普通话水平测试指导	100
		四川省培计划（西昌）	四川省教育厅民族处、四川省语委办、四川省普通话水平测试中心	2014年8月9日—19日	普通话语音基础及普通话水平测试指导	80
袁雪梅	四川师范大学	国家少数民族中小学及幼儿教师普通话培训班	四川省语委办	2014年7月8日—16日	普通话培训	80
		四川省2014年第四期中小学及幼儿教师普通话培训班	四川省教育厅、四川省普通话水平测试中心	2014年7月27日—8月5日	普通话培训	100
陈冬梅	西藏南木林县教育局	南木林县小学教师普通话培训课程	南木林县教育局	2014年11月10日—14日	藏族老师说普通话时常见的问题	300
李江艳	西藏民族学院	普通话水平测试考前培训课程	西藏民族学院普通话测试站	2014年10月18日全天	普通话水平测试考前培训	400
索南永登	西藏那曲地区第二小学	小学汉语课程标准培训	那曲地区第二小学	2014年8月11日—17日	小学汉语课程标准培训	22
周银芳	西藏林芝地区普通话测试站	普通话培训课程	林芝地区语委办	2014年7月—8月	普通话培训	1108
宋晓蓉	新疆师范大学	新疆少数民族双语教师初中汉语教师培训	新疆师范大学教师培训学院	2014年9月—10月	中国少数民族汉语水平等级考试（MHK）辅导	37

续表

姓名	工作单位	参加培训活动名称	组织培训单位	培训起止时间	担任课程	培训人次
滕桂华	伊犁师范学院	教育部语用司少数民族双语教师普通话培训	伊犁师范学院	2014年11月2日—21日	普通话会话理论与实践、普通话声调辨析与语流音变	50
迟敏	新疆师范大学	国培计划新疆少数民族双语教师普通话培训	新疆师范大学继续教育学院	2014年8月2日—22日	国家语言文字政策、普通话语音常识、普通话语音教程	77
李志忠	新疆师范大学	新疆少数民族双语教师初中汉语教师暑期培训	新疆师范大学教师培训学院	2014年7月—8月	普通话水平测试指导、维吾尔族普通话语音偏误、国家语言文字政策与国家认同、普通话普及度调查方法	89
		新疆少数民族双语教师初中汉语教师培训		2014年9月—10月	中国少数民族汉语水平等级考试（MHK）辅导	37
时曙晖	伊犁师范学院	教育部语用司少数民族双语教师普通话培训	伊犁师范学院	2014年11月2日—21日	普通话培训	50
王长华	伊犁师范学院	教育部语用司少数民族双语教师普通话培训	伊犁师范学院	2014年11月2日—21日	中级汉语听力	25
		新疆贫困地区双语教师培训		2014年7月—8月	中级汉语听力	41
吴若愚	伊犁师范学院	新疆维吾尔自治区双语教师培训	伊犁师院成人教育学院	2014年9月—2016年7月（每周4课时）	汉语阅读	20
		国家语委少数民族教师普通话培训	伊犁师院成人教育学院	2014年11月1日—20日	汉语语音知识及声韵母辨正	25

续表

姓名	工作单位	参加培训活动名称	组织培训单位	培训起止时间	担任课程	培训人次
段泗英	保山学院	国培计划云南少数民族双语教师普通话培训	保山学院	2014 年 9 月 15 日—24 日	普通话技能训练、普通话教法研究	100
汤盈华	云南省保山市隆阳区幼儿园	隆阳区幼儿园教师普通话水平升级测前辅导	保山市普通话测试站	2014 年 7 月 13 日	普通话水平测试测前培训	150
张美安	保山学院	国培计划云南少数民族双语教师普通话培训	保山学院	2014 年 9 月 15 日—24 日	普通话培训	100
和建春	云南省迪庆州教育局普通话测试站	普通话水平测试机辅测试课程	迪庆州普通话测试站	2014 年 5 月 4 日	普通话水平测试测前培训	255
				2014 年 10 月		142
李董清	保山学院	国培计划保山市少数民族双语教师普通话培训	保山市教育局	2014 年 9 月 15 日—24 日	普通话培训	33
朱波	大理学院	计算机辅助普通话测试考前辅导课程	大理学院普通话测试站	2014 年 6 月 10 日—15 日，10 月 13 日—18 日	普通话培训、普通话水平测试测前培训	500
陈广宁	云南省保山市昌宁县第一示范小学	普通话水平测试培训课程	保山市教育局	2014 年 11 月 27 日	普通话水平测试测前培训	320
				2013 年 12 月 20 日	普通话水平测试测前培训	370
				2014 年 12 月 27 日	普通话水平测试测前培训	316
孙丽卿	云南省腾冲县教师进修学校	暑期学科教师培训课程	腾冲县教育局	2014 年 8 月 11 日—15 日	汉语拼音与普通话	65

编 后 语

《中央普通话进修班论文集（第一辑）》终于付梓，这是参加本期进修班所有师生心血的结晶。作为中央普通话进修班复办后的第一本论文集，它延续了中央普通话进修班学思并重的优良传统，还承载着对推广国家通用语言文字事业的创新与展望。

中央普通话进修班始办于1956年，是新中国建立以来蓬勃开展普通话推广工作的有效措施，至1999年停办前共举办27期，培养的3000余名优秀普通话师资，是我国推普工作的骨干力量；中央班的普通话教学课程设计、教材建设、教学法等也为全国普通话课程的学科发展起到了引领示范作用。

15年后，第28期中央普通话进修班于2014年5月在北京复办，学员全部来自4个少数民族自治区和6个少数民族人口较多的省区，都是各省区民族地区双语师资培训课程的主讲教师。我们迫切希望通过培训，能够为民族地区建立一支高水平的普通话教学骨干队伍，提升教师“教”的水平，促进民族地区“双语”教育的工作。

本文集中所收录的28篇文章经专家评议选出。文章作者来自民族地区双语教育工作前线，是双语教育工作的实践者和研究者，他们分别从教学、语言本体和现状调查等不同的角度对民族地区双语教育工作开展研究，显示了我国双语教学及其研究的普遍现状。将这些作品汇编成集，一方面为了交流不同地区双语教育工作的经验，为各地民族地区双语教学工作提供参考；另一方面，审视并思考文集背后的现状也是一种推动，如双语师资培训、教材编撰、教法研究、国家通用语言文字与民族语言之间的对比研究等，这些方面的建设无论是国家还是个人都大有可为，希望以此文集抛砖引玉，推进民族地区双语教育工作并提高教学水平和研究水平。

本文集的编辑出版曾先后得到国家社科基金重大项目“新时期语言文字规范化问题研究”（12&ZD173）、国家语委重大项目“国民国家通用语言文字应用能力状况及提升策略研究”（ZDA125-9）的支持，谨致谢忱。

编　者

2015 年 3 月